CLAUDE FAURE

HISTOIRE

DE LA

RÉUNION DE VIENNE

A LA FRANCE

(1328-1454)

GRENOBLE
TYPOGRAPHIE ET LITHOGRAPHIE ALLIER FRÈRES
26, Cours de Saint-André, 26

1907

HISTOIRE

DE LA

RÉUNION DE VIENNE A LA FRANCE

Extrait du *Bulletin de l'Académie Delphinale*, 4e série, t. XIX.

HISTOIRE

DE LA

RÉUNION DE VIENNE

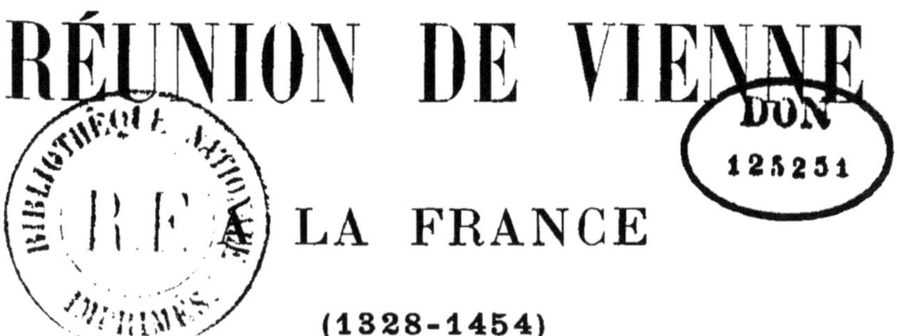

A LA FRANCE

(1328-1454)

PAR

Claude FAURE
Licencié ès lettres
Archiviste - paléographe

GRENOBLE
TYPOGRAPHIE ET LITHOGRAPHIE ALLIER FRÈRES
26, Cours de Saint-André, 26

1907

A LA MÉMOIRE

DE

MON PÈRE

ET DE

MA MÈRE

HISTOIRE

DE LA

RÉUNION DE VIENNE A LA FRANCE

(1328-1454)

SOURCES ET BIBLIOGRAPHIE

I. — SOURCES.

1° Archives communales de Vienne.

L'*Inventarium documentorum existencium in archa documentorum civitatis Vienne* (1484), conservé aux Archives départementales de l'Isère, où il forme le n° 60 de la collection des inventaires, n'est pas, comme son titre peut le faire croire, un inventaire des archives de la ville de Vienne. C'est un sommaire très court de quelques registres de la Chambre des Comptes du Dauphiné, contenant des documents relatifs à Vienne.

La Bibliothèque de Grenoble possède un inventaire des archives de la ville de Vienne, rédigé au XVIIIe siècle, qui contient l'indication de quelques documents anciens. Ms. n° 1719 (R. 4744).

L'inventaire manuscrit, conservé à la Bibliothèque de Vienne, renferme de très nombreuses inexactitudes et rend peu de services.

Série AA.

Les deux premiers cartons ont été utilisés dans le présent travail.

AA. 1. — Privilèges et libertés accordés à la ville de Vienne par les roys de France, les Empereurs, les Papes et l'Église de Vienne. Dates extrêmes : 1337-1670.

AA. 2. — Privilèges et libertés accordés à la ville de Vienne par les archevêques et confirmés par le chapitre de Saint-Maurice. Dates extrêmes : 1361-1529.

Série BB. — Registres consulaires.

BB. 1. — *Papirus communitatis Viennensis.* Registre en papier. 185 feuillets, avec une lacune du fol. 67 au fol. 72 (actes de l'année 1394). Les 82 derniers feuillets sont en blanc. 390 millimètres sur 280. Reliure en cuir rouge. Du mardi 27 février 1387 (n. st.) au 28 février 1396.

BB. 2. — *Hec est papirus negociorum communitatis civitatis Viennensis.*

Registre en papier. 148 feuillets. 420 millimètres sur 300. Reliure en cuir rouge. Ancienne cote : 171. B.

Du 3 février 1400 (n. st.) au 18 avril 1414.

Au fol. 1 r°, avant le titre, on lit les invocations suivantes : *In nomine Domini. Amen. — Assit principio sancta Maria meo ;* et au bas du fol. 148 v° : *Finito libro sit laus et gloria Xpisto.*

A l'intérieur de la couverture, plusieurs feuillets de papier renferment des comptes en langue vulgaire.

BB. 3. — Registre en papier. 126 feuillets. 290 millimètres sur 95. Couverture en parchemin. — Du 14 avril 1402 au 22 janvier 1410. La mention portée sur la couverture : 18e avril 1402 jusqu'en 1407, est inexacte. — Ce registre est en mauvais état ; le haut des pages a été mouillé et l'écriture en est effacée. Il semble que c'est un brouillon recopié dans BB. 2. Au fol. 17r°, à la date du 23 février 1404, on lit cette note : *Registratum est in papiro usque hic.* — La couverture est faite d'une charte, très mutilée, de Jean Patriarche, de Vandenesse, relatant un albergement de l'abbé de Saint-André-le-Bas.

BB. 4. — *Registrum novum universitatis Viennensis, de gestis per consules eiusdem civitatis, factum per me Franciscum Boyssardi notarium secretarium consulatus et universitatis.*

Registre en papier. 133 feuillets, les derniers en mauvais état. 290 millimètres sur 210. Couvert en parchemin. Ancienne cote : 173. — Du 1er janvier 1413 (n. st.) au 25 mars 1422.

La couverture est une charte incomplète de Jean de Verdun, official de Vienne.

BB. 5. — *Hec est papirus negociorum comunitatis civitatis Viennensis, incohacta die vicesima prima mensis decembris anno Domini millesimo quatercentesimo tricesimo septimo, per me Jacobum Combeti, notarium Viennensem, secretarium dicte civitatis.*

Registre en papier. 195 feuillets. 390 millimètres sur 285. Couvert en cuir vert. Couverture intérieure en parchemin : charte, incomplète du haut, donnée à Givors (*apud Givorgium*), en 1350, le vendredi après la Saint-Hilaire (1351 n. st. 21 janv.). Ancienne cote : 175.

Du 21 décembre 1437 au 16 mai 1447.

Le notaire indique le changement de millésime au 25 mars. Il a fait précéder son titre des invocations suivantes : *Jhesus.* — *In nomine Domini. Amen.* — *Assit principio sancta Maria meo.*

BB. 6. — *Hec est papirus negociorum comunitatis civitatis Viennensis, incohacta die decima tercia mensis junii, anno Domini M°.IIIIc.XLVII° per me Jacobum Combeti, notarium secretarium dicte civitatis.*

Registre en papier. 190 feuillets. 400 millimètres sur 280. Couvert en cuir blanc. Ancienne cote : 176.

Du 13 juin 1447 au 21 novembre 1453.

2° Archives de l'hospice de Vienne.

Les divers fonds de ce dépôt, très riche et peu exploré, semblent être plus utiles pour l'histoire de l'assistance publique à Vienne que pour l'histoire générale de cette ville.

3° Archives départementales de l'Isère.

SÉRIE B.

Le fonds de l'ancienne Chambre des Comptes du Dauphiné est d'une importance capitale pour l'histoire de Vienne aux XIVe et XVe siècles. La plupart des documents intéressant cette ville sont groupés dans les cartons nos 3150, 3151, 3152, 3154, 3414, 3415, 3416, 3417, 3428, 3429 et se trouvent dans les registres :

3015. *Droits du Dauphin sur la ville de Vienne* (cote moderne).

3153. Cote ancienne *Vienna. D;* cote moderne : Procès contre l'archevêque de Vienne.

3250. *Tertius liber copiarum documentorum Vienne.*

3251. *Quartus liber copiarum documentorum Vienne.*

3252. *Quartus liber documentorum Vienne.*

3253. *Quintus liber documentorum Vienne.*

3403. *Processus cause Viennensis pro parte dalphini.*

SÉRIE G.

Fonds de l'archevêché de Vienne et du chapitre de Saint-Maurice.

Classés. Pas d'inventaire-sommaire publié. Ils ont été assez peu utilisés dans le présent travail, qui n'a pas pour objet l'histoire de l'*église* de Vienne.

4° Bibliothèque de Grenoble.

Le Registre delphinal de Mathieu Thomassin (*Catalogue général des manuscrits des bibliothèques publiques de France*, t. VII, no 1052) renferme beaucoup de renseignements sur l'histoire de Vienne, notamment sur les droits du dauphin dans cette ville en sa qualité de comte.

Un certain nombre de documents existent dans les manuscrits provenant de Guy Allard, qui forment la série cotée R. 80 (*Catalogue général des manuscrits*, t. VII, nos 1419 à 1441).

5° Archives nationales.

Une pièce importante se trouve dans le carton J. 286.

Divers documents, notamment des confirmations des libertés de Vienne, se rencontrent dans les registres du Trésor des Chartes.

Les cartons K. 1156 et 1157 renferment un inventaire sur fiches des archives de la Chambre des Comptes du Dauphiné. Elles sont rangées par ordre chronologique. Beaucoup sont intéressantes pour l'histoire de Vienne.

Le registre X 1 A 47 renferme un arrêt important, qui restitue à l'archevêque de Vienne son temporel.

6° Bibliothèque nationale.

Quelques documents relatifs à Vienne se trouvent dans les mss. lat. 10949-10953, Preuves de l'histoire de Dauphiné par Fontanieu, et 10954-10965, recueil de Fontanieu intitulé Cartulaire du Dauphiné.

Le numéro 9795 des nouvelles acquisitions françaises (Collection Lancelot, n° 164) contient un certain nombre de pièces intéressantes.

On peut encore trouver quelques renseignements dans le ms. lat. 5662, ***Antiquitates Viennae sacrae et senatoriae***, composé par Clément Durand, clerc de l'église de Vienne, en 1614.

Enfin, il n'est pas inutile de feuilleter les mss. lat. 5825 M, 9910, 9911, ne serait-ce que pour y voir des dessins du château de Pipet et du pont du Rhône.

II. — BIBLIOGRAPHIE.

ALLARD (Guy). *Dictionnaire du Dauphiné,* publ. par Gariel. Grenoble, 1864, in-8°.

ALLMER (A.) et TERREBASSE (A. de). *Inscriptions antiques et du Moyen Age de Vienne en Dauphiné.* Vienne, 1874-1876. 6 vol. in-8° et Atlas in-fol.

ALTMANN (W.). *Regesta imperii. XI. Die Urkunden Kaiser Sigmunds. 1410-1437.* Innsbruck, 1896-1897, in-4°.

BERGER (E.). *Les Communes et le régime municipal en Dauphiné.* Grenoble, 1872, in-8°.

CHARVET (Cl.). *Histoire de la Sainte Église de Vienne.* Lyon, 1761, in-4°.

— *Supplément à l'histoire de l'église de Vienne. Corrections et additions,* 1769, in-4°.

— *Mémoires pour servir à l'histoire de l'abbaye royale de Saint-André-le-Haut de Vienne* (publ. par P. Allut). Lyon, 1868, in-8°.

— *Fastes de la Ville de Vienne* (publ. par E. Savigné). Vienne, 1869, in-8°.

CHEVALIER (abbé Jules). *Essai historique sur l'église et la ville de Die,* t. II. Valence, 1896, in-8°.

CHEVALIER (chanoine Ulysse). *Documents inédits relatifs au Dauphiné.* Grenoble, 1868, in-8°.

— *Cartulaire de l'abbaye de Saint-André-le-Bas de Vienne.* Lyon, 1869, in-8°.

— *Inventaire des archives des Dauphins de Viennois à Saint-André de Grenoble en 1346.* Lyon, 1871, in-8°.

— *Ordonnances des rois de France et autres princes souverains relatives au Dauphiné.* Colmar, 1871, in-8°.

— *Choix de documents historiques inédits sur le Dauphiné.* Grenoble, 1874, in-8° (Extrait du *Bulletin de la Société de Statistique du département de l'Isère,* 3e série, t. VI).

— *Pouillés du diocèse de Vienne.* Romans, 1875, in-8°.

— *Actes capitulaires de l'église Saint-Maurice de Vienne* (Collection de cartulaires dauphinois. Tome deuxième. 1re livraison, seule parue). Vienne, Savigné, 1875, in-8°; réimprimée à Romans, Sibilat, 1892 ; 128 p.

— *Notice chronologico-historique sur les archevêques de Vienne* (*Revue du Dauphiné et du Vivarais*, t. III, p. 214-229). Vienne, 1879, gr. in-8°.

— *Compte de Raoul de Louppy, gouverneur du Dauphiné de 1361 à 1369* (*Bulletin d'histoire ecclésiastique et d'archéologie religieuse des diocèses de Valence, Gap, Grenoble et Viviers*, t. VII, 1886).

— *Description analytique du cartulaire du chapitre de Saint-Maurice de Vienne*. Valence, 1891, in-8°.

CHEVALIER (Dr U.) *Annales de la ville de Romans*. Paris, 1897, in-8°.

CHORIER (Nicolas). *L'Estat politique de la province de Dauphiné*. Grenoble, 1671, 3 vol. in-12.

— *Supplément à l'Estat politique du pays de Dauphiné*. Grenoble, 1672, in-12.

— *Histoire générale de Dauphiné*. Lyon, 1672, 2 vol. in-fol.

— *Recherches sur les antiquités de la ville de Vienne*, nouv. édit. par Cochard. Lyon, 1828, in-8°.

COLLOMBET (F.-Z.). *Histoire de la Sainte Église de Vienne*. Lyon, 1847, 3 vol. in-8°.

DAUMET (G.). *Benoît XII (1334-1342). Lettres closes, patentes et curiales se rapportant à la France*. Paris, 1er fasc. sept. 1899 ; 2e fasc. sept. 1902, in-4°.

DENIFLE (H.). *La Désolation des églises, monastères, hôpitaux en France vers le milieu du XVe siècle*, t. I. Mâcon, 1897, in-8°.

DÉPREZ (E.). *Clément VI (1342-1352). Lettres closes, patentes et curiales se rapportant à la France*. Paris, 1er fasc. juillet 1901, in-4°.

DEVAUX (abbé A.). *Essai sur la langue vulgaire du Haut-Dauphiné au Moyen Age*. Paris et Lyon, 1892, in-8° (Extrait du *Bulletin de l'Académie Delphinale*, 4e série, t. V).

DUBOIS (Joannes a Bosco). *Floriacensis vetus Bibliotheca Benedictina*. Lyon, 1605, in-8°.

DUCHESNE (abbé L.). *Fastes épiscopaux de l'ancienne Gaule*. Paris, t. I, 1894, in-8°.

DU FRESNE DE BEAUCOURT (G.). *Histoire de Charles VII*. Paris, t. I, 1881, t. II, 1882, in-8°.

DU RIVAIL (Aimarii Rivallii). *De Allobrogibus libri IX*, publ. par A. de Terrebasse. Vienne, 1844, in-8°.

EUBEL. *Hierarchia catholica medii aevi*. Munster, t. I (1198-1401), 1898 ; t. II (1401-1503), 1901, in-4°.

FINKE. *Forschungen und Quellen zur Geschichte des Konstanzer Konzils*. Paderborn, 1889, in-8°.

FOURNIER (P.). *Le Royaume d'Arles et de Vienne (1138-1378)*. Paris, 1891, in-8°.

Gallia Christiana, t. XVI. Paris, 1865, in-fol.

GIRAUD (P.-E.) et CHEVALIER (U.). *Le Mystère des Trois Doms*. Lyon, 1887, in-4°.

GUIFFREY (J.-J.). *Histoire de la réunion du Dauphiné à la France*. Paris, 1868, in-8°.

GUIGUE (Georges). *Les Tard-Venus en Lyonnais, Forez et Beaujolais (1356-1369)*. Lyon, 1886, in-4°.

GUIGUE (M.-C.). *Registres consulaires de la ville de Lyon*. Lyon, 1882, in-8°.

HUBER (A.). *Regesta imperii. VIII. Die Regesten des Kaiserreichs unter Kaiser Karl IV*. Innsbruck, 1877, in-4°.

LELIÈVRE (J.). *Histoire de l'antiquité et sainteté de la cité de Vienne en la Gaule Celtique*. Vienne, 1623, in-8°.

LEROUX (A.). *Recherches critiques sur les relations politiques de la France avec l'Allemagne de 1292 à 1378*. Paris, 1882, in-8° (Bibliothèque de l'École des Hautes-Études, 50e fascicule).

— *Nouvelles recherches critiques sur les relations politiques de la France avec l'Allemagne de 1378 à 1461*. Paris, 1892, in-8°.

MAIGNIEN (E.). *Raoul de Vienne, sire de Louppy, gouverneur du Dauphiné (7 oct. 1361-sept. 1369) (Bulletin de l'Académie Delphinale,* 3e série, t. XVI, 1880).

MANTEYER (G. de). *Les Origines de la Maison de Savoie en Bourgogne (Mélanges d'archéologie et d'histoire de l'École française de Rome,* t. XIX, 1899).

— *Les Origines de la Maison de Savoie en Bourgogne (910-1060). Notes additionnelles (Le Moyen Age,* t. XIV, 1901).

— *Les Origines de la Maison de Savoie en Bourgogne (910-1060). La paix en Viennois (Anse, [17 juin ?] 1025) et les additions à la Bible de Vienne (ms. Bern. A. 9). (Bulletin de la Société de Statistique des sciences naturelles et des arts industriels du département de l'Isère),* 4e série, t. VII (XXXIIIe de la collection), 1904.

MAUPERTUY (J.-B. Drouet de). *Histoire de la Sainte Église de Vienne.* Lyon, 1708, in-4°.

MERMET (Th.). *Ancienne Chronique de Vienne.* Vienne, 1845, in-12.

— *Histoire de la Ville de Vienne,* t. III (publ. par Mlles Mermet). Vienne, 1854, in-8°.

— *Chronique religieuse de la Ville de Vienne* (publ. par Mlles Mermet). Vienne, 1856, in-12.

MORIN (H.). *Numismatique féodale du Dauphiné.* Paris, 1854, in-4°.

PILOT DE THOREY (E.). *Étude sur la sigillographie du Dauphiné* et *Inventaire des sceaux relatifs au Dauphiné conservés dans les Archives départementales de l'Isère (Bulletin de la Société de Statistique de l'Isère,* t. IX, 1879).

— *Catalogue des actes du dauphin Louis II, devenu le roi de France Louis XI, relatifs à l'administration du Dauphiné.* Grenoble, 1899, 2 vol. in-8°.

POUPARDIN (R.). *Le Royaume de Provence sous les Carolingiens (855-933 ?)* Paris, 1901, in-8° (Bibliothèque de l'École des Hautes Études, fascicule 131).

PROU (M.). *Relations politiques du pape Urbain V avec les rois de France Jean II et Charles V.* Paris, 1888, in-8° (Bibl. de l'École des Hautes Études, fasc. 76).

PRUDHOMME (A.). *Les Juifs en Dauphiné* (*Bulletin de l'Académie Delphinale*, 3e série, t. XVII, 1881-1882).

— *Histoire de Grenoble.* Grenoble, 1888, in-8°.

ROMAN (J.). *Méreaux et jetons ecclésiastiques du Dauphiné* (*Bulletin de l'Académie Delphinale*, 3e série, t. XVI, 1880).

[VALBONNAIS]. *Histoire de Dauphiné.* Genève, 1722, 2 vol. in-fol.

VALOIS (N.). *La France et le Grand Schisme d'Occident.* Paris, t. I et II, 1896, t. III, 1901, t. IV, 1902, in-8°.

INTRODUCTION HISTORIQUE ET GÉOGRAPHIQUE

Le 14 septembre 1023, Rodolphe III, dit le Fainéant, roi de Bourgogne, donna le comté et la ville de Vienne à saint Maurice, patron de l'église de Vienne, et aux évêques qui devaient se succéder sur ce siège[1].

A sa mort (6 septembre 1032) il légua ses états à l'empereur Conrad II de Franconie. Tout le pays à l'Est de la Saône et du Rhône fut ainsi placé sous la suzeraineté de l'Empire.

Le pouvoir temporel de l'église de Vienne a duré plus de quatre siècles. C'est seulement le 21 septembre 1450 que l'archevêque Jean de Poitiers fit hommage de la ville et du comté de Vienne au dauphin Louis, le futur roi Louis XI.

La présente étude a pour objet d'exposer les conflits survenus pendant le dernier siècle d'indépendance, la lente conquête de Vienne par les rois de France. Mais il faut auparavant indiquer la situation géographique de cette ville, résumer son histoire, décrire ses institutions gouvernementales.

[1] Cet acte est publié par tous les historiens de Vienne. Il est dans les *Historiens de France*, t. XI, p. 549. Sur sa date, cf. G. de Manteyer, *Les Origines de la Maison de Savoie en Bourgogne* (*Mélanges d'archéologie et d'histoire*, t. XIX, 1899, p. 467, note 4).

La ville de Vienne est bâtie sur la rive gauche du Rhône. Une ligne de collines rejette vers le Sud-Ouest le fleuve qui tendait à l'Est. Il se presse à leur pied, décrit une large courbe et a déposé sur sa rive droite une plaine d'alluvions.

Entre les collines de la rive gauche, dans les plis profonds qui les séparent, des cours d'eau. Entre Mont-Arnaud au Nord, Pipet et Sainte-Blandine au Sud, la Gère, affluent du Rhône, qui draine la plaine à l'Est de Vienne. Dans le vallon de Serpaize, entre Mont-Arnaud et Mont-Salomon, coule le ruisseau de Fuissinet, affluent de la Gère. Des collines de Saint-Marcel et de Saint-Gervais descendent au Rhône les ruisseaux de mêmes noms.

Avant la conquête romaine, ce lieu était habité : c'était la métropole des Allobroges, la résidence des plus notables d'entre eux [1]. Après la mort de César, ils se soulevèrent et expulsèrent les colons romains établis en leur ville. Munatius Plancus recueillit ces exilés et fonda Lugdunum [2]. Mais ensuite les Allobroges se romanisèrent rapidement. Dès le milieu du Ier siècle de notre ère, la très ornée et très puissante colonie de Vienne, comme l'appelait l'empereur Claude [3], était « un des foyers les plus ardents de la civilisation latine dans la vallée du Rhône. Elle osait se regarder comme la rivale de Lyon, la grande colonie de Plancus ; elle fournissait des membres au Sénat et des consuls à la République. Elle avait ses jeux, ses comédiens, ses pantomimes. La vie y était

[1] Strabon, IV, 185 (Cougny, *Extrait des auteurs grecs concernant l'histoire et la géographie des Gaules*, t. I, p. 96).

[2] Dion Cassius, XLVI, 50.

[3] *Ornatissima ecce colonia valentissimaque Viennensium*. *C. I. L.*, t. XIII, n° 1668.

riche, active, turbulente, semblable à celle de Pompéi et de Pouzzoles [1] ».

Vienne, sous l'Empire romain, jouit d'une prospérité extraordinaire. Un pont fut jeté sur le Rhône et la ville s'étendit largement sur la rive droite du fleuve. Elle n'était pourtant pas à l'étroit sur les collines de la rive gauche, entourées, sous Auguste, d'une formidable ceinture de remparts [2]. Des aqueducs amenaient en abondance à ses bains l'eau des sources captées au loin. Un cirque, un amphithéâtre offraient des jeux à la foule. Au milieu de son forum s'élevait un temple, dédié au divin Auguste et à Livie, fidèle image de celui que les Nîmois avaient consacré, quelques années plus tôt, à Caius et Lucius César, petits-fils de l'Empereur. Et quelle devait être la splendeur des villas de la rive droite, si l'on en juge par tous les débris de marbre, tous les fragments de statues, toutes les mosaïques, que chaque coup de pioche arrache du sol, dans la plaine de Sainte-Colombe et de Saint-Romain-en-Gal !

La prospérité de cette ville subit des crises. Dans les troubles qui suivirent en Gaule la mort de Néron, les Lyonnais lancèrent sur la cité voisine et rivale les légions de Fabius Valens. Les Viennois durent payer une énorme rançon : leur richesse en fut à peine diminuée [3].

Longtemps avant de devenir la capitale d'une province, Vienne avait donné son nom à la peuplade des Allobroges. « Un demi-siècle après la concession du titre de

[1] C. Jullian, *Journal des Savants*, 1889, p. 122.

[2] *Revue épigraphique du Midi de la France*, 1888, n° 48, p. 351. — Très ingénieuse dissertation d'Allmer sur un fragment d'inscription.

[3] Tacite, *Histoires*, I, 66.

colonie à leur ville de Vienne, leur nom n'existait plus qu'à l'état de souvenir [1] ».

Nœud de plusieurs routes, vers l'Italie, vers Genève, vers Lyon, vers Marseille, pourvue d'un port sur le Rhône, Vienne fut un centre commercial important. Elle s'enrichissait par la vente de ses vins : on récoltait sur ses coteaux un vin à saveur poissée, très apprécié des gourmets, exporté jusqu'à Rome [2]. La *Notitia dignitatum* nous apprend qu'elle était le siège d'un entrepôt de lin et la résidence du procureur préposé à sa garde. Le préfet de la flotte du Rhône habitait Vienne ou Arles.

Avec la richesse vint aux Viennois le goût des arts et des lettres. Artistes, certes, ils l'étaient, les hommes qui ornaient leurs demeures de statues telles que le Faune et la Vénus accroupie, qui les pavaient de mosaïques aux dessins gracieux et multicolores. Ils aimaient aussi la littérature de Rome. S'il faut en croire le poète [3], chacun, dans cette belle ville *(pulchra Vienna)*, lisait les Épigrammes de Martial : vieillard, jeune homme, enfant, même l'épouse chaste en présence de son mari sévère [4].

[1] Jullian, *loc. cit.*

[2] Pline, *Hist. Nat.*, XIV, 1 ; Martial, XIV, 107.

[3] Martial, VII, 88.

[4] Pour l'histoire de Vienne à l'époque romaine, il faut consulter, avant tout, les inscriptions : elles ont été recueillies par A. Allmer (4 vol. in-8°) et Hirschfeld (*C. I. L.*, t. XII). — Voir aussi H. Bazin, *Vienne et Lyon gallo-romains*, Paris, 1891, in-8°, et *Plans de Vienne et de Lyon gallo-romains*, dans le *Bulletin archéologique du Comité des travaux historiques et scientifiques*, 1891. — Il y a un chapitre intéressant dans Ch. Lenthéric, *Le Rhône. Histoire d'un fleuve*, Paris, 1892, t. II. On peut encore lire un article de

Située sur le Rhône, route des marchandises et des idées venues de la Grèce et de l'Orient, Vienne fut, entre les villes des Gaules, une des premières à recevoir les semences du christianisme. La critique moderne a fait justice des affirmations des vieux historiens de l'Église de Vienne, qui prétendaient que l'Évangile y avait été prêché, ou par saint Paul, ou, du moins, par son disciple immédiat, Saint Crescent. Mais la fameuse lettre sur la persécution de 177, conservée par Eusèbe de Césarée, témoigne qu'une petite communauté chrétienne, peut-être gouvernée par un évêque, existait à Vienne au IIe siècle [1].

Puis, quand vinrent la décadence de la puissance romaine et les invasions des Barbares, la ville de Vienne fut conquise par les Burgondes. Capitale de Gondebaud, ce roi l'évacua, quand il dut fuir jusqu'à Avignon devant les troupes de Clovis. Il revint y assiéger Godégisil, son frère, qui l'avait trahi. Il fit pénétrer dans la ville, par un aqueduc, quelques-uns de ses soldats, qui lui en ouvrirent les portes. Godégisil, réfugié dans l'église des hérétiques, y fut tué, ainsi que l'évêque arien [2].

Vienne passa, quelques années plus tard, de la domination bourguignonne sous la domination franque. La *civitas Viennensium* fit d'abord partie du royaume d'Aus-

M. Charles Vellay, *Une terre païenne. Vienne en Dauphiné*, dans *Minerva*, 1re année, 1er juillet 1902, t. III, p. 128-140. On y trouve quelques impressions justes au milieu de beaucoup de rhétorique creuse.

[1] Duchesne, *Fastes épiscopaux de la Gaule*, t. I, p. 39-40. Bellet, *Les origines des églises de France et les Fastes épiscopaux*, 2e édit., p. 49-70.

[2] Grégoire de Tours, *Historia Francorum*, II, 33.

trasie, puis, le partage de 561 l'attribua au nouveau royaume d'Orléans et de Bourgogne [1].

Avant de descendre le cours des temps, rappelons les noms des deux plus illustres évêques de l'église de Vienne, dans le haut moyen âge : saint Mamert, qui institua la fête des Rogations; saint Avit, théologien et poète, une des lumières du catholicisme en Gaule au début du VIe siècle [2].

Pendant trois siècles, l'histoire de la ville de Vienne s'enveloppe d'obscurité. Imiter l'exemple de ses anciens historiens, résumer comme eux l'histoire de la décadence mérovingienne, celle de l'avènement, puis de l'apogée de la race carolingienne, est une tâche vaine. Établir la liste des évêques de Vienne, étudier les modifications successives du catalogue épiscopal, critiquer les privilèges concédés par les papes à l'église de Vienne, ce sont des problèmes difficiles qui ont récemment exercé, en France et en Allemagne, la sagacité de plusieurs savants critiques [3].

Pour écrire l'histoire de Vienne, du VIe au IXe siècle,

[1] Longnon, *Géographie de la Gaule au VIe siècle*, p. 424.

[2] Les œuvres de saint Avit ont été plusieurs fois publiées. Les deux dernières éditions sont celles de R. Peiper (*Monumenta Germaniae historica. Auctores Antiquissimi*, t. VI, Berlin, 1883, et d'U. Chevalier, *Œuvres complètes de saint Avit*, Lyon, 1890, in-8°. Cf. Molinier, *Les Sources de l'Histoire de France*, n° 212.

[3] Voici les principaux travaux : W. Gundlach, *Der Streit der Bisthümer Arles und Vienne um den Primatus Galliarum* (*Neues Archiv*, t. XIV et XV, 1889-1890), et *Die Epistolae Viennenses und die älteste Vienner Chronik* (*Neues Archiv*, t. XX, 1895) ; L. Duchesne, *Fastes épiscopaux de la Gaule*, t. I, 1894 ; A. Grospellier, *Mélanges d'hagiographie dauphinoise* (*Bulletin d'histoire ecclésiastique et d'archéologie religieuse des diocèses de Valence, Gap, Grenoble et Viviers*, t. XX et XXI, 1900-1903).

les documents nous manquent. Les monastères étaient pourtant nombreux, dans cette ville et dans ses environs. S'il faut en croire un auteur anonyme, cité par Charvet [1], il y avait quatre cents moines dans les monastères de Grigni, près de cinq cents dans celui de Saint-Pierre, situé au midi de la ville, cent dans celui de Saint-André-le-Bas, cent cinquante dans celui de Saint-Martin, pour ne citer que les principaux. Parmi tous ces moines, ne s'en est-il pas trouvé un seul pour noter, dans les marges des tables pascales, les événements importants de chaque année ? Les monastères du Sud-Est de la Gaule n'ont pas laissé d'Annales, comparables à celles du Nord et de l'Est.

Dans la liste des évêques de Vienne, pendant trois siècles, notons encore quelques noms : Didier, qui périt tragiquement, victime de la haine de Brunehaut ; Agilmar, qui intervint dans les démêlés de Lothaire et de sa femme Theutberge ; Adon, l'auteur d'un Martyrologe et d'une Chronique célèbres.

Il faut venir jusqu'au dernier quart du IXe siècle, à la dissolution de l'immense empire carolingien, pour voir la ville de Vienne reparaître dans l'histoire.

Deux ans après la mort de Charles le Chauve, le 15 octobre 879, les prélats de Bourgogne et de Provence, réunis à Mantaille, en Viennois, reconnurent pour roi le comte Boson, frère de l'impératrice Richilde [2]. Otram, archevêque de Vienne, semble avoir joué un rôle impor-

[1] *Histoire de la sainte Église de Vienne*, p. 134.

[2] Poupardin, *Le Royaume de Provence sous les Carolingiens*, p. 97. Les événements de 880 à 882 sont aussi résumés d'après cet excellent ouvrage (p. 121 à 131).

tant dans cette affaire. Vienne devint la capitale du nouveau royaume qui s'étendait des Faucilles à la Méditerranée, des Alpes et du Jura aux Cévennes.

Au mois d'août ou de septembre 880, les armées réunies de Charles le Gros, de Louis III et de Carloman vinrent assiéger Vienne. La ville, bien fortifiée, résista. Charles le Gros partit pour l'Italie au mois de novembre. Peu après son départ, Louis III et Carloman levèrent le siège.

Dans l'été de 882, Carloman reparut devant Vienne, défendue par Ermengarde, femme de Boson. A la nouvelle de la mort de son frère Louis, il abandonna le siège et confia le soin de l'achever au propre frère de Boson, Richard, surnommé le Justicier, comte d'Autun. Celui-ci s'empara de la ville en septembre, fit prisonnières Ermengarde et sa fille, détruisit les églises, rasa les murailles.

Ainsi Vienne n'était devenue la capitale d'un royaume que pour connaître les horreurs de la guerre. Boson rentra peut-être dans sa capitale dévastée pendant les dernières années de sa vie. Louis l'Aveugle, son fils, vint aussi s'y établir, après son expédition en Italie, où il prit le titre d'empereur et où son rival Bérenger lui fit crever les yeux. Il régna sur la Provence, le Viennois et la Savoie, jusqu'à sa mort, survenue vers 927.

Le royaume de Provence fut alors gouverné par Hugues, comte de Vienne et marquis de Provence, et la ville de Vienne par Charles-Constantin, fils, probablement illégitime, de l'empereur Louis l'Aveugle. En 933, Hugues céda le royaume de Provence à Rodolphe II, roi de Bourgogne. Pendant près d'un siècle, Vienne ne fut plus qu'une des principales villes du nouveau royaume de Bourgogne, qui s'étendait depuis Bâle jusqu'à Arles, où régnèrent Rodolphe II (933-937), Conrad (937-993) et Rodolphe III (993-1032).

Celui-ci constitua le domaine temporel de l'église de Vienne par sa donation du 14 septembre 1023. Le comté et la ville de Vienne devinrent le patrimoine des archevêques et du chapitre. L'archevêque Brochard ne conserva pas l'autorité directe sur tous les biens qui venaient de lui être donnés. Vers 1030, il inféoda la partie septentrionale du Viennois à Humbert II, comte de Savoie et de Bugey, la partie méridionale à Guigues, comte d'Albon. Quand il mourut, il avait fixé pour trois siècles les bases de l'histoire politique du Viennois[1].

Des deux princes, devenus les feudataires de l'église de Vienne, le premier n'a joué qu'un rôle assez effacé dans l'histoire de cette ville. Les domaines qu'il possédait dans son voisinage, il les céda, en 1355, au dauphin. Celui-ci prit à Vienne une place de plus en plus considérable. Vers le milieu du XIIe siècle, il acquit des droits dans la ville même, avec le titre de comte de Vienne. Associé à la juridiction de la ville, il y fut le voisin et le rival de l'archevêque. Environ deux siècles plus tard, il cédait au roi de France, avec tous ses états, ses droits sur Vienne. La lutte alors s'engagea plus vive entre l'archevêque et le dauphin, comte de Vienne. Elle se termina par la défaite du premier. Le 21 septembre 1450, l'archevêque se reconnut vassal du dauphin.

Pendant le XIIe et le XIIIe siècle, les archevêques de

[1] G. de Manteyer, *Les Origines de la Maison de Savoie en Bourgogne*, dans le *Bulletin de la Société de Statistique de l'Isère*, 4e série, t. VII, p. 148-149.

Vienne avaient pourtant travaillé à établir solidement les fondements de leur autorité. L'église de Vienne s'était enrichie par une foule de donations[1]. C'est peut-être vers le milieu du XIIIe siècle, avec l'archevêque Jean de Bernin[2] (1218-1266), que l'église de Vienne atteignit l'apogée de sa puissance. L'épitaphe de cet archevêque énumère longuement ses actes[3] : il construisit trois chapelles dans l'église Saint-Maurice, édifia le château de la Bâtie, au-dessus de Vienne, acquit le château de Mantaille[4]. Il fit bâtir l'hôpital du pont du Rhône, embellit les églises de Notre-Dame d'Outre-Gère et de Notre-Dame de la Vie. Il acheta le comté de Vienne à Hugues de Pagny. Enfin, un acte très important, dont l'épitaphe ne dit rien, fut la concession aux Viennois d'une charte de franchises[5]. Il leur reconnut le droit d'élire chaque année huit consuls

[1] *Description analytique du cartulaire du chapitre Saint-Maurice de Vienne*, publ. par l'abbé U. Chevalier.

[2] Sur le nom de ce prélat, appelé Jean de Bournin par les anciens historiens de Vienne, voir abbé A. Auvergne, *Une découverte historique* dans *Bull. de l'Académie Delphinale*, 3e série, t. I, 1865 ; l'archevêque de Vienne, dans un acte du 25 septembre 1262, est nommé *dominus de Brenino*. — Bernin, Isère, arr. et c[on] Est de Grenoble.

[3] Lelièvre, *Hist. de l'antiquité et sainctetė de Vienne*, p. 371. *Inscriptions de Vienne*, t. V., p. 365-374.

[4] Archives de l'Isère, G. 18 (dossier Mantaille). 1244, 21 mars (*die lune ante Ramis palmarum*).

[5] E. Berger (*Les Communes et le régime municipal en Dauphiné*, p. 64) et, d'après lui, M. Prudhomme (*Hist. de Grenoble*, p. 106) ont dit que cette charte fut concédée en 1225. Ne connaissant pas l'original, je fais des réserves sur cette date. La charte est antérieure à 1254, puisqu'elle fut confirmée par Innocent IV, — confirmation que j'ai vainement cherchée dans les *Registres* de ce pape publiés par Élie Berger. — Les franchises de Vienne sont dans les *Ordonnances des rois de France* (t. VII, p. 424-438).

pour défendre leurs libertés. Il les déclara exempts de tailles, les dispensa du service militaire, sauf pour la défense de la ville et de l'église. Il régla l'exercice de la justice et fixa les pénalités des divers délits. Il accorda de grandes facilités pour l'achat et la vente des biens meubles et immeubles. Un séjour d'un an et d'un jour à Vienne conférait à l'étranger le droit de bourgeoisie en cette ville. Jean de Bernin fixa ainsi, pour deux siècles, la condition des Viennois. A sa mort (18 mars 1266), le gouvernement de Vienne était constitué avec les organes que nous allons étudier en détail.

Auparavant, il convient de jeter un coup d'œil sur la topographie de cette ville et de rechercher l'aspect qu'elle devait présenter au moyen age.

A quatre siècles environ d'intervalle, deux voyageurs, l'illustre évêque d'Orléans Théodulphe [1], *missus* de Charlemagne, et le chroniqueur Gui de Bazoches [2], ont décrit, en peu de mots, la situation de Vienne : ils nous montrent la ville comme blottie entre des collines, pressée contre elles par le Rhône.

Au XIVe siècle, aux yeux du voyageur qui descendait le fleuve, apparaissait d'abord le château de la Bâtie, dont les ruines couronnent encore le Mont-Salomon [3]. Il

[1] *Saxosa petimus constructam in valle Viennam,*
Quam scopuli inde artant, hinc premit amnis hians.
Théodulphe, *Versus contra judices*, dans *Mon. Germ. hist.*, *Poetae latini aevi carolini*, t. I, p. 497.

[2] *Egressis Lugduno apparuit nobis nobilis urbs Vienna, que et ipsa ad instar Lugduni rupium imminentibus est obumbrata preruptis et Rodano preterfluente percincta.* — W. Wattenbach, *Aus den Briefen des Guido von Bazoches* (*Neues Archiv*, t. XVI, 1891, p. 102).

[3] Pour toute la description qui va suivre, consulter les plans de

appartenait à l'archevêque. C'est là qu'il cherchait un refuge, aux jours d'émeute. C'est dans ses cachots qu'il jetait les malfaiteurs ou ses ennemis personnels. Ce château constituait un solide point d'appui aux murailles qui ceignaient Vienne du côté du Nord.

Dans ce rempart, entre Mont-Salomon et le Rhône, s'ouvraient les portes de Mauconseil et d'Arpod, entre Mont-Salomon et Mont-Arnaud, celle de Serpaize. Dans la partie de la ville située au Nord de la Gère se trouvaient deux églises paroissiales, Saint-Sévère et Saint-Martin. On disait que la première avait été fondée au ve siècle par Sévère, prêtre indien, sur les ruines d'un temple des Cent Dieux. L'église Saint-Martin appartenait à l'abbaye de Saint-Ruf[1]. Non loin de l'église Saint-Sévère était celle de Notre-Dame d'Outre-Gère : possession de l'abbaye de Saint-André-le-Bas, elle fut donnée, en 1385, aux Frères Prêcheurs.

La Gère était bordée de murailles. Deux ponts la franchissaient : le pont de Saint-Martin et le pont de Gère. Si l'on passait celui-ci, on arrivait au carrefour de l'éperon[2] : à certains jours, l'affluence devait être grande en ce lieu, car c'était là qu'on adjugeait les impôts sur le vin.

L'église Saint-Pierre-entre-Juifs était proche ; on la

Vienne qui se trouvent en tête du t. V des *Inscriptions de Vienne* d'Allmer et Terrebasse, et dans le compte rendu du Congrès archéologique de France tenu à Vienne en 1879 (XLVIe session).

[1] Cf. U. Robert, *Bullaire du pape Calixte II*, n° 405.

[2] *In loco publico peroni* (Archives de Vienne, BB. 2, fol. 24 v°) ; *in platea peroni* (*ibid.*, fol. 55 r°) ; *in trivio publico de perono* (*ibid.*, fol. 94 r°) ; etc... Du Cange explique *peronum* par *clivus, vallis dejectus* ; en français *penchant*. Aujourd'hui encore la rue en cet endroit a une pente assez forte.

nommait aussi paroisse de l'Orme ou grande paroisse. C'était, en effet, le quartier riche de la ville. Devant l'église, une place, ombragée d'un orme. Là s'étaient assemblés les bourgeois pour réclamer une commune, et, en mémoire de ce fait, ils avaient adopté l'orme pour armoiries [1]. L'église Saint-Pierre-entre-Juifs dépendait de l'abbaye de Saint-André-le-Bas ; le curé, nommé par l'abbé, lui payait chaque année certaines redevances [2].

Laissant à sa droite l'antique abbaye de Saint-André-le-Bas, dominée par son clocher roman, le voyageur parvenait au palais du dauphin. Un peu plus loin, un singulier édifice l'étonnait fort par son fronton triangulaire, ses colonnes cannelées, ses chapiteaux engagés dans la maçonnerie : c'était l'ancien temple d'Auguste et de Livie, transformé en une église dédiée à la Vierge. On passait devant la halle du marché et on arrivait à un groupe d'édifices importants : la maison forte des Canaux, propriété du chapitre, l'hôpital Saint-Paul, l'archevêché. C'était le quartier ecclésiastique, le district ou ban des cloîtres, qui entourait la cathédrale Saint-Maurice, abside et nef gothiques attendant une façade, qui ne fut construite qu'au XVIe siècle.

En cheminant ainsi, le voyageur avait laissé à sa gauche le couvent des religieuses de Saint-André-le-Haut, et, juché sur une colline à pic, le château de Pipet, dont la garde était confiée au chapitre. Si des affaires l'appelaient à Sainte-Colombe, il franchissait le Rhône sur le

[1] C'est du moins l'hypothèse présentée par A. de Terrebasse, *Inscriptions de Vienne*, t. VI, p. 424.

[2] U. Chevalier, *Statuts de l'église de Saint-Pierre-entre-Juifs, à Vienne (Bull. d'histoire ecclésiastique du diocèse de Valence*... 71e livraison, 1891).

pont de pierre. S'il était en compagnie d'un clerc viennois, qui se piquât d'érudition, il pouvait apprendre de lui que ce pont avait été bâti, au temps de Scipion l'Africain, par Tiberius Gracchus. Avant de sortir de Vienne, il remarquait, non loin de la porte du pont du Rhône, une église dédiée à Saint-Ferréol, ancien martyr viennois, et un hôpital, d'assez médiocre importance [1].

Au contraire, si le voyageur voulait continuer sa route vers le Sud, il traversait le district des cloîtres, passait à travers le quartier de Fuissin, près de l'église paroissiale de Saint-Georges, et sortait de la ville par la porte dite de Fuissin ou d'Avignon. Il laissait, à main droite, le monastère de Saint-Pierre-hors-la-Porte, à main gauche, sur la colline de Saint-Just, le prieuré du même nom, et, sur la hauteur voisine, la maison forte de Saint-Gervais, propriété du dauphin [2].

La ville de Vienne était complètement entourée de murailles, même le long du Rhône et de la Gère. Plusieurs portes, bien défendues par des tours, permettaient d'aller dans la campagne.

Il est difficile d'apprécier le nombre des habitants de Vienne au xve siècle. Les recensements de population étaient inconnus au moyen âge. Si l'on compte le nombre des cotes dans les rôles de tailles, on arrive à des résultats singuliers. En 1391, on en trouve 959 [3]; un demi-siècle plus tard, leur nombre a diminué d'un tiers ;

[1] Archives de l'hospice de Vienne, E. 331. *Inventarium de bonis hospitalis pontis Rodani* (9 juin 1457).

[2] Voir une description de Vienne, dans Mermet, *Hist. de Vienne*, t. III, p. 180.

[3] Archives de Vienne, BB. 1, fol. 38 v°-46 r°.

en 1452, on trouve 679 cotes[1] ; en 1453, 635[2] ; en 1457, 656[3]. Si l'on examine le nombre des feux, on rencontre des difficultés analogues : en 1393, il y avait à Vienne 600 feux ; un subside d'un demi-franc par feu fut décidé par les nobles, le clergé et les communautés du Dauphiné, et la ville de Vienne fut taxée à 300 francs[4]. En 1410, Régnier Pot, seigneur de la Roche, gouverneur du Dauphiné, ordonne de répartir sur les 500 feux solvables de Vienne une somme de 1.250 florins[5]. En dix-sept ans, la population aurait donc diminué d'un sixième, ou le nombre des familles insolvables aurait considérablement augmenté[6].

Le plus ancien recensement de la population de Vienne date de 1458 : encore n'est-ce pas un recensement individuel ; on compte le nombre des chefs de famille[7]. Le total est de 551, répartis en sept paroisses : Saint-Pierre-entre-Juifs, Saint-Sévère, Saint-Martin, Saint-André-le-

[1] BB. 6, fol. 132 v°-144 r°.

[2] *Ibid.*, fol. 173 v°-184 r°.

[3] Arch. de l'Isère, B. 2748, fol. 287-299.

[4] Arch. de Vienne, BB. 1, fol. 64 r°.

[5] Arch. de l'Isère, B. 3177. — Dans l'*Inventaire sommaire*, t. II, p. 206, il y a « cinquante feux », mais le texte porte *quingenta foca solubilia.*

[6] Le mot feu a deux sens : il désigne d'abord la famille vivant ensemble, formant une petite communauté. Il devient ensuite une unité financière et administrative, d'un caractère fictif, servant à établir l'assiette de l'impôt. C'est dans ce sens qu'il est pris, en 1452, quand le dauphin Louis réduit de 80 à 52 le nombre des feux de Vienne. (Cf. Molinier, *La Sénéchaussée de Rouergue en 1341* (Bibl. Ec. des Chartes, t. XLIV, 1883) et *Hist. générale de Languedoc*, t. IX, p. 739, note 4).

[7] Arch. de l'Isère, B. 2748, fol. 268-286. — *Revelacio habitancium in civitate Vienne et parrochiis ejusdem civitatis capud* (sic) *domus facientes.*

Haut, Notre-Dame-de-la-Vie (*ecclesia Beate Marie Veteris*[1]), Saint-Ferréol et Saint-Georges. La population ecclésiastique était nombreuse : cent chanoines, prêtres, clercs et petits clercs dans l'église Saint-Maurice, quinze moines dans le monastère de Saint-Pierre-hors-la-Porte, treize dans celui de Saint-André-le-Bas, six prêtres dans l'église collégiale de Saint-Sévère, quinze religieuses au monastère de Saint-André-le-Haut, des Frères Prêcheurs, des Carmes, et dix-huit clercs vivant cléricalement. Si l'on ajoute une douzaine de familles exemptes de tailles pour des raisons diverses, on peut évaluer la population de Vienne, vers le milieu du xve siècle, à environ 3.500 habitants.

La plupart étaient des cultivateurs (*affanatores*) ; ils avaient, dans le voisinage de la ville, des vignes ou des champs, pour lesquels ils payaient des cens à l'archevêque ou au dauphin[2]. D'autres exerçaient les métiers nécessaires à l'existence : ils étaient bouchers, boulangers, pêcheurs, barbiers, couteliers, chapeliers, tisserands, drapiers. Les tanneurs habitaient près de la Gère : la rue Cuvière, encore aujourd'hui empestée de l'odeur du cuir, porte, depuis le xive siècle, ce nom qui rappelle les cuves à tan. La présence de plusieurs juridictions à Vienne avait amené dans cette ville un grand nombre de notaires : le recensement de 1458 en indique neuf dans la paroisse Saint-Pierre-entre-Juifs, sept dans celle de Notre-Dame-de-la-Vie, trois dans celle de Saint-Ferréol.

[1] Je conserve à cette église son nom traditionnel ; il serait mieux de l'appeler Notre-Dame-la-Vieille.

[2] Divers relevés de ces cens sont conservés aux Archives de l'Isère, B. 2662, fol. 108-114 ; B. 2668 ; B. 3410.

Notons encore dans ce document un mesureur de sel, un chaudronnier, un fourbisseur d'armes, plusieurs apothicaires et un médecin sans clientèle(*magister Johannes de Aquilla sirurgicus pauperrimus*[1]).

Vienne était un lieu de passage fréquenté : les hôtelleries y étaient nombreuses. Dans le quartier de Fuissin, l'auberge du Lion était tenue, dans le deuxième quart du xve siècle, par Gabrielle Gignieuse[2]. Le voyageur avait le choix entre les Trois-Rois, la Couronne, la Coupe, l'Étoile, l'Épée. Cette dernière hôtellerie était fréquentée par les hauts fonctionnaires delphinaux : c'est là que descendent, le 22 et le 23 septembre 1450, le gouverneur du Dauphiné et les autres commissaires du dauphin Louis, venus à Vienne pour demander l'hommage des consuls de Vienne et du chapitre de Saint-Maurice.

Les Juifs, enfin, étaient nombreux à Vienne. Ils habitaient un quartier spécial ; une rue de la ville s'appelle encore rue Juiverie. La paroisse principale, nous l'avons dit, portait le nom de Saint-Pierre-entre-Juifs. Les Juifs avaient, en Dauphiné, des maisons financières puissantes. Celle des frères Cohen, à Vienne et à Saint-Symphorien, était la plus considérable[3]. Josse Cohen était sous la protection du dauphin. Les comptes du gardier de Vienne, pour les années 1397, 1398, 1399, nous appren-

[1] B. 2748, fol. 273 v°.

[2] Arch. de l'hospice de Vienne, B. 60. Quittances diverses données à Gabrielle Gignieuse, hôtesse du Lion, à Fuissin (1426-1440).

[3] Prudhomme, *Les Juifs en Dauphiné* (*Bull. Acad. Delph.*, 3e série, t. XVII, p. 201-203).

nent qu'il payait, pour la conserver, une redevance annuelle de quatre gros[1].

Quant au comté de Vienne, qui fut donné, avec la ville, à l'église de Vienne, il n'est pas aisé d'en déterminer l'étendue. L'acte de donation n'indique aucune limite. Les actes d'hommage des dauphins aux archevêques de Vienne disent seulement que le comté de Vienne s'étendait depuis l'église Saint-Vincent, au delà de Voreppe, jusqu'aux Fourches du Puy, lieu qui séparait le diocèse du Puy de celui de Vienne, et qu'il comprenait tout l'espace entre le Rhône et l'Isère[2]. Ce texte n'indique donc pas les limites orientale et occidentale de cette contrée. Le dauphin n'en était pas le seul maître. L'église de Vienne avait d'autres feudataires de moindre importance. Les comtes de Savoie y conservèrent, jusqu'en 1355, un grand nombre de châtellenies[3].

Ce résumé rapide de l'histoire de Vienne nous a conduits jusqu'au XIVe siècle : dans les pages qui suivent, nous allons voir à quels maîtres obéissait alors cette antique cité, et, dans sa constitution, nous apercevrons sans peine les germes des conflits où devait périr son indépendance.

[1] *De garda Josse Cohen judei computat IIII gr. dalp.* Arch. de l'Isère, série B., comptes de châtellenies (non inventoriés).

[2] *Ab ecclesia Sancti Vincencii ultra Vorapium inter duo flumina Ysare et Rodani in longum et in latum et usque ad furcas de Podio, qui locus dividit Viennensem et Aniciensem dioceseos* (Arch. de l'Isère, B. 2618, fol. 72 v°). — Cf. Chevalier, *Inventaire des archives des Dauphins de Viennois...*, p. 86, n° 431.

[3] Le texte du traité du 5 janvier 1355 est dans Guichenon, *Hist. généalogique de la maison de Savoie*, t. IV, 1re partie, Turin, 1730, p. 188. Cf. G. de Manteyer, *Les origines de la maison de Savoie en Bourgogne, Notes additionnelles* (*Moyen Age*, 1901, p. 284-289).

PREMIÈRE PARTIE

LE GOUVERNEMENT DE VIENNE.

CHAPITRE PREMIER

L'archevêque de Vienne.

« A Monseigneur Armand de Montmorin, archevêque et comte de Vienne, primat des primats des Gaules, et par un indult du Saint-Siège vice-gérant du Souverain Pontife dans la province de Vienne et dans sept autres provinces. »

Telle est la dédicace inscrite par Jean-Baptiste Drouet de Maupertuy en tête de son *Histoire de la Sainte Église de Vienne*, publiée à Lyon, en 1708.

Ces titres pompeux résument, en partie, l'histoire des archevêques de Vienne.

La primatie des Gaules fut conférée par les papes à divers archevêchés. Pour la possession de cette dignité, les églises de Vienne et d'Arles se disputèrent longuement. Afin d'appuyer les prétentions des archevêques de Vienne, on forgea toute une série de privilèges[1]. Au

[1] W. Gundlach, *Der Streit der Bisthümer Arles und Vienne um den Primatus Galliarum* (*Neues Archiv.* t. XIV et XV). Le même a publié les *Epistolae Viennenses spuriae* (*Monumenta Germaniae historica, Epistolae,* t. III, p. 86-190).

XIIe siècle, l'archevêque de Vienne Guy de Bourgogne, devenu pape sous le nom de Calixte II, donna une base solide à ces prétentions. Par deux bulles identiques, du 28 juin 1119 et du 25 février 1120, il établit la primatie de l'église de Vienne sur celles de Bourges, de Bordeaux, d'Auch, de Narbonne, d'Aix et d'Embrun. Il conféra à l'archevêque de Vienne les fonctions de représentant du pape auprès de ces églises, lui donna le droit de convoquer les assemblées synodales et de juger en dernier ressort les affaires ecclésiastiques [1].

Calixte II mourut en 1124, et des bulles de 1119 et de 1120 « il ne resta plus que l'orgueilleuse et vaine appellation de « primat des primats » dont s'affublèrent plus tard les archevêques de Vienne [2] ».

C'est aussi Calixte II qui régla définitivement, par les mêmes bulles, l'étendue de la province de Vienne. Il fit de l'archevêque de Vienne le métropolitain des évêques de Grenoble, Valence, Die, Viviers, Genève, Saint-Jean-de-Maurienne, et il lui soumit même l'archevêché de Tarentaise [3].

Le diocèse de Vienne s'étendait sur les deux rives du Rhône. Il était divisé en quatre archidiaconés : Altavéon, Sermorens, la Tour et Outre-Rhône, et en huit archiprêtrés : Annonay, Quintenas, Romans, la Tour-du-Pin, Beauvoir-de-Marc, Bressieux, Valdaine [4].

[1] U. Robert, *Histoire du pape Calixte II*, p. 53 ; *Bullaire du pape Calixte II*, n° 145. — Cf. Georges Pariset, *L'établissement de la primatie de Bourges* (*Annales du Midi*, t. XIV, 1902).

[2] G. Pariset, *loc. cit.*, p. 124.

[3] U. Robert, *o. c.*, p. 53. — Sur les variations du ressort métropolitain de Vienne, cf. Duchesne, *Fastes épiscopaux de l'ancienne Gaule*, t. I, p. 207-210.

[4] U. Chevalier, *Pouillés du diocèse de Vienne*. — Sur l'état du

La juridiction ecclésiastique appartenait à l'official. Licencié ou docteur en lois ou en décret, celui-ci était juge du for ecclésiastique et veillait à l'exécution des décrets du concile provincial de Vienne [1].

L'official prétendait avoir le droit de recevoir l'appel des sentences rendues par la cour commune des comtes. On parlera plus loin de cette cour et on verra combien de conflits souleva cette prétention de l'official à la juridiction d'appel. Il prend parfois ce titre de juge d'appel dans la suscription de ses actes [2]. A l'official appartenait le droit de notifier aux curés du diocèse de Vienne les excommunications lancées par l'archevêque. Les actes de vente et les testaments étaient passés sous le sceau de l'official, qui prétendait même sceller et insérer dans ses registres les testaments des sujets du dauphin habitant le diocèse de Vienne. Ce fait motivait les protestations des officiers delphinaux [3].

Le pouvoir temporel de l'archevêque de Vienne pro-

diocèse de Vienne en 1790, voir *Annales Dauphinoises*, 4e année, 1903, p. 380 et *seq.*

[1] *Officialis Viennensis, judex excessuum fori ecclesiastici civitatis et diocesis Viennensis ac exequtor juris et sacri provincialis concilii Viennensis* (Arch. de l'Isère, B. 3252, fol. 71 ; acte du 29 mai 1406). — *Officialis Viennensis judex exequtor juris et sacrorum statutorum consilii provincialis Viennensis* (B. 3253, fol. 201 ; acte du 25 juin 1432).

Souvent on trouve seulement *Officialis Viennensis* ou *officialis curie Viennensis* (Arch. des hospices de Vienne, H. 317 et 318 ; actes de 1304, 1339, 1347, 1351).

[2] *Officialis Viennensis, judex causarum appellationum que ad nos emictuntur et emicti consueverunt a curia spectabilium virorum dominorum comitum Viennensium* (Arch. de l'Isère, B. 3252, fol. 72, 73, 74 ; actes des 29 mai, 21 juin, 28 juin 1406).

[3] Arch. de l'Isère, B. 3252, fol. 85-88 ; mémoire sans date.

venait de la donation faite par Rodolphe III, le 14 septembre 1023. Malgré cette donation, les empereurs se regardèrent comme les seigneurs suzerains de la ville et du comté de Vienne. Conrad III, le 6 janvier 1146 [1], Frédéric Ier, en 1153 [2] et le 17 juillet 1166 [3], Henri VI, le 27 juillet 1196 [4], Frédéric II, le 3 novembre 1214 [5] et en 1238 [6] confirmèrent les privilèges de l'église de Vienne et confièrent à l'archevêque et au chapitre la garde de la ville, du château de Pipet et de la maison des Canaux. Le 27 octobre 1157, Frédéric Ier nomma l'archevêque de Vienne archichancelier de l'Empire en Bourgogne [7].

L'archevêque de Vienne conserva la possession directe d'une faible portion des territoires donnés par Rodolphe le Fainéant. Au XIVe siècle, il ne possédait en franc alleu qu'une partie de la ville de Vienne, notamment le château de la Bâtie, construit par Jean de Bernin, Saint-Chef [8], Seyssuel [9], une partie de Reventin [10] et Mantaille [11]. L'abbaye de Saint-Chef avait été unie à l'arche-

[1] Bibl. Nat., ms. lat. 10.950, p. 177-182 ; Charvet, *Histoire de la Sainte Église de Vienne*, p. 340-341.

[2] Charvet, *o. c.*, p. 345.

[3] Bibl. Nat., lat. 10.950, p. 309-313 ; Charvet, *o. c.*, p. 353-354.

[4] Charvet, *o. c.*, p. 363.

[5] Bibl. Nat., lat. 10.951, p. 421-425 ; Charvet, *o. c.*, p. 379-381.

[6] Charvet, *o. c.*, p. 389.

[7] Bibl. Nat., lat. 10.950, p. 301-305 ; Charvet, *o. c.*, p. 348-349.

[8] Isère, arr. La Tour-du-Pin, con Bourgoin.

[9] Isère, arr. Vienne, con Vienne-Nord.

[10] Reventin-Vaugris, Isère, arr. Vienne, con Vienne-Sud.

[11] Drôme, arr. Valence, canton Saint-Vallier, cne Anneyron. — Cf. Brun-Durand, *Dictionnaire topographique de la Drôme*, p. 204. Sur les terres allodiales de l'archevêque de Vienne, cf. U. Chevalier, *Choix de documents historiques inédits sur le Dauphiné*, p. 204.

vêché de Vienne, en 1320, par le pape Jean XXII [1]. En sa qualité d'abbé de Saint-Barnard, l'archevêque de Vienne était seigneur de Romans.

Tous les autres domaines avaient été inféodés à divers seigneurs. Le plus important de ces fiefs était le comté de Vienne, tenu par les dauphins de Viennois. Il comprenait tout l'espace entre le Rhône et l'Isère, depuis l'église Saint-Vincent au delà de Voreppe jusqu'aux Fourches du Puy, limite des diocèses de Vienne et du Puy. Le dauphin renouvelait chaque année son hommage à l'église, en offrant, par le ministère de son gardier, un cierge de douze livres de cire, à la fête de Saint-Maurice [2].

Une des marques principales de la souveraineté de l'archevêque de Vienne était le droit de justice.

Jusque vers le milieu du XIVe siècle, la juridiction temporelle fut exercée, au nom de l'archevêque, par un magistrat appelé le mistral.

En Dauphiné, on donnait ce nom à un officier inférieur chargé de la recette des droits seigneuriaux. A Vienne, les fonctions du mistral étaient beaucoup plus importantes. Il était à la fois juge séculier et gouverneur de la ville. Il exerçait la haute et basse justice sur tous les habitants et dans toutes les causes civiles et criminelles. Il avait le droit d'établir un juge, des procureurs, des notaires, des sergents pour l'exercice de cette juridiction. Lui et ses familiers pouvaient seuls aller en armes à travers la ville.

[1] Charvet, *Hist. de la Sainte Église de Vienne*, p. 454.

[2] Le plus ancien des hommages, prêtés par les dauphins pour le comté de Vienne, est, selon Charvet, celui de Guigues André, le 26 juin 1217 (*o. c.*, p. 485). Sur les autres fiefs de l'église de Vienne, voir Chorier, *L'Estat politique du Dauphiné*, t. II, p. 218 et *seq*.

Le mistral était chargé de la garde de Vienne ; il nommait les portiers et recevait leur serment. Il nommait aussi les crieurs publics et ordonnait les proclamations à faire dans la ville. Il touchait les émoluments du sceau. Il faisait payer l'amende pour les excès commis dans les cabarets. Il percevait, chaque année, sur tous les presseurs d'huile, une mesure d'huile. Enfin, c'était lui qui accordait, moyennant le payement de certains droits, des permissions pour les secondes noces [1].

L'archevêque confiait cette importante fonction à un chanoine pour la durée de sa vie [2]. Cet état de choses lui parut fâcheux. Il en demanda la suppression au pape. Par une bulle du 8 décembre 1320, Jean XXII supprima le mistral de Vienne et le viguier de Romans, unit leurs offices à la mense archiépiscopale, à charge pour l'archevêque de donner une indemnité convenable aux chanoines. Celui-ci pouvait confier ces charges à une ou plusieurs personnes, mais pas à perpétuité [3]. Les gens du dauphin prétendirent plus tard que cet acte était sans valeur : l'exercice de la juridiction temporelle, disaient-ils, avait été concédé aux archevêques par les empereurs, et le pape n'avait pas à se mêler de cette affaire [4]. La bulle

[1] Valbonnais, *Histoire de Dauphiné*, t. I, p. 110 et p. 128.

[2] A la fin du XIIIe siècle, Eudes Alleman, mistral de Vienne, fut employé avec Frédéric de Lichtenberg, élu de Strasbourg, aux affaires du roi de France (Bibl. Nat., ms. lat. 9783, fol. 3 v°). — Reproduit par M. Prou, *Recueil de fac-similés d'écriture du Ve au XVIIe siècle*. Paris, 1904, pl. XXVIII.

[3] Valbonnais, *o. c.*, t. I, p. 138, date la pièce *quinto idus decembris*. Dans deux documents des Archives de l'Isère, du XIVe et du XVe siècle, elle est datée *VI° idus decembris* (B. 3403, fol. 73 r° ; B. 3253, fol. 136 r°).

[4] Archives de l'Isère, B. 3253, fol. 136 r°.

de suppression portait que les titulaires de la mistralie de Vienne et de la viguerie de Romans jouiraient de ces offices jusqu'à leur mort. Siboud de Clermont, qui fit hommage de la mistralie de Vienne à Bertrand de la Chapelle le 23 juin 1328, la possédait encore le 2 août 1349.

La disparition du mistral laissa la place libre à deux de ses subordonnés : le juge et le courrier.

Le mistral établissait un juge séculier pour l'exercice de la juridiction temporelle de l'archevêque, au civil et au criminel. L'appel des sentences de ce juge était porté devant l'archevêque ou son official [1].

Le courrier, nommé par l'archevêque, était chargé de rechercher les malfaiteurs dans la ville de Vienne et sur son territoire. Il les enfermait dans la prison de l'archevêque, jusqu'à ce qu'une sentence fût rendue contre eux. Il était chargé de faire exécuter les condamnations et de faire payer les amendes. Il veillait à la sûreté de la ville, établissait des gardes le jour et la nuit [2].

Après la suppression du mistral, l'exercice de la juridiction temporelle de l'archevêque fut confié à une cour appelée cour temporelle ou cour séculière [3]. Elle était présidée par un juge, assisté d'un procureur fiscal, d'un courrier, d'un receveur ou cellérier, de notaires, de sergents et d'un crieur public [4].

[1] Arch. de l'Isère, B. 3403, fol. 25 (art. 26-28) ; Bibl. Nat., nouv. acq. franç. 9795, fol. 256 r°.

[2] Arch. de l'Isère, B. 3403, fol. 21 v°-22 ; Bibl. Nat., nouv. acq. franç. 9795, fol. 255. Cf. Mermet, *Ancienne Chronique de Vienne*, p. 69-73.

[3] De 1378 à 1401, quand le dauphin exerça à Vienne le vicariat impérial, cette cour porta le nom de cour impériale.

[4] Arch. de l'Isère, B. 3251, fol. 242. Composition de la cour temporelle en février 1378.

Cette cour avait juridiction sur toutes les maisons, relevant du domaine direct de l'église, même si la maison était située dans une rue sans issue, soumise à la juridiction des comtes [1]. Pendant toute l'année, elle punissait les délits commis sous la halle du marché[2]. La cour temporelle avait des foires, qui commençaient le jour de la Fête-Dieu et duraient quinze jours. Pendant ce temps, elle avait juridiction sur la ville entière, sauf sur la boucherie, l'écorcherie des bœufs, le marché aux bœufs et aux porcs, qui restaient toujours soumis à la juridiction de la cour commune des comtes [3]. Les fautes des officiers de la cour temporelle étaient punies par le juge de cette cour. Si quelqu'un les offensait dans l'exercice de leurs fonctions, il était jugé par la cour temporelle, même s'il était sujet des comtes[4]. Le juge de la cour temporelle avait le droit de faire faire les proclamations qui concernaient uniquement sa cour, sans le consentement du juge des comtes. Mais, si l'affaire importait à toute la ville, il fallait que les deux cours s'accordassent pour faire faire une proclamation. A la cour temporelle appartenait encore le droit de délivrer des aunes et des mesures, et de punir les fraudeurs. Les poids, les aunes et les mesures étaient marqués du signe de l'archevêque, une crosse.

Des textes nous ont conservé le souvenir des condamnations prononcées par la cour séculière et des exécutions faites par le courrier de l'archevêque. Les coupables

[1] Pièces justificatives, n° V, art. 15 et 16.
[2] *Ibid.*, art. 19.
[3] *Ibid.*, art. 21.
[4] *Ibid.*, art. 22.

étaient pendus, décapités, noyés ou brûlés. Au temps de l'archevêque Briand, plusieurs voleurs furent pendus aux fourches de l'archevêque [1]. Martin Reventin, gardien du château de la Bâtie, fut décapité, sur l'ordre du courrier Foulques de Moras, pour avoir laissé échapper un prisonnier [2]. Michalet de la Pierre, familier du mistral Siboud de Clermont, fut noyé dans le Rhône, sur l'ordre de Hugues Fallatier, courrier de l'archevêque [3]. Une servante, coupable d'avoir tué son enfant (*que partum suum occiderat*) fut aussi noyée dans le Rhône [4]. Au temps de l'archevêque Guillaume de Laudun (1321-1327), le courrier fit brûler quelques hérétiques et tous les lépreux arrêtés dans la ville de Vienne et sur son territoire [5].

Telle était donc l'organisation de la juridiction de l'archevêque. Le tribunal de l'officialité, parfois appelé cour ecclésiastique, avait la juridiction sur le for ecclésiastique et se considérait comme un tribunal d'appel. La cour temporelle ou séculière avait juridiction sur toute la partie de Vienne tenue en fief de l'église.

Seigneur de la ville de Vienne, l'archevêque était chargé de sa défense. Il avait la garde des clefs des portes, sauf

[1] Arch. de l'Isère, B. 3403, fol. 89 v°; B. 3253, fol. 145 v°.
[2] B. 3403, fol. 90 v°.
[3] *Ibid.*, fol. 91 r°.
[4] Arch. de l'Isère, B. 3403, fol. 91 v° ; B. 3253, fol. 146 r°.
[5] *Dictus correarius capi et incarcerari fecit omnes leprosos dicte civitatis et eius territorii, et demum ipsi leprosi fuerunt per judicem curie secularis ad incendium condampnati et eosdem comburi fecit dictus correarius in territorio dicte civitatis* (B. 3403, fol. 90 v° ; B. 3253, fol. 146 r°). Sur les poursuites contre les lépreux, voir Molinier, *Les sources de l'histoire de France*, n° 3047, et E. Lavisse, *Histoire de France*, t. III, 2e partie, p. 221.

pendant les quinze jours de la foire des comtes. Il avait le droit de faire tendre à travers les rues les chaînes de fer fixées aux murs[1].

Il était propriétaire de tous les champs qui entouraient Vienne, entre certaines limites. Dans ce territoire, il avait le droit de percevoir des dîmes : quatre gerbes par joug de bœufs, sur chaque cultivateur possédant des bœufs ; ceux qui n'en avaient pas payaient seulement deux gerbes[2].

L'archevêque, propriétaire des mesures, percevait un droit sur les grains mesurés[3]. Il prélevait aussi des droits sur le sel. Tous les samedis, les marchands de sel de Vienne devaient apporter une boîte de sel au palais du dauphin ou chez le receveur de la leyde ; on faisait trois parts : l'une était pour le dauphin ou le receveur de la leyde, la seconde pour l'archevêque, la troisième pour l'abbé de Saint-André[4].

Le 3 février 1373, Louis de Villars, évêque et comte de Valence et de Die, administrateur du diocèse de Vienne, fit un règlement sur la vente du sel. Les marchands de sel devaient élire parmi eux deux maîtres du métier du sel *(magistri misterii salis)*. Ceux-ci avaient la surveillance des mesures et pouvaient instituer des mesureurs de sel. Les mesures devaient être marquées du seing de l'archevêque. Son cellérier percevait des droits pour la marque des mesures : pour un setier, deux sous ; pour un demi-setier, douze deniers ; pour un quart de

[1] Bibl. Nat., nouv. acq. fr., 9795, fol. 255-256.

[2] U. Chevalier, *Actes capitulaires de l'église Saint-Maurice de Vienne*, p. 116.

[3] *Ordonnances des rois de France*, t. VII, p. 431.

[4] Arch. de l'Isère, B. 3251, fol. 14.

setier, six deniers; pour les mesures inférieures, boisseau, quarteron, demi-quarteron, trois deniers. Défense était faite aux étrangers de vendre du sel au détail[1].

Divers métiers étaient assujettis à des redevances envers l'archevêque: forgerons, cordonniers, boulangers, charpentiers. Les pêcheurs qui prenaient des lamproies devaient en donner une à l'archevêque[2].

L'archevêque avait aussi le droit de banvin. A partir du mercredi après Pâques, pendant quatre semaines, il était seul à pouvoir vendre du vin, qu'il provînt de ses vignes ou d'ailleurs, pourvu qu'il ne fût pas corrompu. Il le vendait deux deniers de plus que les autres marchands, s'il ne valait que vingt deniers; quatre deniers de plus s'il valait davantage[3].

Enfin, l'archevêque de Vienne possédait encore deux des attributs de la souveraineté : le droit de faire la guerre et celui de battre monnaie.

La monnaie viennoise était très répandue. Elle était plus faible d'un quart que la monnaie tournoise. Depuis la fin du XIVe siècle, elle ne valut plus que la moitié. Les deniers de Vienne ne portent jamais le nom des archevêques. Le type ordinaire est, au droit, le profil de saint Maurice, avec la légende SANTVS MAVRICIVS ; au revers, une croix pattée, cantonnée des lettres V.I.E.N. et la légende MAXIMA GALLIARVM. Bertrand de la Chapelle fit un règlement sur les monnaies en 1328. Il déclara que la monnaie était la propriété des archevêques. Il régla

[1] Arch. de l'Isère, G. 13 (vidimus de Jean Poncet, vicaire général de Thibaud de Rougemont, 8 septembre 1401).

[2] Chevalier, *Actes capitulaires de Saint-Maurice*, p. 77.

[3] *Ordonnances des rois de France*, t. VII, p. 432. — Cf. Mermet. *Ancienne chronique de Vienne*, p. 111.

son poids et son titre. L'archevêque prenait cinq parts de la monnaie frappée; la sixième appartenait au chapitre.

La chute de la puissance monétaire des archevêques de Vienne précéda celle de leur indépendance politique. La dernière monnaie doit être antérieure à 1373. Le monnayage archiépiscopal a dû s'interrompre, après 1378, pendant les vingt-deux ans que Vienne fut sous la main du dauphin, vicaire impérial. Rien ne fait supposer que Thibaud de Rougemont, si jaloux de ses prérogatives, ait essayé de faire revivre la puissance monétaire de ses prédécesseurs [1].

Quand on eut cessé de fabriquer de la monnaie à Vienne, on continua d'y frapper des méreaux. On appelle ainsi des jetons de présence, distribués aux chanoines et aux clercs d'une église pour vérifier leur assiduité aux offices. C'était une monnaie fictive que le trésorier échangeait contre de la monnaie courante. Le chapitre de Saint-Maurice avait trois sortes de méreaux : pour les chanoines, pour les prêtres et pour les clercs [2].

[1] Tout ce qui vient d'être dit de la monnaie des archevêques de Vienne est résumé d'après Morin, *Numismatique féodale du Dauphiné*, p. 19-36.

[2] J. Roman, *Méreaux et jetons ecclésiastiques du Dauphiné* (*Bull. de l'Académie Delphinale*, 3e série, t. XVI, 1880).

G. Vallier, *Essai sur les monuments numismatiques de l'église et de la cité de Vienne* (*Revue belge de numismatique*, t. XXXVII, 1881).

CHAPITRE II

Le chapitre de l'église Saint-Maurice de Vienne.

Les chanoines de l'église cathédrale Saint-Maurice de Vienne formaient un corps ancien, nombreux et puissant.

Les historiens de l'église de Vienne[1] ont écrit que le chapitre avait été établi par l'archevêque Volfère, en 790 ou en 805, et que Charlemagne en avait approuvé les statuts.

Il est plus probable que le chapitre fut fondé au milieu du IXe siècle, sous le pontificat d'Agilmar (mort le 6 juillet 859). La réforme de l'église de Vienne dut être faite par des chanoines de Romans, entre le 15 juin 843 et le mois d'avril 849[2].

[1] Lelièvre, *Histoire de l'antiquité et saincteté de Vienne*, p. 191 ; Charvet, *Histoire de la Sainte Église de Vienne*, p. 157 et 653 ; Collombet, *Histoire de la Sainte Église de Vienne*, t. I, p. 146 ; Mermet, *Chronique religieuse de la ville de Vienne*, p. 217. — Charvet dit : « quoique le catalogue des archevêques de Vienne inséré dans le Cartulaire, le Martyrologe de cette église, Le Lièvre et Chorier fixent à l'année 790 la nouvelle fondation de l'église de Vienne, les actes mêmes de cette fondation démontrent le contraire, et par la qualité d'archevêque donnée à S. Volfère, et par celle d'empereur attribuée à Charlemagne » (p. 156).

[2] G. de Manteyer, *Les Origines de la maison de Savoie*, dans le *Bulletin de la Société de statistique de l'Isère*, 4e série, t. VII, p. 130-131.

Un corps d'environ trois cents personnes fut attaché à l'église de Vienne : soixante chanoines, cent prêtres, vingt diacres, vingt sous-diacres, quarante clercs, vingt-quatre petits clercs. Les dignitaires étaient le prévôt, le doyen, le grand archidiacre, les quatre archidiacres forains, l'écolâtre ou capiscol. Venaient ensuite le pré-chantre et le chantre. Les offices étaient la sacristie, la mistralie et la chancellerie. Six chevaliers, savants dans les lois, servaient d'avoués à l'église. Il y avait encore huit archiprêtres ruraux et dix prêtres pour servir au grand autel.

Les chanoines formaient le chapitre, tous les autres le collège *(collegium)*.

Les statuts portaient que le nombre des chanoines et des collégiés pourrait être augmenté ou diminué selon les ressources de l'église.

Il fallait, en effet, des richesses considérables pour faire vivre un si nombreux clergé. Elles provenaient, en grande partie, de la donation du roi Rodolphe. Dès le XIe siècle, les biens donnés par ce roi étaient divisés en deux menses. « La terre de *l'église de Vienne* ou *évêché* formait la mense personnelle de l'archevêque, qui en possédait l'usufruit et pouvait même l'engager en fief. La terre de *Saint-Maurice*, qu'on appelait aussi la *commune* des chanoines, formait la mense du chapitre qui en jouissait d'une façon plus ou moins indépendante de l'évêque, et qui prélevait sur la masse des prébendes à vie pour chacun de ses membres [1]. »

En 1214, Frédéric II accorda à l'église de Vienne un péage de douze deniers sur chaque charge de marchan-

[1] G. de Manteyer, *o. c.*, p. 137.

dises qui passerait dans Vienne, soit par terre, soit par eau [1]. Ce péage fut établi à Saint-Clair.

En 1285, sous le pontificat de Guillaume de Valence, la mense archiépiscopale fut définitivement séparée de la mense capitulaire [2]. Dans Vienne, le chapitre obtint le château de Pipet, la maison des Canaux, le territoire de Mont-Salomon, les hauteurs de Sainte-Blandine et de Saint-Just, la juridiction du cours de la Gère entre les deux ponts et celle du quartier appelé les Cloîtres de Saint-Maurice [3]. L'archevêque lui céda aussi le péage de douze deniers accordé par Frédéric II. Hors de Vienne, le chapitre possédait Communay [4], Saint-Clair [5] et une partie de Reventin [6].

A une époque inconnue, des modifications furent faites à la composition du chapitre. Le prévôt disparut, et le doyen prit la première place.

Une transaction importante intervint entre l'archevêque et le chapitre, le 15 juillet 1309 [7].

Elle accorde au chapitre des privilèges considérables. L'archevêque, l'official et le mistral n'ont aucune juridiction sur les chanoines, les clercs de Saint-Maurice, ni sur

[1] Arch. de l'Isère, B. 2893, fol. 41 (copie du XVIIe siècle). — Valbonnais, *Histoire de Dauphiné*, t. I, p. 88; Charvet, *o. c.*, p. 381.

[2] Charvet, *o. c.*, p. 419.

[3] Charvet, *Fastes de la ville de Vienne*, p. 101.

[4] Isère, arr. de Vienne, canton de Saint-Symphorien-d'Ozon.

[5] Saint-Clair-de-Roussillon, Isère, arr. de Vienne, canton de Roussillon.

[6] Reventin-Vaugris, Isère, arr. et canton de Vienne.

[7] « L'an de l'Incarnation 1309, le mardi après la quinzaine de la Nativité de saint Jean-Baptiste, indiction VII, la quatrième année du pontificat de Clément V. » — Charvet, *Hist. de la Sainte Église de Vienne*, p. 437-445; Mermet, *Ancienne chronique de Vienne*, p. 74-75 et 102-103.

leur famille. On appelait famille de l'église les quatre marguilliers chargés de veiller dans l'église pendant la nuit. Ils en ouvraient les portes à matines, et ne laissaient entrer que les chanoines, les clercs de l'église et les personnes qu'ils connaissaient bien. Ils ne devaient sortir de l'église que le matin, au signal donné par la trompette du château de Pipet. Chacun portait une lance, une arbalète, un coutelas et un bouclier.

On appelait familiers du chapitre le portier du chapitre, le maître de l'œuvre, le sacristain, le bouteiller, le maître d'hôtel et le cuisinier.

Par familiers des chanoines, on entendait les personnes qui mangeaient assidûment chez eux ou qu'ils tenaient à gages, celles qui étaient nécessaires aux chanoines pour garder leurs châteaux ou pour y exercer la justice, tels que châtelains, prévôts et juges.

La juridiction sur ces diverses catégories de personnes appartenait au doyen et au chapitre. Une partie de la ville de Vienne, désignée sous le nom de ban ou district des cloîtres, était aussi soustraite à la juridiction archiépiscopale ou comtale. Lorsqu'un malfaiteur s'y réfugiait, il pouvait y rester pendant huit jours sans être inquiété. Après ce délai, il devait en être expulsé.

Les chanoines et les clercs, qui demeuraient hors du cloître, conservaient les mêmes privilèges que s'ils y avaient habité. Toutefois, leurs maisons n'avaient pas le droit d'asile. Les clercs et les domestiques des chanoines pouvaient être arrêtés, hors du cloître, pendant la nuit et le jour, par le courrier ou le mistral. Mais ceux-ci devaient les rendre au doyen et au chapitre.

Enfin, les chanoines jouissaient d'un privilège assez étrange : c'était de délivrer les prisonniers qu'ils rencontraient. « Si le courrier ou les officiers du mistral conduisaient un prisonnier, ils doivent faire marcher quelqu'un devant eux pour prier les chanoines qui se trouveront sur leur chemin de se retirer, afin qu'ils ne forment aucun obstacle à leur capture. Que si lesdits courriers et officiers négligeaient cette précaution, et qu'ils rencontrent un chanoine sur leur chemin, à cause du respect qui lui est dû, ils relâcheront incontinent le prisonnier, à moins que ledit prisonnier n'ait fait ou conseillé quelque crime contre l'Archevêque, le Mistral, l'Église, la Ville ou les Chanoines... Cependant, si le chanoine qui se trouvera sur le chemin du prisonnier ne voulait pas se retirer après en avoir été averti, pourvu que, d'ailleurs, il puisse le faire commodément et honnêtement, pour lors on ne relâchera point le prisonnier [1]. » Le courrier et ses officiers pouvaient cependant conduire les malfaiteurs au palais archiépiscopal, pour les y mettre en prison, sans qu'aucun chanoine pût les délivrer quand ils étaient conduits à travers le cloître; mais on ne devait pas les faire passer par le cimetière de Saint-Maurice.

Tels étaient, au XIVe siècle, les privilèges du chapitre de Saint-Maurice de Vienne; il était indépendant de la juridiction de l'archevêque; il possédait des domaines propres; il avait la garde de la maison des Canaux et du château de Pipet, très important pour la défense de Vienne.

Le chapitre était alors dans une profonde décadence. Un des premiers actes de l'archevêque Bertrand de la Chapelle fut d'entreprendre sa réforme. Le vendredi 23 septembre 1328, dans le chapitre général tenu le

[1] Charvet, *o. c.*, p. 443-444.

lendemain de la fête de saint Maurice, on décida de créer de nouveaux chanoines. A cette date, en effet, le chapitre ne comptait que vingt et un membres. Jusqu'au lendemain de la Toussaint, chacun d'eux pourrait créer un nouveau chanoine. Celui-ci devait être noble de père et de mère, attendre cinq ans avant d'entrer au chapitre, et passer ce temps à étudier, car l'église de Vienne était dépourvue d'hommes lettrés [1].

Il est fort intéressant d'étudier la liste des nouveaux chanoines. Douze sont les neveux des anciens ; trois chanoines choisissent leur frère. Une même famille compte plusieurs chanoines: la famille de Clermont, déjà représentée par Guillaume, doyen, Siboud, mistral, Humbert, archidiacre, le fut encore par Louis, fils de Geoffroy de Clermont, et Boniface d'Aoste, leurs neveux. Dans la famille Lombard, Albert, préchantre, choisit son neveu, Guigues Rolland; Humbert, capiscol, et François choisirent Berthon et Hugonet, fils de leur frère Raymond Lombard.

Ce recrutement familial augmentait chez les chanoines l'esprit d'indépendance. Charvet fait une juste remarque au sujet de l'acte de 1285, qui sépara la mense archiépiscopale de la mense capitulaire. « On peut présumer, dit-il, que la plupart des chanoines étant des premières maisons de Dauphiné, tenant un peu trop encore de l'ambition et de l'inquiétude de la noblesse de ce temps, se trouvaient gênés dans leurs desseins par les sages prélats qui avaient toujours gouverné l'église de Vienne [2]. »

[1] U. Chevalier, *Actes capitulaires de l'église Saint-Maurice de Vienne*, p. 69-71 ; Charvet, *o. c.*, p. 462-463.

[2] *Histoire de la Sainte Église de Vienne*, p. 419.

Nous verrons bientôt le chapitre en conflit avec l'archevêque. Vis-à-vis de ses chanoines, celui-ci était désarmé, puisqu'il n'avait pas de juridiction sur eux. L'acte de 1309 lui reconnaissait le droit de conférer quelques dignités : la mistralie, la chancellerie, la sacristie, les archidiaconés, sauf celui d'Outre-Rhône, uni au doyenné, et la sous-chantrerie. Mais ce droit ne donnait pas à l'archevêque une grande autorité sur son chapitre. Le mistral, nommé à vie, était si gênant que l'archevêque dut demander au pape la suppression de cet office. C'est aussi à l'autorité pontificale que l'archevêque avait recours dans ses conflits avec le chapitre. Le 18 juin 1341, le pape Benoît XII signifia à l'archevêque, au doyen et au chapitre de Vienne, qu'il réservait au Saint-Siège la nomination des chanoines de cette église [1]. Cette décision, — sur l'exécution de laquelle les renseignements me manquent, — était certainement une conséquence des troubles survenus en l'année 1338, dont on lira plus loin le récit.

[1] G. Daumet, *Benoît XII (1334-1342). Lettres closes, patentes et curiales se rapportant à la France*, n° 851.

CHAPITRE III

Les Comtes de Vienne.

L'origine des comtes de Vienne, déclare Charvet, est très difficile à éclaircir[1]. Le consciencieux historien de l'église de Vienne dit que « plusieurs les regardent comme tous les autres comtes qui rendaient la justice dans les villes au nom du souverain, administraient les finances et commandaient les troupes » et qui, peu à peu, devinrent héréditaires. D'autres prétendaient que les comtes de Vienne descendaient de Charles-Constantin, fils de l'empereur Louis l'Aveugle. « Ils ajoutent que Charles ou ses descendants devinrent comtes de Mâcon, et l'on ne peut douter que cette maison des comtes de Vienne n'ait porté le double titre des comtes de Mâcon et de Vienne. »

Ce système serait très simple. Mais nous sommes mal renseignés sur la descendance de Charles-Constantin. Il avait été marié à une certaine Theutberge et en avait eu deux fils, Richard et Hubert. Le premier figure dans une charte de janvier 962, « mais, après cette date, il est impossible de fournir sur eux aucun renseignement certain[2] ».

La question si obscure de l'origine des comtes de

[1] *Histoire de la Sainte Église de Vienne*, p. 339.

[2] Poupardin, *Le royaume de Provence sous les Carolingiens*, p. 242.

Vienne a été traitée incidemment par M. Georges de Manteyer, dans ses trois savants mémoires sur les *Origines de la Maison de Savoie en Bourgogne*[1].

L'archevêque de Vienne Brochard reçut du roi de Bourgogne le comté de Viennois, le 14 septembre 1023. Il en inféoda, vers 1030, la partie septentrionale à Humbert-aux-Blanches-Mains, comte de Savoie, la partie méridionale à Guigues, comte d'Albon[2]. Tous les deux furent comtes *en* Viennois ; mais ils ne prirent pas le titre de comtes *de* Viennois.

C'est seulement dans la seconde moitié du XIIe siècle que les comtes de Mâconnais et les comtes d'Albon prirent simultanément le titre de comtes de Vienne[3]. En 1156, Frédéric Barberousse épousa Béatrix, héritière du rameau cadet des comtes de Bourgogne. Il voulut qu'elle possédât intégralement le comté de Bourgogne. La branche aînée, représentée par Guillaume III l'Allemand, renonça aux droits qu'elle y pouvait avoir ; elle se contenta du titre de comtes de Mâcon, et, par compensation, y joignit celui de comtes de Vienne. C'est là l'origine de ces comtes de Mâcon et de Vienne dont parle Charvet.

D'autre part, Berthold de Zæhringen, recteur de Bourgogne, céda à Guigues, comte d'Albon, tous ses droits à Vienne, et promit de le défendre contre Guil-

[1] Le 1er, dans les *Mélanges d'archéologie et d'histoire de l'École française de Rome*, t. XIX, 1899 ; le 2e, dans le *Moyen Age*, t. XIV, 1901 ; le 3e, dans le *Bulletin de la Société de Statistique du département de l'Isère*, 4e série, t. VII (XXXIIIe de la collection), 1904. Tous les trois ont été tirés à part.

[2] *Bulletin de la Société de Statistique*, p. 148 et 187.

[3] *Moyen Age*, t. XIV, p. 281.

laume, comte de Vienne et de Mâcon, qui avait des prétentions sur cette ville [1].

M. de Manteyer n'explique pas d'où Berthold tenait ces droits, et il ajoute une affirmation contre laquelle, nous le verrons, toute l'histoire de Vienne s'inscrit en faux. « Ces droits, dit-il, étaient supérieurs aux droits comtaux, puisque c'étaient des droits pour ainsi dire vice-royaux : par suite, les comtes d'Albon, qui étaient vassaux en Viennois des archevêques de Vienne, prenaient, légalement au moins, une situation supérieure à la leur dans Vienne même [2]. »

Valbonnais avait remarqué que la donation du duc de Zæhringen « ne comprenait que le comté ou le gouvernement de la ville et une juridiction subordonnée à celle des empereurs ou de ceux qui devaient y exercer leur autorité. Aussi les dauphins, dans toutes les contestations qu'ils ont eues dans la suite avec les archevêques de Vienne, ne leur ont point disputé l'hommage et la supériorité de fief [3] ». M. Paul Fournier a dit aussi : « A la fin du XIIIe siècle et au commencement du XIVe, les droits des dauphins à Vienne sont visiblement subordonnés à ceux de l'archevêque, qui, en droit comme en fait, est le véritable maître de la ville [4]. »

Quoi qu'il en soit de l'origine des comtes de Vienne, ce titre, au début du XIVe siècle, appartenait à la fois à l'archevêque de Vienne et au dauphin de Viennois.

Le 21 janvier 1263, Hugues, comte de Vienne et

[1] Valbonnais, *Histoire de Dauphiné*, t. II, p. 255-256.
[2] *Moyen Age*, t. XIV, p. 283.
[3] *Histoire de Dauphiné*, t. II, p. 256.
[4] *Le Royaume d'Arles et de Vienne*, p. 411.

seigneur de Pagny, vendit à l'archevêque de Vienne, Jean de Bernin, pour 6.500 livres de monnaie viennoise, le comté de Vienne et son palais situé près de l'église Saint-Pierre-entre-les-Vignes. Il ordonna à ses vassaux, notamment au dauphin de Viennois, à Guillaume, seigneur de Beauvoir, à Berlion et Guillaume, seigneurs d'Illins, de faire hommage à l'archevêque. Il retenait pour lui le fief de la Tour et tous les biens situés en deçà du Rhône[1].

Cependant, une autre maison conservait encore quelques droits sur la ville de Vienne. Le 9 novembre 1337, le dauphin Humbert II acheta pour 6.000 florins d'or, à Guillaume de Vienne, tous ses droits sur le comté de Vienne[2]. Le vendeur disait que le comté tenu par l'archevêque de Vienne lui appartenait à juste titre. Il

[1] Arch. de l'Isère, G. 11. Deux originaux parchemin ; l'un d'eux porte encore deux lacs de soie verte, où l'on voit des débris des sceaux d'Hugues de Pagny et d'Henri, son frère, qui approuva la vente. La date est : *Actum Lugduni, XII kal. februarii, anno Domini millesimo ducentesimo sexagesimo secundo.* En Bourgogne, pays d'Hugues de Pagny, l'année commençait généralement à Pâques (Giry, *Manuel de diplomatique*, p. 120). Je crois donc qu'il faut rapporter l'acte à l'année 1263. — Cf. Aymar du Rivail, *De Allobrogibus*, p. 435. — L'acte est cité parmi les titres produits par l'archevêque de Vienne dans un procès en 1425 ; il porte cette même date (Arch. de l'Isère, B. 3253, fol. 133 v°). Cf. aussi Mermet, *Histoire de Vienne*, t. III, p. 91. — Les auteurs de *L'Art de vérifier les dates* (t. II, p. 491), et, après eux, M. P. Fournier (*Le Royaume d'Arles et de Vienne*, p. 410, note 2) ont daté cet acte de 1250.

Le même jour, Hugues de Pagny écrivit à Guigues Dauphin (*Guigo Dalphini*), comte d'Albon et de Vienne et lui ordonna de faire hommage à l'archevêque de Vienne (Arch. de l'Isère, G. 11, vidimus d'Humbert Teste, official de Vienne, 10 novembre 1425).

[2] Valbonnais, *o. c.*, t. II, p. 347-348.

affirmait descendre des comtes de Mâcon et de Vienne.

Au reste, si le problème de l'origine des comtes de Vienne est aujourd'hui difficile à résoudre, il ne l'était guère moins pour les gens du moyen âge. Chez eux, le souci de la vérité historique était dominé par le désir d'établir les titres de suzeraineté de l'archevêque ou du dauphin, selon qu'ils étaient les fidèles de l'un ou de l'autre.

Dans un mémoire pour l'archevêque, de la fin du XIVe siècle, voici comment les faits sont exposés. Il y avait autrefois à Vienne deux comtés ; celui qui valait le plus était tenu par le seigneur de Pagny ; l'autre, de moindre valeur, par Hugues, dauphin, comte d'Albon. Le dauphin tenait son comté en foi et hommage du seigneur de Pagny. Celui-ci tenait le sien de l'archevêque. En conséquence, les deux comtés étaient tenus de l'archevêque, l'un en fief, l'autre en arrière-fief[1].

Écoutons maintenant la version des gens du dauphin. C'est Mathieu Thomassin qui nous la donne, vers le milieu du XVe siècle, dans son Registre delphinal, dédié au dauphin Louis. D'anciennes écritures rapportent que, dans le royaume de Vienne, il y avait deux comtes ; le duc de Bourgogne était le comte le plus important *(major comes)* et l'autre comté appartenait à l'aîné de la famille de Vienne. Ces deux comtes étaient seigneurs temporels de la cité de Vienne ; ils y avaient toute l'administration et la juridiction temporelle ou séculière[2]. — Or, en 1155,

[1] Arch. Nat., X^{1A} 47, fol. 174 v°. Un système analogue est indiqué dans un autre mémoire de 1442 (Arch. de l'Isère, B. 3153, fol. 153 r°). Cf. aussi Jean Dubois, *Floriacensis vetus Bibliotheca, Viennae sanctae ac senatoriae antiquitates*, p. 95.

[2] Bibl. de Grenoble, ms. 1052 (U. 909-910), fol. 209 r°.

Berthold, duc de Bourgogne, a cédé ses droits sur Vienne au dauphin Guigues, en présence de l'empereur Frédéric et avec son consentement. Il en résulte que le dauphin est maître dans Vienne, contrairement à ce que disent les gens de l'archevêque. De plus, l'archevêque n'est comte qu'en vertu de la cession des droits de la famille de Vienne, droits inférieurs, à Jean de Bernin. Or, cette vente devait être confirmée par l'empereur. Celui-ci ne l'a pas approuvée et n'a pas investi l'archevêque du comté. L'empereur Henri VII l'a même donné de nouveau en fief à la famille de Vienne. C'est donc injustement que l'archevêque possède le comté de Vienne[1].

Le titre de comte, porté par l'archevêque et le dauphin, leur valait d'exercer en commun certains droits.

Une partie de la ville de Vienne formait le territoire des comtes, qui avaient toute juridiction sur ses habitants.

Jusqu'au XIVe siècle, cette juridiction était exercée par un mistral. Cet office était héréditaire dans la famille de Beauvoir, une des plus puissantes du Viennois. Elle le tenait en fief de l'archevêque et du dauphin et leur devait foi et hommage. Le 17 mai 1275, Guillaume de Beauvoir vendit à l'archevêque de Vienne, pour 650 florins, la moitié de sa mistralie[2].

Les pouvoirs des comtes et de leur mistral sont exposés dans une enquête de 1276[3].

Ils ont juridiction sur tous les hommes qui habitent le

[1] U. Chevalier, *Choix de documents historiques inédits sur le Dauphiné*, p. 57.

[2] Valbonnais, *Histoire de Dauphiné*, t. I, p. 135. Cf. Mermet, *Ancienne Chronique de Vienne*, p. 78-81.

[3] Valbonnais, *o. c.*, t. I., p. 23-25.

territoire des comtes. Si un étranger couche sur ce territoire et s'il commet, cette nuit-là ou le lendemain, un délit, il est justiciable des comtes et de leur mistral. L'exercice de la juridiction est confié à un juge. On l'a vu châtier des voleurs et des adultères. Si un sujet des comtes vient à mourir sans testament, ni héritiers, ses biens sont pris par les comtes et leur mistral. L'exercice de la juridiction des comtes est suspendu chaque année pendant les foires de l'archevêque. Pendant ce temps, celui-ci a pleins pouvoirs sur les sujets des comtes.

La garde de la ville de Vienne appartenait au mistral de l'archevêque, sauf pendant les foires des comtes. Elles commençaient le jour de la Saint-Martin d'hiver et duraient quinze jours. Les clefs de la ville étaient alors confiées au mistral des comtes. On devait lui donner quarante sous pour une armure *(arnesium)*, sept sous pour les sept collecteurs de la leyde, trois aunes de drap et deux livres de poivre. On devait de plus le nourrir, lui et ses dix sergents. On avait même fixé la composition de cette nourriture : des poules, des lapins, des perdrix, et, les jours maigres, des œufs, du fromage, du poisson[1].

Un document sans date, de la première moitié du XIVe siècle, nous donne de curieux renseignements sur la perception des droits par le mistral pendant les foires. Chaque soir, il comptait la recette des collecteurs de la leyde, en présence d'envoyés des comtes : si cette recette était de six deniers ou moindre de six deniers, il ne prenait rien; si elle était comprise entre six et douze deniers,

[1] Chevalier, *Choix de documents historiques inédits sur le Dauphiné*, p. 55.

le surplus des six deniers était à lui ; s'il y avait exactement douze deniers, il ne prenait rien; de douze deniers à deux sous, il prenait le surplus des douze deniers, et ainsi de suite. Ce même document nous apprend que la moitié du droit de leyde, appartenant au dauphin, pouvait alors valoir trente-deux livres par an [1].

Vers le milieu du XIVe siècle, le mistral des comtes disparut, probablement à la même époque que celui de l'archevêque.

L'organisation nouvelle est très bien connue. De nombreux conflits, éclatant entre l'archevêque et le dauphin, donnèrent lieu à des enquêtes et à des procédures, et leurs droits furent minutieusement fixés [2].

Le mistral est remplacé par un juge, appelé juge commun de la cour des comtes de Vienne. Il est nommé par les deux comtes. Un procureur fiscal est nommé de la même façon. Chacun des comtes établit dans cette cour commune un notaire et des sergents en nombre égal. De plus, le dauphin établit un gardier, chargé de percevoir ses revenus, et un courrier, qui investit les feudataires des comtes de leurs propriétés.

La cour commune et la prison sont au palais du dauphin. Au temps des foires des comtes, pendant sept jours, elles sont au palais archiépiscopal.

La cour des comtes a juridiction sur tous les habitants des maisons tenues en fief des comtes, sur les maisons franches et sur les rues sans issue. Elle a encore juridiction, pendant toute l'année, même pendant les foires de la cour temporelle, sur la boucherie, le marché aux bœufs

[1] Arch. de l'Isère, B. 2662, fol. 107, et B. 3414.
[2] Pièces justificatives, n° V.

et celui aux porcs, sur l'écorcherie des bœufs, la pierre du Bacon[1] et sur les maisons ayant leur entrée sur la boucherie. Sa juridiction s'étend aussi sur les territoires de Charavel, Tressin, Pierrefiche et Champmerle.

Les officiers de la cour comtale sont toujours punis par cette cour. Si un habitant de Vienne les offense, dans l'exercice de leurs fonctions, il est puni par le juge des comtes, même s'il est sujet de la cour temporelle. Si le coupable prouve qu'ils n'étaient pas dans l'exercice de leurs fonctions, il est puni par la juridiction sur le territoire de laquelle il a couché la nuit précédente.

Pendant les foires des comtes, de la Saint-Martin d'hiver au lendemain de la Sainte-Catherine, les officiers de la cour des comtes ont la garde des clefs de la ville et l'exercice de toute la juridiction, sauf sur la halle du marché.

Le juge de la cour des comtes ne peut pas condamner à mort ou à la mutilation d'un membre. Il a droit de faire fustiger et de mettre au pilori les coupables.

Les proclamations (*preconizationes*) qui intéressent tous les habitants de la ville doivent être faites du consentement du juge des comtes et du juge de la cour temporelle. Mathieu Thomassin a cité, d'après les archives de la Chambre des Comptes de Dauphiné, un grand nombre de proclamations ainsi faites[2] : défense de laisser errer les porcs dans les rues ; défense de porter des armes dans la ville ; défense aux médecins

[1] *Lapis petasonis* ; on appelait ainsi la place où les jambons (*petasones*) devaient être vendus pendant toute l'année (*Registre delphinal* de Mathieu Thomassin, fol. 223 r°).

[2] *Registre delphinal*, fol. 215-219.

d'exercer leur profession sans la permission des deux cours[1]; défense aux femmes de mauvaise vie d'habiter dans les bonnes rues[2], et beaucoup d'autres sur des sujets divers.

A la cour des comtes appartient aussi, pendant toute l'année, le droit de délivrer des poids et de connaître de toutes les fraudes commises à leur sujet. C'est encore elle qui délivre les poinçons pour marquer l'or et l'argent.

De plus, la cour des comtes jouit de certains droits pécuniaires. Un impôt, appelé la leyde, est perçu sur tout ce qui se vend au détail dans la ville de Vienne. Le produit net (*utilitas*) est divisé en six parties : un sixième appartient à l'archevêque, les cinq autres parties sont partagées également entre les deux comtes. Pendant la foire des comtes, la leyde est doublée, et son produit est partagé entre les deux comtes, sans que l'archevêque ait le droit d'y prendre quelque chose en tant qu'archevêque. Pendant toute l'année, la leyde de ce qui se vend à la boucherie et au marché aux bœufs appartient aux comtes seuls. Un impôt spécial est perçu sur les langues des bœufs vendus à la boucherie : une moitié de ces langues appartient à l'archevêque et aux comtes, l'autre moitié est tenue en fief des comtes par les héritiers de Jocerand Laurent. Ceux-ci l'avaient acquise de la famille de Seyssuel, le 9 mars 1388, pour le prix de 215 florins d'or[3].

[1] *Quod nullus medicus, sirurgicus aut alia quevis persona esset audax uti medicina, sirurgica, nisi esset approbatus per curias dominorum.* — *Ibid*, fol. 217 r°.

[2] *Quod nulle meretrices et femine diffamate in bonis carreriis publicis morari aut habitare auderent.* — *Ibid.*, fol. 217 v°.

[3] Arch. de l'Isère, B. 2668.

Les comtes perçoivent aussi des droits sur divers métiers et sur les travailleurs de la campagne. Les bouchers, chargés d'écorcher les bœufs, payent trois sous et six deniers. Les comtes ont un officier chargé de visiter, pendant toute l'année, les animaux qu'on abat à Vienne[1]. Le service de l'inspection sanitaire des abattoirs n'est donc pas une invention récente. Les boulangers et les boulangères payent chaque année quatre deniers ; les forgerons, dix-huit ; les parcheminiers, quatorze ; les corroyeurs, tanneurs, peaussiers et les apprentis (*incipientes artem*) quatre sous et quatre deniers[2]. Les comtes ont aussi le droit de permettre d'établir des étalages dans les rues pour y vendre des marchandises[3].

Dans le territoire de vingt-deux paroisses, voisines de Vienne, les comtes perçoivent deux coupes de seigle sur la moisson de ceux qui ont des bêtes de labour, une seule sur ceux qui n'en ont pas et sur les veuves. Dans le territoire de l'Aiguille, qui s'étend de la route d'Avignon jusqu'au Rhône, les comtes perçoivent chaque année, au temps des vendanges, une corbeille de raisins, qui équivaut à trois ou quatre sommées de vin. Ils prennent une poignée d'osier dans chaque oseraie[4]. Ces perceptions provenaient probablement d'un droit de complant.

Tels étaient les droits que donnait à l'archevêque et

[1] ... *ad visitandum per totum annum omnia animalia que occiduntur Vienne.* — Registre delphinal, fol. 221 v°.

[2] Chevalier, *Choix de documents historiques inédits*..., p. 55.

[3] *Jus dandi licenciam de novo bancas construendi in carreriis publicis Vienne pro mercimoniis vendendis.* Registre delphinal, fol. 224 r°.

[4] Arch. de l'Isère, B. 3153, fol. 7 v°-8 v°. — Charvet, *Fastes de la ville de Vienne*, p. 250.

au dauphin leur qualité de comtes de Vienne. La situation de cette ville était fort compliquée : parmi ses habitants, les uns étaient justiciables de la cour temporelle de l'archevêque, les autres de la cour commune des comtes. Nous verrons combien de conflits engendra cette dualité de juridiction. Pour l'instant, nous ne saurions mieux faire que de reproduire les quelques lignes où M. Paul Fournier a résumé, en termes excellents, la constitution de Vienne.

« Vienne se trouvait soumise à deux pouvoirs, celui de l'archevêque comme représentant des empereurs, rois de Bourgogne et d'Arles ; celui des comtes où l'archevêque avait pour associé le dauphin, pouvoir mal défini, mais, en tous cas, inférieur. Pour affaiblir la puissance de l'église et se faire à eux-mêmes une place plus étendue dans Vienne, les dauphins tendront à accroître ce pouvoir des comtes, opposant ainsi l'archevêque comte à l'archevêque représentant de l'Empire ; ils avaient, en effet, tout intérêt à développer les attributions de la juridiction à laquelle ils étaient associés, au détriment de celle où ils n'avaient aucune part. Telle est la première cause des luttes qu'ils soutiennent à Vienne dès le xive siècle et qui occuperont une bonne partie du siècle suivant. Les dauphins de la maison de France surent, là comme ailleurs, tirer un excellent parti du pariage qui leur conférait des droits sur le *comitatus* de Vienne [1]. »

Pour compléter ce tableau des pouvoirs politiques à Vienne, il ne nous reste plus qu'à parler des consuls et de quelques magistrats inférieurs.

[1] *Le royaume d'Arles et de Vienne*, p. 410, note 2.

CHAPITRE IV

Administration municipale de Vienne.

I. — CONSULS[1].

La charte de franchises, accordée par l'archevêque Jean de Bernin aux habitants de Vienne, leur donnait le droit d'élire, chaque année, huit magistrats, appelés consuls ou procureurs[2].

L'histoire des consuls de Vienne ne peut être tracée avec quelque certitude qu'à partir de 1387. Les registres de délibérations antérieurs à cette date ont disparu.

A la fin du XIVe siècle, l'élection des consuls avait lieu, ordinairement, le 3 février[3]. Cette date n'est pas

[1] L'histoire du consulat viennois n'a été écrite que par Chorier, *L'Estat politique de la province de Dauphiné*, t. III, p. 642-649, et Mermet, *Ancienne Chronique de Vienne*, p. 94-105. Ces deux études sont très insuffisantes. Les *Fastes de la ville de Vienne*, de Charvet, contenaient un article sur l'origine des consuls de Vienne qui a été détruit dans l'incendie de la Bibliothèque de Vienne, en 1854. Il y a quelques indications dans la brochure de E. Berger, *Les Communes et le régime municipal en Dauphiné*, p. 64 et *seq*.

[2] *Cives Vienne annuatim possunt eligere et creare octo procuratores et consules ex eisdem civibus Vienne*. Art. 48. *Ordonnances des rois de France*, t. VII, p. 434.

[3] *Die tercia mensis febroarii, qua die fuit celebratum festum beati Blasii, in quo festo consueverunt creari, ordinari et fieri consules et sindici dicte civitatis*. Arch. comm. de Vienne, BB. 2, fol. 1 r°.

fixe [1] : en 1391, nous voyons l'élection faite le 12 février; en 1392, le 15; en 1396, le 13. Au début du xvᵉ siècle, on y procéda au mois de mars. Pendant quelques années, toute règle semble disparaître : en 1409, l'élection est faite le 16 juin; en 1410, le dimanche 13 juillet ; en 1411, le dimanche 23 août ; en 1415, le dimanche 27 octobre ; en 1416, le 1ᵉʳ novembre ; en 1418, le 2 janvier. Certains consuls restèrent en charge pendant treize ou quatorze mois. A partir de 1418, l'élection a toujours lieu dans les premiers jours du mois de janvier. En 1422, on y procède le 1ᵉʳ janvier. La perte d'un registre nous empêche de dire si cette date continua d'être choisie entre les années 1423 et 1437 ; mais, après 1438, l'élection est toujours faite le 1ᵉʳ janvier, quel que soit le jour de la semaine. Auparavant, on choisissait de préférence un dimanche.

En même temps que la date de l'élection, se fixe le lieu de réunion des électeurs. A la fin du xivᵉ siècle, les registres l'indiquent rarement. En 1393, en 1395, l'élection fut faite dans la maison des Canaux ; en 1403, au palais archiépiscopal ; en 1406 et 1407, dans le chapitre de l'église Saint-Maurice; en 1408 et 1410, dans le cloître des Frères Prêcheurs; en 1409, dans l'église Saint-Pierre-entre-Juifs. En 1418, la tradition s'établit, pour ne plus s'interrompre, de procéder à l'élection dans la chapelle Saint-Sauveur, au monastère de Saint-André-le-Bas.

Par qui et comment étaient élus les consuls ? Les premiers procès-verbaux d'élection que nous possédons

[1] Pour la date et le lieu des élections, cf. Pièces justificatives, nº I.

répondent mal à cette question. Celui de l'année 1388 dit que les consuls furent élus par la communauté de la cité[1]. Cette indication fait croire à la présence de tout le peuple de Vienne. Cependant, « les habitants logés dans l'enceinte du cloître de Saint-Maurice, de l'archevêché, dans le mandement de Mont-Salomon, les châteaux de Pipet et de la Bâtie, ne prenaient aucune part aux élections. Ils avaient des privilèges spéciaux en leurs qualités de familiers, de tenanciers et de domestiques de l'église de Vienne, à la juridiction de laquelle ils étaient soumis[2] ».

Souvent toute indication fait défaut. Le registre mentionne seulement la présence de tel ou tel personnage, qui surveillait l'élection. Ainsi, nous savons par Chorier[3] que, le mardi 2 décembre 1382, Everard de Châlon, juge de la cour impériale de la cité, et Pierre Clément, juge de la cour des deux comtes, présidèrent à la création des consuls. En 1390, Jean de Feucheran, courrier de Vienne, Antoine Tholosan, juge, et François Alleman, procureur de la cour delphinale de Vienne, y assistèrent[4]. En 1402, l'élection fut faite devant Antoine de Grolée, courrier de l'archevêque, et Louis Bonet, juge de la cour séculière[5]; en 1403, en présence de l'official et du juge de la cour séculière[6]. En 1404, l'archevêque de Vienne fut présent[7].

[1] *Per communitatem dicte civitatis*. Arch. de Vienne, BB. 1, fol. 6 r°.
[2] Mermet, *Ancienne Chronique de Vienne*, p. 98.
[3] *Estat politique de la province de Dauphiné*, t. III, p. 642.
[4] Arch. de Vienne, BB. 1, fol. 26 r°.
[5] BB. 2, fol. 38 v°.
[6] *Ibid.*, fol. 59 r°.
[7] *Ibid.*, fol. 70 v°.

Puis, les registres indiquent que l'élection a été faite par les consuls de l'année écoulée et la plus sage partie des bourgeois[1]. Vers le début du xve siècle, le collège électoral est toujours composé des consuls de l'année écoulée, des bannerets, des pennoniers et d'un certain nombre de bourgeois. Cette coutume devient une règle. Dans la confirmation des libertés de Vienne, accordée par l'empereur Sigismond, en 1416, l'article 48 de la charte est ainsi complété : « A la fin de l'année lesdits huit consuls, ayant appelé les bannerets et les pennoniers de la cité et vingt des bourgeois, peuvent élire huit autres consuls parmi lesdits bourgeois, qui seront consuls de ladite cité pendant l'année suivante[2]. »

En fait, les bannerets et les pennoniers n'étaient pas tous présents. En 1439, il y a trois bannerets et treize pennoniers[3]; en 1440, quatre bannerets et huit pennoniers[4]. Mêmes variations dans le nombre des bourgeois électeurs, bien qu'il fût fixé à vingt : en 1420, ils sont neuf appelés « *cives consensum prebentes*[5] » ; ils sont trente-deux en 1439 ; vingt en 1440[6] ; trente-huit en 1449 ; dix-neuf en 1450[7]. Les huit anciens consuls ne sont pas même toujours tous présents.

[1] *Sanior pars civium;* BB. 2, fol. 89 r° (1406).

[2] *...et finito anno, dicti octo consules, vocatis bannaretis et pennoneriis dicte civitatis vel viginti ex dictis civibus, possint et valeant eligere alios octo consules ex dictis civibus, qui, anno sequenti, sint consules dicte civitatis...* Archives de l'Isère, B. 3015, fol. 280 v°. Ce texte est exactement reproduit dans la confirmation des libertés de Vienne par le dauphin Louis, le 31 octobre 1448 (Arch. de l'Isère, B. 2968, fol. 617 v°).

[3] BB. 5, fol. 25 r°.

[4] *Ibid.*, fol. 54 r°.

[5] BB. 4, fol. 109 r°

[6] BB. 5, fol. 25 r° et 54 r°.

[7] BB. 6, fol. 52-53 et 78 v°.

Nous ignorons comment étaient désignés les bourgeois devant faire partie du corps électoral. On peut remarquer qu'il se renouvelait presque en entier chaque année. Il est assez rare de voir un bourgeois électeur deux années de suite.

Le corps électoral était convoqué, aux lieu et jour voulus, par le mandeur du consulat. Après mûre délibération, on élisait les consuls. L'élection était faite à l'unanimité[1]. L'opposition d'un seul bourgeois suffisait à annuler une élection. Ainsi, le 13 juillet 1410, François Milon ne consentit pas à l'élection de Laurent de l'Église. Celui-ci fut remplacé, le 28 du même mois, par Barthélemy Falquet[2].

Conformément à la charte de franchises, on élisait huit consuls. La plus ancienne liste consulaire que je connaisse est celle de l'année 1338[3]. A cette époque, quatre paroisses de Vienne, Fuissin, Saint-André-le-Haut, Saint-Sévère, Saint-Martin, élisent chacune deux consuls. A une époque inconnue, cet état de choses change. A la fin du XIVe siècle (1389), quatre consuls sont choisis dans la paroisse Saint-Pierre-entre-Juifs, généralement appelée paroisse de l'Orme, puis, vers le premier quart du XVe siècle, grande paroisse. Les quatre autres paroisses, citées plus haut, nomment chacune un consul.

« Les consuls étaient tantôt gentilshommes, tantôt docteurs aux loix, tantôt médecins, et le plus souvent de

[1] ...*habito inter ipsos colloquio, tractatuque multiplici cum deliberatione sufficienti, unanimiter et concorditer, unanimique voluntate et consensu*... Arch. de Vienne, BB. 2, fol. 144 v°.

[2] *Ibid.*, fol. 129 v°.

[3] Arch. de l'Isère, B. 3403, fol. 79-80 r°.

simples bourgeois[1]. » Jacques Costaing, en 1449, Guillaume Blanc, en 1443 et 1450, Louis Blanc et Pierre Chivallet, en 1450, sont, en effet, qualifiés de nobles dans les procès-verbaux d'élection. Hugues Perucet, bachelier en lois, fut consul en 1402, 1405, 1411 ; Étienne Bertal, licencié en lois, en 1441 et 1447; Barthélemy de Nyèvre, docteur en lois, en 1449. Maître Guillaume de Champeaux, médecin (*phisicus*), exerça le consulat en 1402, 1411, 1419 ; Laurent Sage, docteur en médecine, en 1448.

Certaines fonctions étaient incompatibles avec l'exercice du consulat. En 1407, Pierre Marguerite refusa d'être consul, parce qu'il était procureur royal à Sainte-Colombe et procureur delphinal du Viennois et Terre-de-la-Tour[2]. Le 17 janvier 1442, l'archevêque ne voulut pas recevoir le serment de Laurent de l'Église, qui était procureur à Sainte-Colombe pour le dauphin[3].

Un même personnage pouvait exercer plusieurs fois les fonctions de consul. De 1387 à 1453, je n'ai pas trouvé d'exemple d'un consul immédiatement réélu à sa sortie de charge. Il fallait attendre quelques années avant d'être réélu. Gonon Escoffier, de la paroisse de l'Orme, fut cinq fois consul, en 1396, 1404, 1408, 1416, 1421. Plusieurs autres, Armand Feuchier, Arthaud de l'Orme, Claude Blanc, le furent quatre fois. Souvent les suffrages se portaient sur une même famille, qui exerçait, de génération en génération, les fonctions publiques. Dans la paroisse de l'Orme, Berthet Peyrollier fut consul

[1] Chorier, *Estat politique*..., t. III, p. 645.
[2] Arch. de Vienne, BB. 2, fol. 103 v°.
[3] BB. 5, fol. 102 v°.

en 1389; son fils Riguet, en 1403, 1405, 1410, 1418. Les fils de celui-ci exercèrent à leur tour le consulat, Jacques, en 1437 et 1445, Jean, en 1441. Dans d'autres familles, les Ravanel, les Ysimbard, les Combe, le même fait se retrouve.

Avant d'entrer en charge, conformément à la charte de franchises, les consuls élus devaient prêter un serment de fidélité à l'archevêque[1].

Celui-ci le recevait rarement en personne. Je ne connais que trois exemples de ce fait, en 1415, en 1438 et en 1439[2]. Ce serment était ordinairement reçu par l'official ou par son délégué. D'autres fois, les consuls prêtaient serment entre les mains des vicaires généraux au spirituel et au temporel de l'archevêque absent[3].

Il arriva qu'on refusa de recevoir le serment des consuls. Le mardi 6 mars 1408, en l'absence de l'archevêque, les consuls, élus le dimanche 4, se présentèrent devant l'official. Celui-ci n'osa pas accepter leur serment sans en référer à l'archevêque. Le 17 juin, l'assemblée électorale confirma l'élection. Le 2 juillet, l'official se décida à recevoir le serment des consuls, après qu'on lui eût affirmé la légitimité et la régularité de l'élection[4].

Le 17 mai 1417, Geoffroi de Montchenu, docteur en

[1] *Qui octo procuratores et consules jurare debeant in manibus dicti domini archiepiscopi, seu ejus officialis Vienne, officium suum bene et legitime exercere, et erga predictum archiepiscopum fideliter se habere.* — *Ordonnances des Rois de France*, t. VII, p. 434.

[2] Arch. de Vienne, BB. 4, fol. 37 r°; BB. 5, fol. 3 r° et 25 r°.

[3] BB. 4, fol. 119 r° (1421).

[4] BB. 2, fol. 108-109 r°.

décrets, vicaire général en l'absence de l'archevêque Jean, requit les consuls de lui prêter le serment accoutumé. Ceux-ci, élus le 1er novembre 1416, répondirent que, après leur élection, ils s'étaient présentés devant l'archevêque pour prêter ce serment. Le prélat avait refusé de le recevoir. Après une deuxième et une troisième requêtes, les consuls, pour le bien de la commune, étaient entrés d'eux-mêmes en charge, honnêtement et légalement (*probe et legaliter*). Cependant, ils déclarèrent à l'official qu'ils étaient disposés à prêter le serment qu'il leur demandait, pourvu que cela ne portât pas préjudice aux franchises de la ville. Le vicaire général admit ces protestations, et les consuls prêtèrent le serment habituel[1].

Les consuls prêtaient un autre serment entre les mains du juge de la cour commune des deux comtes de Vienne. Barthélemy de Nyèvre exerça longtemps cette charge. En 1449, il fut élu consul. Le serment fut prêté entre les mains d'Étienne Bertal, licencié en lois, régent de la cour séculière et comtale de Vienne[2].

Après l'hommage de l'archevêque de Vienne au dauphin et l'institution d'une cour temporelle unique, les consuls prêtèrent serment entre les mains du juge de cette cour[3].

Pour remercier l'official ou le vicaire général de l'archevêque du décret qui les mettait en possession du consulat, les consuls lui faisaient donner chaque année

[1] BB. 4, fol. 49 r°. Chorier a connu cet incident, mais en a fait un exposé incomplet, *o. c.*, p. 643.
[2] BB. 6, fol. 53 r°.
[3] *Ibid.*, fol. 93 v°, 1er janvier 1451.

une somme de six francs d'or. Le juge de la cour des comtes recevait deux francs [1].

Le 1er février 1387, les consuls de Vienne décidèrent de s'assembler chaque vendredi dans la chapelle Saint-Sauveur, au premier coup de prime [2] du monastère de Saint-André-le-Bas, pour s'occuper des affaires de la ville. Le consul absent sans excuse valable devait payer une amende d'un gros d'argent [3]. Ce règlement, probablement peu observé, fut renouvelé le 7 mars 1391 : l'amende infligée au consul absent fut portée à deux gros ; on les emploierait aux réparations de l'enceinte de la ville. Les consuls devaient s'assembler dans la chapelle Saint-Sauveur, tous les vendredis, de l'heure de prime à l'heure de tierce [4]. En 1418, le taux des amendes fut encore élevé : Geoffroi de Montchenu, vicaire général de l'archevêque, à la requête des consuls, décida que celui qui n'assisterait pas aux réunions payerait trois gros d'argent. Les bourgeois, convoqués pour prêter conseil aux syndics, en payeraient deux, s'ils étaient absents [5]. En 1420, la même amende de trois gros leur fut aussi infligée : deux gros seraient appliqués à l'œuvre du pont du Rhône ; le troisième serait donné au sergent de l'archevêque, chargé de noter les absents et de percevoir l'amende [6].

[1] ...*in quibus dicta universitas sibi tenetur pro decreto suo nostri consulatus* (9 janvier 1438). BB. 5, fol. 5 r° et *passim*. Cf. Chorier, *o. c.*, t. III, p. 643.

[2] Prime se disait à Vienne à huit heures du matin. Allmer et Terrebasse, *Inscriptions de Vienne*, t. VI, p. 143.

[3] Arch. de Vienne, BB. 1, fol. 1 v°.

[4] BB. 1, fol. 47 v°.

[5] BB. 4, fol. 53 v°.

[6] *Ibid.*, fol. 109 r°.

Les consuls, en effet, ne délibéraient pas seuls. Ils étaient assistés des bannerets, des pennoniers et d'un certain nombre de bourgeois. Nous avons des décisions prises par la plus grande et la plus sage partie des bourgeois, qui ont donné leur avis et leur consentement[1]. Le nombre de ces bourgeois est variable. Le 10 octobre 1445, ils sont trente-six pour décider la levée d'une taille[2] ; le 29 janvier 1447, ils ne sont que dix-huit, réunis pour la même cause[3]. Le 7 novembre 1448, ils sont soixante-quatorze à voter une taille de 1.500 écus d'or pour le dauphin qui venait de confirmer les libertés de Vienne[4]. Il ne semble pourtant pas bien sûr que le nombre des votants fût en raison directe de l'importance de l'affaire mise en délibération.

Malgré les règlements, dont il vient d'être question, il n'y a pas eu, aux XIVe et XVe siècles, de lieu fixe pour les réunions des consuls. Les décisions mentionnées dans les registres ont été prises dans des endroits variés : dans la maison forte des Canaux[5], dans l'église Saint-Pierre-entre-Juifs[6], dans le chapitre de Saint-André[7], dans l'abbaye de Saint-Pierre[8], au palais archiépiscopal[9], dans le chapitre de l'église de Vienne[10]. Parfois,

[1] ...*consilium et consensum prebentibus et prestantibus*... BB. 4, fol. 88 v°; ...*de consilio, consensu et assensu*... BB. 5, fol. 1 r°.

[2] BB. 5, fol. 157 v°.

[3] *Ibid.*, fol. 180.

[4] BB. 6, fol. 32 r°.

[5] BB. 1, fol. 19 v°, 27 r°, 29 r°, 101 v°, etc...

[6] *Ibid.*, fol. 20 r°, 32 v°, 54 r°, 74 r°, etc...

[7] *Ibid.*, fol. 49 r°.

[8] BB. 2, fol. 71 v°.

[9] *Ibid.*, fol. 30 v°, 139 r°. BB. 4, fol. 50 v°.

[10] BB. 4, fol. 29 v°. BB. 5, fol. 72 v°.

les consuls se réunissaient dans la demeure de l'un d'eux[1] ou dans celle du notaire du consulat[2]. En 1444, ils louèrent aux héritiers de Berthon de Villette une grande salle, pour 3 florins, 2 gros, 2 liards de loyer annuel[3]. Beaucoup de délibérations ont lieu « *in magna aula heredum Berthoni Villette* ».

Fonctions des consuls.

Augustin Thierry a remarqué qu'en Dauphiné « le consulat est réduit à quelque chose de médiocre et de subalterne, dépourvu de juridiction, n'ayant rien de cette demi-souveraineté qui, dans les villes de la Provence et du Languedoc, est son attribut essentiel[4] ».

Après lui, M. Luchaire a distingué trois catégories de villes franches[5]. Il faut ranger Vienne dans la seconde : *villes pourvues d'une municipalité plus ou moins dépendante, mais dénuées de juridiction,* — villes formant particulièrement une masse compacte dans la zone centrale du pays. « De même que la présence de *jurés* et d'*échevins* dans certaines de ces villes franches n'implique nullement l'existence du régime communal proprement dit, de même le nom de *consuls* donné aux magistrats similaires ne doit en aucune façon faire supposer que les villes y jouissaient du régime consulaire si fortement organisé en Languedoc et en Provence[6]. »

[1] BB. 4, fol. 10 v°. BB. 5, fol. 7 v°.
[2] BB. 6, fol. 15 r°.
[3] BB. 5, fol. 165 r°.
[4] Préface au *Recueil des Monuments inédits de l'histoire du Tiers État,* t. II (1853), p. XXXVI.
[5] *Manuel des Institutions françaises*, p. 393.
[6] *Ibid.*, p. 401.

Ces remarques générales conviennent parfaitement au régime municipal de Vienne. Dans cette ville, l'autorité appartenait presque entièrement partie à l'archevêque, partie au dauphin, comte de Vienne. Il n'en restait qu'une très faible portion aux consuls.

L'article 48 des franchises de Vienne indique une des fonctions des consuls : ils doivent défendre les droits de la ville, poursuivre et faire observer ses libertés et franchises [1].

Aussi les consuls se préoccupèrent-ils, à maintes reprises, de faire confirmer la charte de franchises accordée par Jean de Bernin. Chaque nouvel archevêque était invité à promettre de ne pas l'enfreindre. Elle fut confirmée par Charles V, en juin 1368, par Charles VI, en mai 1391, par l'empereur Sigismond, le 4 février 1416, par le dauphin Louis, le 31 octobre 1448.

Les consuls demandaient aussi aux officiers de justice de prêter le serment d'observer les libertés de Vienne. Le 15 mai 1439, Humbert Rolland, official, refusa de le prêter, alléguant qu'il était supérieur aux autres officiers, juge et procureur de la cour séculière, et qu'il n'était pas question de lui dans les franchises [2]. Mais, le 22 décembre 1447, Formond Vulchard, régent de la cour de l'officialité de Vienne, Jean du Croset, juge, et Oysias Janin, courrier de la cour séculière, le 12 août 1448, Bertrand Merlet, official de Vienne, jurèrent, sans réclamations, d'observer les libertés et franchises de Vienne [3].

[1] *...ad deffendendum jura dicte civitatis et prosequendum et observari faciendum libertates et franchesias.* — *Ord. des Rois de France*, t. VII, p. 434.

[2] Arch. de Vienne, BB. 5, fol. 41 v°-43 v°.

[3] BB. 6, fol. 10 v° et 31 r°.

Les consuls sont les protecteurs de tous les bourgeois. Ils veillent à ce qu'aucun de leurs droits ne soit lésé. Le 15 mai 1420, Jean de Monteil, juge de la cour séculière, fait proclamer par Humbert Vignay, crieur public, que chaque chef de famille devra se présenter en armes, le lendemain, dans le cloître de Saint-Maurice, pour faire une escorte d'honneur aux reliques des saints, à l'heure de la procession. Protestations des consuls : ils demandent au juge de révoquer cet ordre, contraire aux libertés de la ville. Celui-ci fait droit à cette requête [1].

D'après l'article 7 de la charte de franchises, qui réglait les pénalités de l'adultère, celui qui constatait un flagrant délit n'avait pas le droit de prendre le lit des coupables. Perrot de Gallion, lieutenant du courrier Guionet de Torchefelon, confisqua pourtant le lit dans lequel ses sergents et lui avaient surpris Michel Chambre commettant l'adultère. Les consuls protestent, portent l'affaire devant l'officialité. Le lieutenant du courrier est excommunié. Après restitution du lit, les consuls permirent qu'il fût absous [2].

Ces petits faits montrent avec quel soin les consuls veillaient sur les privilèges des Viennois.

Défenseurs des libertés de la ville, ils étaient aussi gardiens de sa sécurité. Ils inspectaient les fortifications et les munissaient d'armes. Un certain nombre d'articles des comptes consulaires sont relatifs à des achats d'arbalètes et de bombardes. Le 22 janvier 1391, Pierre Roy, arbalétrier, de Saint-Marcellin, est chargé de réparer une douzaine d'arbalètes, grandes et petites. Quelques

[1] BB. 4, fol. 113 v°-114 r°.
[2] *Ibid.*, fol. 110 r°.

mois plus tard, il en répare trente-huit autres [1]. Le 18 mars 1391, les consuls achètent à Anne de Septème cinq arbalètes, pour la somme de cinq florins d'or [2]. Le 9 septembre 1403, on paye six florins d'or à Symonet de Salins pour les deux bombardes qu'il a faites et pour les quatre autres qu'il va faire [3]. Le 27 août 1420, on paye à Claude Blanc seize florins pour les trois bombardes de fer qu'il a achetées pour la ville [4]. Les armes ne suffisent pas; il faut aussi des soldats. Le 10 mars 1402, les consuls et les bannerets élisent quatre guetteurs pour monter la garde en dehors de la ville, dans les endroits les plus propices [5]. Le mois suivant, pour rendre service aux chanoines, ils consentent à placer quatre hommes, chaque soir, dans le château de Pipet, dont la garde appartenait au chapitre [6]. Le 24 septembre 1403, ils engagent deux arbalétriers et un archer, avec une solde mensuelle de quatre, cinq et trois florins [7].

Enfin, les consuls étaient chargés de l'administration des finances municipales.

Il y avait à Vienne des impôts ordinaires et des impôts extraordinaires.

Les premiers étaient des droits sur la vente et l'entrée des vins. Le commun du vin, perçu sur le vin vendu dans la ville, était du quarantième de sa valeur [8]. Chaque

[1] BB. 1, fol. 36 r° et 49 v°.
[2] *Ibid.*, fol. 48 v°.
[3] BB. 2, fol. 61 r°.
[4] BB. 4, fol. 115 v°.
[5] BB. 2, fol. 41 r°.
[6] *Ibid.*, fol. 42 v°.
[7] *Ibid.*, fol. 61 v°.
[8] *Commune vini videlicet quarentenium.* BB. 4, fol. 53 r°.

année, dans les premiers jours de janvier, la perception de cet impôt était mise aux enchères. Le crieur public l'annonçait en divers endroits de la ville. Les consuls se réunissaient au carrefour de l'Éperon. Le droit de percevoir l'impôt était adjugé au plus offrant, à l'extinction de la chandelle. L'adjudicataire devait fournir une caution. Il fallait qu'il habitât la ville. Le mardi 2 janvier 1403, le commun du vin fut adjugé à Jean Perucier, de Sainte-Colombe, pour 205 florins. Les consuls, considérant que le recouvrement serait difficile dans les nécessités pressantes de la ville, cassèrent l'adjudication. Ils en passèrent une nouvelle à Hugues Chrétien pour 200 florins [1].

Le 10 janvier 1415, le commun du vin fut adjugé à François Sablon ou Bastardon, pour 150 florins. Il ne put fournir de cautions. Les consuls résolurent de percevoir directement l'impôt. Ils nommèrent un visiteur *(visitator tabernarum vinorumque vendendorum)* chargé de noter par écrit la quantité de vin possédée par chaque marchand, et un trésorier ou receveur chargé de percevoir les droits accoutumés. Le visiteur recevait douze florins de gages, le receveur huit [2]. Cet essai ne fut pas renouvelé.

Le commun du vin produisait des sommes variables : 200 florins en 1386, 140 en 1387 [3], 200 en 1407, 240 en 1408 [4], 130 en 1447 [5], 140 en 1448 [6], en moyenne, environ 200 florins. Certaines années, l'archevêque de

[1] BB. 2, fol. 55-56 r°.
[2] BB. 4, fol. 22 v°-23 r°.
[3] BB. 1, fol. 4 v°.
[4] BB. 2, fol. 94 r° et 106 r°.
[5] BB. 5, fol. 179 v°.
[6] BB. 6, fol. 17 v°-18 r°.

Vienne ou le gouverneur du Dauphiné permettait de doubler le commun du vin : en 1388 il fut adjugé à 400 florins, en 1392 à 440, en 1393 à 385[1].

Le commun du vin n'appartenait pas tout entier aux consuls. Il était grevé de pensions au profit de l'archevêque et du chapitre. Pour racheter les droits perçus par le mistral et le chancelier sur les mariages, on avait assigné à chacun d'eux une rente de trente florins d'or sur le petit commun du vin. Elle était payable par moitiés, l'une la veille de Noël, l'autre la veille de la Saint-Jean-Baptiste [2]. L'archevêque se substitua au mistral. Aussi, en 1386, sur 200 florins, on en paye soixante à l'archevêque et trente au chancelier de l'église de Vienne; en 1387, sur 140 florins, trente à l'archevêque et trente au chancelier [3]. Le 8 février 1417, Guillaume Blanchard, receveur du commun du vin pour 1415, reconnaît devoir à l'archevêque Jean seize florins d'or, reste de la pension annuelle qu'il perçoit sur le commun du vin et promet de les payer à la première réquisition [4]. Le 28 janvier 1450 et le 6 janvier 1453, les consuls ordonnent de faire des payements au chancelier de l'église de Vienne, sur le commun du vin [5].

Une rente de deux écus d'or fut faite, pendant quelques années, sur le commun du vin, à Antoine Jourdain, curé de Saint-Pierre-entre-Juifs, en raison d'une somme de quarante écus qu'il avait prêtée à la ville le

[1] BB. 1, fol. 5 r°, 52 v°, 69 r°.
[2] *Ordonnances des Rois de France*, t. VII, p. 435.
[3] BB. 1, fol. 4 v°.
[4] BB. 4, fol. 47 v°.
[5] BB. 6, fol. 83 v° et 165 r°.

27 mai 1429. Cette pension fut rachetée, moyennant remboursement du capital, le 16 mars 1445 [1].

L'autre impôt sur le vin était l'entrée du vin étranger [2]. Il était d'un demi-gros d'argent ou d'une parpilliole par *sommée* ou charge [3]. Comme celle du commun du vin, la perception de cet impôt était mise en adjudication chaque année ; mais à l'époque des vendanges, au mois de septembre ou d'octobre. Cependant, assez souvent, on adjugeait les deux impôts à la fois, au début de janvier, tantôt à deux personnes, tantôt à une seule. L'entrée du vin étranger était un impôt moins productif que le commun du vin. En 1392, il rapporta 82 francs d'or, en 1395, 90 francs [4] ; en 1401, 90 florins, en 1403, 60 florins [5].

A la fin du XIVe siècle et dans la première moitié du XVe, ces deux impôts étaient les seuls qui fussent régulièrement perçus, chaque année, à Vienne. Mais les impôts extraordinaires étaient fréquents.

La charte de franchises portait que les Viennois ne payaient pas de taille à l'archevêque [6]. En fait, les consuls étaient souvent obligés d'en lever. Le montant de ces impositions était aussi variable que les motifs pour lesquels on les levait : fortification de la ville, présents à

[1] BB. 5, fol. 7 v° et 151.
[2] *Intrata vini extranei seu vintenum vini.* BB. 2, fol. 8 v°.
[3] BB. 2, fol. 24 v° et 73 r°.
[4] BB. 1, fol. 57 r° et 88 r°.
[5] BB. 2, fol. 24 v° et 55 r°.
[6] Article 3 : *Non habemus Vienne toltam seu tailliam violentam ; tamen procurator Domini, pro jure et interesse ecclesie et civitatis illeso servando, requirere graciose valeat cives et incolas.* — *Ord. des Rois de France*, t. VII, p. 430.

offrir à l'archevêque, au gouverneur du Dauphiné, au roi de France, à l'empereur. Le 17 avril 1390, taille de 1.200 francs d'or pour les fortifications de la ville [1]; le 28 janvier 1395, taille de 1.361 florins pour la construction et la fortification du pont de Saint-Martin sur la Gère [2]; le 18 mars 1415, taille de 1.000 florins d'or pour la fortification des ponts [3]; le 7 novembre 1448, taille de 1.500 écus d'or pour dons à faire au dauphin Louis et à ses officiers à cause des libertés accordées à la ville [4].

Les consuls établissaient dans chaque paroisse des receveurs chargés de dresser les rôles des impôts et de les percevoir. La paroisse de l'Orme était toujours de beaucoup la plus imposée : une taille de 1.262 florins, du 31 janvier 1391, se décompose comme il suit : paroisse Saint-Georges, 101 florins ; Saint-André, 189 ; Saint-Martin, 144 ; Saint-Sévère, 125, et la paroisse de l'Orme, 703 [5]. Dans ce rôle, les plus faibles cotes sont de un gros, et la plus forte, celle des héritiers de Guillaume Blanc, s'élève à 96 florins.

Les Juifs refusaient de payer les tailles. Un compte du 30 janvier 1396 nous apprend que Jean Chomard fut envoyé à Grenoble pour obtenir une sentence sur ce fait [6]. Dans un rôle du 14 février 1418, on trouve que tous les Juifs, compris sous le pennon de l'Orme, furent taxés à cinq florins [7].

[1] BB. 1, fol. 28 v°.
[2] *Ibid.*, fol. 75 v°.
[3] BB. 4, fol. 29 r°.
[4] BB. 6, fol. 32 r°.
[5] BB. 1, fol. 38 v°.-46 r°. Les chiffres n'ont qu'une exactitude approximative, car j'ai négligé le compte des *gros*.
[6] BB. 1, fol. 101 r°.
[7] BB. 4, fol. 57 r°.

Au xve siècle, ces grosses tailles sont remplacées par de petites taxes perçues chaque semaine. Le 18 décembre 1420, les gens du conseil de l'archevêque, vicaire, juge séculier, vice-courrier, procureur séculier, procureur de la cour ecclésiastique, permirent aux consuls de lever, pendant un an, un impôt établi sur les personnes des quatre états de la ville : chaque chef de famille du moindre état payerait une obole de monnaie royale ; celui du deuxième, deux ; celui du troisième, trois ; celui du quatrième, quatre [1]. C'est le même impôt que nous retrouvons, dans les années suivantes, sous le nom de taxe du liard (*taxagium lyardi*[2], *taxagium lyardorum per septimanas*[3]). On en établit un, pour une demi-année, à partir du 11 avril 1439, pour la réparation et la fortification de la ville ; il s'élevait à vingt-cinq florins onze gros un denier par semaine, soit 674 florins 1/2 gros pour vingt-six semaines [4]. Des taxes semblables furent encore établies en 1441, 1447, 1448.

Un autre impôt, qu'on rencontre pour la première fois en 1438, est le barrage du pont du Rhône. C'était probablement un droit perçu sur la navigation du fleuve et

[1] ...*Quod levetur a personis quatuor statuum ipsius civitatis, qualibet epdomada, per unum annum proxime, videlicet a quolibet chatalerio minoris status, unus obolus ; item a quolibet secundi status, duo oboli ; item a quolibet tertii status, tres oboli ; item a quolibet quarti et maioris status quatuor oboli regie monete*... BB. 4, fol. 118 r°. Sur le conseil de M. Prudhomme, archiviste de l'Isère, je traduis le mot *chatalerius* par chef de famille. Cf. Du Cange, t. II, p. 151, 163, 164, aux mots *captalarii, caput facere, caput suum portare*.

[2] BB. 5, fol. 28 v° et 104 v°.

[3] *Ibid.*, fol. 180 r°. BB. 6, fol. 20.

[4] BB. 5, fol. 29 r°-39 r°.

la circulation du pont. Il était spécialement destiné aux réparations du pont du Rhône. François Migniot en fut adjudicataire, le 27 juillet 1438, pour 170 florins, pour un an [1] ; le 19 juillet 1439, pour une autre année, pour 174 florins [2]. Il en prit de nouveau l'adjudication, le 24 août 1440, pour six ans, moyennant 805 florins [3] ; puis, pour quatre autres années, du 15 juillet 1446 au 15 juillet 1450, moyennant 792 florins, soit 198 florins par an [4].

Certaines années, un impôt fut établi sur le pain : on l'appelait le trezain du pain [5]. Le 26 janvier 1421, il fut adjugé, pour un an, à Jean Roy pour 220 francs [6]. En 1449, 1450, 1451, il fut adjugé pour 130, 175 et 200 florins [7].

Enfin, dans des circonstances difficiles, on imposa les denrées les plus diverses. Le 2 octobre 1434, Raoul de Gaucourt, gouverneur du Dauphiné, considérant les grandes dépenses causées aux Viennois par le séjour de Charles VII dans leur ville, leur permit de lever pendant douze ans des impôts variés: taxes sur l'entrée des cuirs, des toiles, de la laine, des draps, des métaux, du papier, de la cire, des bestiaux, droits sur la vente des animaux à la boucherie, etc... [8].

[1] BB. 5, fol. 13 v°.
[2] *Ibid.*, fol. 45 r°.
[3] *Ibid.*, fol. 63 r° et v°.
[4] BB. 6, fol. 76 v°.-77 r°.
[5] *Trezenum panis vendendi Vienne per quoscumque panaterios, pistores et bolengerios tam ad grossum quam ad minutum.* BB. 6, fol. 96 r°.
[6] BB. 4, fol. 121 r° et v°.
[7] BB. 6, fol. 55 v°.-56 r°, 81 v°.-82 r°, 96.
[8] Arch. de l'Isère, B. 2966, fol. 447-452.

Ces impôts, de provisoires qu'ils étaient, devinrent définitifs. Le dauphin Louis permit de les lever chaque année. Les droits de la boucherie (*subsidia macelli*) sont ainsi fixés : pour un bœuf, on paye trois gros; pour une vache, deux gros ; pour un veau, un demi-gros ; pour un porc, un gros ; pour un mouton, un demi-gros ; pour un chevreau ou un agneau, un denier; pour une chèvre ou un bouc, un demi-gros. De 1449 à 1452, cet impôt est de moins en moins productif ; il est successivement adjugé à 320, 300, 250 et 200 florins [1].

Les menus droits d'entrée sur les marchandises diverses (*minuta subsidia*) continuèrent aussi à être perçus. On les adjugea, avec les impôts sur le vin, pour 300 florins en 1451, pour 260 en 1452 [2].

Tel était, au xve siècle, le budget des recettes de la ville de Vienne. Impôts sur le vin, tailles, taxe sur le pain, droits d'octroi sur des marchandises diverses : en voilà les principaux chapitres.

Les dépenses, auxquelles avaient à faire face les consuls, se rattachent à deux objets principaux : la défense des libertés et privilèges de la ville et les travaux de fortification et de voirie.

Dans la première catégorie, il faut compter les présents, en argent ou en nature, faits à tous les personnages puissants : dons de joyeux avènement aux nouveaux archevêques de Vienne ; torches de cire, boîtes de confiture, tonneaux de vin, offerts à l'empereur, au roi de France, au gouverneur du Dauphiné, à tous les princes et à tous les officiers royaux qui passaient à Vienne. A la

[1] Arch. de Vienne, BB. 6, fol. 55, 80-81, 93 v°-94 r°, 123.
[2] *Ibid.*, fol. 94 v°-95 r°.et 121.

défense des privilèges se rapportent aussi les frais des innombrables procès soutenus par la ville : frais des consultations juridiques, des voyages faits par les consuls ou autres bourgeois à Grenoble, à Lyon, à Paris pour la poursuite de ces procès.

L'autre chapitre important de dépenses est la construction et l'entretien des murailles, des tours, des portes, des ponts, des rues, des fontaines. Tous les registres sont pleins de mandats de payement pour achats de pierres, de chaux, de tuiles, de pièces de bois de charpente. On y trouve aussi de nombreuses adjudications de travaux : construction de la porte de Saint-Gervais (7 août 1390)[1], réparations à la porte de Serpaize (13 octobre 1390)[2], construction d'une tour entre la grande porte de Fuissin et la porte de Saint-Gervais, d'une autre tour près de la porte de la Fusterie (3 juillet 1418)[3], des arches du pont du Rhône (27 juillet 1438 et 28 juillet 1439)[4], réparation du chemin de Vienne à Saint-Symphorien-d'Ozon (2 novembre 1438)[5], etc.

Parmi les dépenses ordinaires, il faut encore compter les gages d'un certain nombre d'officiers, procureur, conseillers, notaire, sergents, dont il sera bientôt question.

Il y avait enfin des dépenses exceptionnelles. Telle est, par exemple, la représentation de la Passion et de la Résurrection de Jésus-Christ, qui fut donnée, aux frais

[1] BB. 1, fol. 30 v°.
[2] *Ibid.*, fol. 32 v°.
[3] BB. 4, fol. 91 r°.
[4] BB. 5, fol. 12 et 46.
[5] *Ibid.*, fol. 17 v°-18 r°.

de la ville, le jour de la Pentecôte de l'an 1400, dans le cimetière de l'abbaye de Saint-Pierre-hors-la-porte de Vienne. La dépense totale monta à près de 125 florins [1]. Les orgues, qui avaient servi à cette représentation, furent données au couvent des Frères Mineurs. Elles furent endommagées dans le transport ; les consuls donnèrent dix francs d'or au gardien des Frères Mineurs, pour les faire réparer [2]. Le 11 février 1388, les consuls donnèrent aux Frères Prêcheurs, établis dans l'église Notre-Dame d'Outre-Gère, une somme de 100 florins d'or destinée à l'achat de vitraux, d'ornements d'autel, de vêtements sacerdotaux [3]. Un certain frère Philippe de Mont-Arnaud, de l'ordre des Frères Mineurs, prêcha le carême en 1447, 1449 et 1451 ; chaque année, il reçut des consuls une somme de dix florins [4]. Signalons encore une somme de deux florins et demi payée à l'orfèvre qui fit les sceaux de la ville [5] ; les six francs et quatre gros payés à Guigues Costaing, consul, le 23 décembre 1440, pour l'inventaire des archives de la ville [6]. Notons aussi les honoraires d'un médecin et d'un barbier qui examinèrent une femme qui fut reconnue lépreuse et isolée des gens bien portants [7] ; et enfin le

[1] BB. 2, fol. 3 v°-5 v°. Texte publié par Giraud et Chevalier, *Le Mystère des Trois Doms*, p. 874-880. Cf. aussi p. CVI-CVIII.

[2] BB. 2, fol. 24 r°.

[3] BB. 1, fol. 6 v°-7 r°.

[4] *...pro bono servicio per ipsum facto in quadragesima proxime preterita, qui cothidie explicavit et predicavit populo verba dominica.* BB. 5, fol. 193 r° ; BB. 6, fol. 61 v° et 100 r°.

[5] *...pro factura sigillorum dicte civitatis videlicet magni et parvi.* BB. 5, fol. 45 v° (23 juillet 1439).

[6] *Ibid.*, fol. 70 r°.

[7] *...que fuit reperta leprosa et fuit expulsa a consortio sanorum.* BB. 3, fol. 61 v° (7 février 1406).

don de six florins fait à une femme, pour lui permettre de nourrir les deux jumeaux qu'elle venait de mettre au monde [1].

Défense des libertés de Vienne, surveillance de tous les travaux nécessaires à la sécurité de la ville, gestion des finances municipales : telles étaient les trois principales fonctions des consuls de Vienne.

Il y avait à Vienne un certain nombre d'officiers subalternes nommés par les consuls : bannerets, pennoniers, procureurs, conseillers, trésoriers, notaires, mandeurs, sergents, portiers.

II. — Bannerets.

Un texte de 1406 indique d'une façon très nette les fonctions des bannerets et des pennoniers : « lesdiz consuls doivent faire banerez du consentement d'aucuns des habitans de ladicte ville, lesquels banerez font les pennoniers en icelle, ausquelz ilz ordonnent de faire faire le guet et de faire garder les portes et les murs de la dicte ville [2]. »

Mermet a dit avec raison que le bannaret (*sic*) « remplissait à la fois les fonctions de gouverneur et de commissaire de police de la ville sous la surveillance des consuls [3] ». Selon Chorier [4], le banneret était le capitaine général à qui était confiée la grande bannière.

Au xve siècle, il y avait à Vienne cinq bannerets, un

[1] *...pro nutriri faciendo duos liberos bessonos quos eadem Hugueta nuper peperit.* BB. 5, fol. 173 v° (20 septembre 1446).

[2] Pièces justificatives, n° VI, art. 8.

[3] *Ancienne Chronique de Vienne*, p. 97.

[4] *Estat politique du Dauphiné*, t. III, p. 648.

par paroisse. Celui de la paroisse de l'Orme portait le titre de grand banneret. Le 10 août 1417, Barthélemy Combe, banneret de cette paroisse, demanda qu'on le relevât de sa fonction. Claude Blanc fut élu à sa place par les consuls, les quatre autres bannerets et treize bourgeois [1].

Les bannerets commandaient la milice de chaque paroisse. En 1401, c'est à eux que les consuls remettent les arbalètes destinées à défendre les portes de la ville [2]. Responsables de la sûreté de Vienne, ils avaient le droit de nommer les portiers : en 1438, Louis Blanc, grand banneret, et Jean Nantoys, banneret de Saint-Sévère, sont parmi ceux qui choisissent Jean Durand comme portier de la porte d'Arpod et le présentent à l'approbation de Jean du Croset, juge de la cour séculière de Vienne [3].

Ils exerçaient donc des fonctions importantes et il n'est pas étonnant qu'ils aient fait partie de droit de l'assemblée qui élisait les consuls.

Leur rôle a dû diminuer d'importance après que Vienne eût perdu son indépendance. Mermet dit même que « l'office du Grand Bannaret fut supprimé, et un gouverneur nommé par le Roi fût chargé du commandement de la ville [4] ». Il n'indique pas à quelle époque eut lieu ce changement.

[1] BB. 4, fol. 50 v°.
[2] BB. 2, fol. 28 r°.
[3] BB. 5, fol. 10 v°-11 r°
[4] *Ancienne Chronique de Vienne*, p. 101.

III. — Pennoniers.

Les pennoniers (*pennonerii,* et non les *penons* comme les appelle Mermet[1], confondant le nom d'un objet avec celui qui le porte) étaient les subalternes des bannerets.

Les habitants de chaque paroisse se rangeaient sous un certain nombre de pennons. Cette division est indiquée dans les rôles de tailles. Après Chorier, Mermet a répété qu'il y avait dix-neuf pennons. « La ville, ses faubourgs et sa banlieue étaient divisés en dix-neuf quartiers, dans chacun desquels un *penon* était élu[2]. » Mais, à la fin du XIVe siècle, il y avait vingt-neuf pennons : cinq dans la paroisse Saint-Georges, cinq dans la paroisse Saint-André, six dans celle de Saint-Martin, sept dans celle de l'Orme, six dans celle de Saint-Sévère[3]. Dans un rôle du 14 février 1418, il n'y en a plus que vingt-sept : les paroisses Saint-Martin et Saint-Sévère n'en comptent plus que cinq chacune[4]. En 1452 et 1453, leur nombre est réduit à vingt-un : sept dans la paroisse de l'Orme, trois dans celle de Saint-Martin, cinq dans celle de Saint-Sévère, trois dans celle de Saint-André, trois dans celle de Saint-Georges[5].

Les pennons sont ordinairement désignés par le nom des pennoniers. Des textes de 1414 et de 1418 donnent

[1] *Ancienne Chronique de Vienne,* p. 97.

[2] *Ibid.*, p. 98.

[3] Arch. de Vienne, BB. 1, fol. 38 v°-46 r° (31 janvier 1391), et *ibid.*, fol. 65 v°-76 r° (28 juillet 1396).

[4] BB. 4, fol. 54 r°-84 r°.

[5] BB. 6, fol. 132 v°-144 v°, et 173 v°-184 r°.

des désignations particulières aux pennons de la paroisse de l'Orme : pennons de la Chevrerie, de l'Orme, de l'Eperon, de la Peausserie, de Notre-Dame-de-la-Vie, de Saint-Ferréol, de la Grand'Rue[1].

Du rôle des pennoniers les registres consulaires ne disent presque rien. Ils nous apprennent que François Migniot et Étienne de Laval prirent part à l'élection du portier de la porte d'Arpod[2]. La milice urbaine, commandée par les bannerets et les pennoniers, pouvait être réquisitionnée pour les travaux de la ville. Le 15 décembre 1388, Jean de la Saulaie (*de Saliceto*), banneret, reçut des consuls l'ordre de faire venir les pennoniers et leurs gens, pour porter de la terre et des pierres sur la Gère[3]. Le 7 mai 1389, il leur fit combler la place devant la maison de Pierre Bonet[4]. Ainsi, de chefs militaires, bannerets et pennoniers pouvaient se transformer en conducteurs de travaux.

IV. — Procureurs.

Les consuls ne pouvaient pas veiller constamment à l'observation des libertés et privilèges de la ville de Vienne. Aussi choisissaient-ils, pour les défendre, un procureur général, chargé de poursuivre en justice toutes les causes concernant les habitants de Vienne.

[1] BB. 4, fol. 12 r°-16 v° et 56-61 v°.

[2] BB. 5, fol. 10-11.

[3] *...ut precipiat pennoneriis ut gentes suas faciant ire ad portandum terram et lapides super Geriam in opere villae.* BB. 1, fol. 15 v°.

[4] *...voluit quod pennoni veniant, prout consuetum est, ad cumulandum plateam ante domum Petri Boneti.* BB. 1, fol. 18 r°.

Le procureur devait, comme les consuls, prêter serment entre les mains de l'official et du juge de la cour séculière[1].

D'ordinaire, il n'y avait qu'un seul procureur; en 1440, ils sont deux[2]; en 1452, les consuls en nomment dix-sept[3]. On attribua à Étienne Bonier, procureur en 1407, des gages de 15 florins par an[4]. Plus tard, ils furent réduits à 5 florins[5].

V. — Conseillers.

Chorier dit que les conseillers étaient nommés par le peuple[6]. Mais, en 1395, ils furent choisis par Bergadan de Muricles, juge de la cour impériale de Vienne[7]; en 1403, par l'official Nicolas de Cornet[8]. En 1437, l'élection est faite par les consuls, avec le consentement d'un certain nombre de bourgeois[9].

Ils devaient aider les consuls de leurs conseils toutes les fois qu'il était nécessaire.

« Le nombre n'en était point certain, remarque Chorier, non plus que leurs appointements : Guillaume de La Chance l'était seul en 1391, sous les gages de douze

1 BB. 2, fol. 120 v°; BB. 4, fol. 8 r°.
2 BB. 5, fol. 59.
3 BB. 6, fol. 128 v°. Ils sont appelés *procuratores generales et nuncii speciales*.
4 BB. 2, fol. 104 r°.
5 BB. 5, fol. 23 r°, 48 v°; BB. 6, fol. 52 r°.
6 *Estat politique*..., t. III, p. 647.
7 BB. 1, fol. 74 r°.
8 BB. 2, fol. 69 v°.
9 BB. 5, fol. 1 r°.

francs[1]; il en fut élu cinq pour 1393. » En 1395, ils furent neuf, et douze en 1403. C'étaient toujours des personnages importants : des douze conseillers de 1403, dix avaient exercé le consulat. Dans la suite, il n'y eut plus qu'un seul conseiller. Barthélemy de Nyèvre, licencié, puis docteur en lois, posséda plusieurs années cette charge. De trois francs[2], ses gages annuels furent portés à quatre francs[3].

VI. — Trésorier.

Lorsqu'une taille était ordonnée, les consuls nommaient un trésorier pour en percevoir le montant. Ce fonctionnaire avait des appointements variables : François Alleman, en 1388, 18 francs d'or[4] ; Guillaume de La Colombière, en 1391, 15 francs[5]. En 1402, Geoffroi de La Maladière, consul, choisi pour trésorier et receveur d'une taille de 1.500 florins d'or, reçoit des gages de 16 florins[6]; Jean de Malay, en 1447, a des gages de 50 florins[7]; en 1448, ceux de Guigues Costaing montent jusqu'à 400 florins[8]. Ces gages variaient avec l'importance de l'impôt à recouvrer.

VII. — Notaire.

Les consuls avaient un notaire pour tenir registre de leurs décisions. Merci à ces modestes auxiliaires, qui ont

[1] BB. 1, fol. 51 v°.
[2] BB. 5, fol. 1 r°.
[3] *Ibid.*, fol. 143 v°, 165 r° ; BB. 6, fol. 15 v°.
[4] BB. 1, fol. 6 r°.
[5] *Ibid.*, fol. 46 v°.
[6] BB. 2, fol. 30 v°.
[7] BB. 5, fol. 180 v°.
[8] BB. 6, fol. 32 r°.

bien rempli leur office, laissé des registres nettement écrits, facilitant ainsi la tâche des érudits futurs !

Le 26 février 1387, Jean Rosset fut nommé notaire des consuls et de la ville. On devait lui payer, chaque année, sur le commun du vin, 10 florins d'or, une moitié à la Nativité de saint Jean-Baptiste, l'autre à Noël[1]. L'année suivante, ses gages furent portés à 20 florins, payables en quatre termes : Pâques, Saint-Jean-Baptiste, Saint-Michel, Noël[2]. François Boyssard lui succéda; il fut notaire du consulat au moins pendant vingt-deux ans, de 1400 à 1422 et rédigea les registres cotés BB. 2, BB. 3, BB. 4. Ses gages furent aussi de 20 florins[3]. Antoine Barboton, qui écrivit probablement le registre, aujourd'hui perdu, des délibérations consulaires de 1422 à 1437, eut pour successeur Jacques Combet. Il a rédigé les registres BB. 5 et BB. 6. Il recevait 10 florins de gages annuels[4].

VIII. — Crieur public. Mandeur. Sergents.

Le crieur public avait pour mission d'annoncer dans les rues et sur les places de Vienne la mise en adjudication des impôts sur le vin et des travaux d'utilité publique. François Chardinel, en 1438, et dans les années suivantes, avait 4 florins de gages[5].

Le mandeur convoquait les consuls et les bourgeois toutes les fois qu'il était nécessaire. Il devait se tenir près des consuls pendant les séances. En 1387, on lui fixa des

[1] BB. 1, fol. 1 r°.
[2] *Ibid.*, fol. 6 v°.
[3] BB. 2, fol. 2 v°, 14 r°, etc...
[4] BB. 5, fol. 14 r°, 24 r°; BB. 6, fol. 11 r°, etc...
[5] BB. 5, fol. 22 r°, 49 r°, 94 r°, etc...

gages de 2 florins d'or[1]; vers le milieu du XVe siècle, nous voyons qu'ils sont doublés. Le mandeur portait un vêtement à la livrée de la ville[2].

On trouve encore mention de gages payés à d'autres sergents. Ainsi, le 3 novembre 1395, on paya trois florins à un sergent de la cour impériale, qui avait mandé les consuls et leurs conseillers aux délibérations sur les affaires de la ville[3]. Mermet parle des sergents de ville « dont la principale occupation était d'empêcher que des mendiants étrangers ne s'arrêtassent dans la ville. Ils devaient les accompagner d'une porte à l'autre, et leur signifier la défense expresse de rentrer dans la cité sous peine d'être fustigés et chassés; mais le sergent, quand le mendiant traversait la ville pour la première fois, devait lui donner *la passade.* [*C'était du pain et quelque petite monnaie*[4]] ». Selon son habitude, il ne dit ni où il a pris ce renseignement, ni à quelle époque existait cette coutume. Je n'ai rien trouvé de pareil aux XIVe et XVe siècles.

Nous avons esquissé le décor; nous avons présenté les personnages; nous pouvons maintenant voir se succéder les péripéties de la pièce.

[1] BB. 1, fol. 1 r°.

[2] 18 décembre 1442 : payement de 4 florins et demi à Jean Combe le jeune *tam pro tribus ulnis panni partiti et viridis per eumdem traditis dictis consulibus pro componi faciendo vestem Guilloni Nepotis, ipsorum consulum mandatoris, et per eosdem eidem datam, quam eciam brodaturis eiusdem vestis in la livrea ville eidem vesti apponitis*. BB. 5, fol. 113 v°.

[3] BB. 1, fol. 88 v°.

[4] *Ancienne Chronique de Vienne*, p. 98.

L'archevêque de Vienne et le dauphin de Viennois y tiendront, en personne ou par leurs officiers, les deux premiers rôles. Les chanoines de Saint-Maurice et les consuls de Vienne ne seront que des personnages secondaires. Par contre, les deux protagonistes feront appel, l'un et l'autre, à de plus puissants qu'eux, et, dans la lutte qu'ils engagent pour la souveraineté de Vienne, nous verrons plusieurs fois intervenir le Pape et l'Empereur.

Après l'annexion de Sainte-Colombe par Philippe VI de Valois, les conflits entre Bertrand de La Chapelle et Humbert II, toute l'histoire de Vienne pendant le XIVe et le XVe siècles se résume dans le contraste de deux faits et de deux dates.

Le 2 août 1349, le dauphin fait hommage à l'archevêque.

Le 21 septembre 1450, l'archevêque fait hommage au dauphin.

Pourquoi la royauté française eut-elle besoin d'un siècle pour conquérir Vienne ? Quelles voies employa-t-elle pour atteindre ce but ?

Dansla constitution de Vienne, que nous venons d'étudier, il est un point sur lequel on ne saurait trop insister : c'est la coexistence de deux juridictions temporelles, l'une propriété de l'archevêque, l'autre commune au dauphin et à l'archevêque, en leur qualité de comtes de Vienne. Les ressorts de ces juridictions s'enchevêtraient comme à plaisir ; aussi les conflits entre elles étaient-ils continuels. Possesseurs d'une partie de la juridiction de Vienne, les dauphins aspirèrent à la posséder tout entière.

Il leur fallut un siècle pour obtenir ce résultat. La France était alors aux prises avec le terrible ennemi de l'Ouest, l'Anglais. Le siège de Vienne fut occupé par plusieurs prélats énergiques. Le terrain, gagné par le roi de France sur un archevêque faible, était reperdu quand le roi de France était impuissant et l'archevêque hardi.

Nous allons assister aux péripéties de cette lutte ; nous allons voir la royauté française travailler, sur ce petit coin de terre baigné par le Rhône, à son œuvre séculaire : la formation territoriale de la France.

DEUXIÈME PARTIE

LA CONQUÊTE DE VIENNE PAR LES ROIS DE FRANCE

CHAPITRE PREMIER

Bertrand de La Chapelle (1327-1352).

« Le grand Archevesque Bertrand, dit un vieil historien de l'église de Vienne, fut grand véritablement en ses vertus et puissant en ses œuvres. Car outre ce qu'il s'estudioit à la piété et reformation de l'église, il scavoit aussi par sa prudence, sagesse et authorité dominer sur les grands et puissans de ce monde, lesquels souvent vexent et affligent l'Église [1]. »

Bertrand de La Chapelle, prieur de Saint-Saturnin du Port, ordre de Cluny, au diocèse d'Uzès, fut élu archevêque de Vienne le 10 décembre 1327 et fit son entrée dans cette ville le 12 juin 1328 [2].

Le 23 juin, il reçut l'hommage de Siboud de Clermont, qui reconnut tenir de lui son office de mistral [3].

[1] Lelièvre, *Histoire de l'antiquité et saincteté de la cité de Vienne*, p. 384.

[2] *Gallia Christiana*, t. XVI, col. 105.

[3] Arch. de l'Isère, B. 3403, fol. 73 ; Valbonnais, *Hist. de Dauphiné*, t. I, p. 138.

Le 2 novembre, Geoffroy de Clermont lui fit hommage pour Clermont [1], Saint-Geoire-en-Valdaine [2], Crespol [3], Vaulserre [4] et Virieu [5].

Il s'occupa de la réforme de son chapitre et on décida de créer de nouveaux chanoines, lors du chapitre général tenu le 23 septembre 1328.

Le 16 octobre 1329, il confirma aux habitants de Seyssuel les privilèges que leur avaient accordés ses prédécesseurs [6].

Le 23 avril 1330, il obtint du pape Jean XXII une bulle révoquant toutes les donations faites aux dépens de la mense du monastère de Saint-Chef [7].

Ces quelques actes suffisent à montrer que Bertrand de La Chapelle était soucieux de maintenir ses droits, désireux de faire régner l'ordre et la paix.

Mais des actes de violence ne tardèrent pas à se produire.

Ce fut d'abord la prise et le pillage de Condrieu par une armée de Viennois, que Charvet dit avoir été forte de dix mille hommes. En représailles, le bailli de Mâcon passa le Rhône, attaqua le bourg et le château de Saint-Clair. Il s'en empara, massacra la garnison, incendia l'église et le village, ruina le château [8].

[1] Isère, arr. Grenoble, c^on Voiron, c^ne Chirens.

[2] Isère, arr. La Tour-du-Pin, ch.-l. de canton.

[3] Crépol, Drôme, arr. Valence, c^on Romans.

[4] Isère, arr. La Tour-du-Pin, c^on Pont-de-Beauvoisin, c^ne Saint-Albin-de-Vaulserre.

[5] Isère, arr. La Tour-du-Pin, ch.-l. de canton.

[6] Arch. de l'Isère, G. 13.

[7] Arch. de l'Isère, G. 1.

[8] Charvet, *Histoire de la Sainte Église de Vienne*, p. 464.

Au début de l'année 1332, Bertrand de La Chapelle fut pris par Guillaume de Poitiers, seigneur de Saint-Vallier, et enfermé pendant quelques jours au château de Clérieu [1]. Après sa délivrance, il gagna Avignon. Il demanda au dauphin Guigues d'obliger Guillaume de Poitiers à lui donner satisfaction pour une telle injure. Le dauphin écrivit en ce sens à Guillaume de Poitiers (Beauvoir, 22 avril 1332). Lantelme Milluret, châtelain de Peyrins [2], porta la lettre à Saint-Vallier. Il n'y trouva pas Guillaume, qui avait passé le Rhône [3].

L'affaire se termina, quelques années plus tard, à l'avantage de l'archevêque. Le seigneur de Saint-Vallier dut comparaître devant lui; une torche à la main, il se mit à genoux, demanda pardon en termes humiliants, reçut une pénitence canonique et paya une amende de mille livres; avec cette somme, l'archevêque fonda deux autels dans la chapelle Saint-Jean, dans les petits cloîtres de Saint-Maurice (8 mai 1338) [4].

Bertrand de La Chapelle fut bientôt aux prises avec des difficultés plus graves. Il se heurta à l'ambition des rois de France.

Ceux-ci étaient maîtres de Lyon et du Vivarais. La ville de Sainte-Colombe, située en face de Vienne, sur la rive droite du Rhône, excita leurs convoitises [5]. Au temps de

[1] Drôme, arr. Valence, c^{on} Romans.

[2] Drôme, arr. Valence, c^{on} Romans.

[3] Arch. de l'Isère, B. 3404; Valbonnais, *Histoire de Dauphiné*, t. II, p. 231.

[4] Charvet, *o. c.*, p. 438. U. Chevalier, *Description analytique du cartulaire du chapitre de Saint-Maurice*, p. 45.

[5] La plupart des pièces relatives à l'histoire de l'annexion de Sainte-Colombe sont conservées aux Archives de l'Isère, fonds de l'archevêché de Vienne, carton G. 16. Cf. Paul Fournier, *Le royaume d'Arles et de Vienne*, p. 409-417.

l'archevêque Guillaume de Laudun, Charles IV avait préparé un traité de pariage. Les affaires diverses qui occupèrent l'archevêque de Vienne, son passage au siège de Toulouse en empêchèrent l'exécution [1].

Philippe VI de Valois reprit les projets de son cousin. Sainte-Colombe était alors, paraît-il, une véritable caverne de voleurs. On attaquait les voyageurs qui descendaient le Rhône, même ceux qui se rendaient à Avignon auprès du pape. Le roi décida de mettre la ville sous sa main et d'y installer ses officiers pour rendre la justice. Bertrand de La Chapelle demanda au roi de conclure un traité de pariage. Raymond Saquet, trésorier de Reims; Guillaume Flotte, seigneur de Revel; Gilles Aycelin, seigneur de Montaigu, et Guy Chevrier furent chargés des négociations.

On aboutit à une convention, passée à l'abbaye du Gard, près de Melun, au mois de juin 1333 [2].

Une ville franche sera construite à Sainte-Colombe. La justice sera commune entre le roi et l'archevêque. Pour augmenter les profits de l'église, on établira deux foires franches par an ; elles dureront chacune six jours : la première commencera le lundi après la mi-carême, la seconde le jour de la fête de saint Denis (9 octobre). On tiendra un marché le lundi de chaque semaine. La justice sera rendue par un châtelain et un juge ordinaire, nommés alternativement par le roi et par l'archevêque. Il y aura un juge d'appel pour les premières appellations ;

[1] Arch. de l'Isère, B. 3403, fol. 74 v°-75 r°. Valbonnais, t. II, p. 247. (Lettre de l'archevêque de Toulouse à Bertrand de la Chapelle, 28 janvier 1334.)

[2] Pièces justificatives, n° II.

les secondes seront portées devant le bailli de Mâcon. Le ressort de la prévôté royale de Sainte-Colombe sera ainsi fixé : Givors [1], la Maison-Blanche [2], Riverie [3], Châteauneuf [4], Rive-de-Gier [5], Saint-Paul-en-Jarez [6], Doizieux [7], Condrieu [8], Virieux [9], Chavanay [10], Ampuis [11]. L'archevêque percevra la moitié des profits de cette justice. Il y aura un sceau commun à l'archevêque et au roi ; ils nommeront un notaire pour le garder ; il sera appelé chancelier et rendra compte deux fois par an des émoluments qu'il aura perçus. L'archevêque devait reconnaître qu'il tenait en fief du roi la moitié de Sainte-Colombe.

Ce fut probablement cette dernière clause qui fit échouer l'affaire. L'archevêque déclara qu'il ne voulait rien conclure sans le consentement du pape. Le roi accepta la protestation, mais maintint son droit d'annexer la ville de Sainte-Colombe et son mandement, moyennant compensation suffisante (26 juin 1333) [12].

Au point de vue financier, ce traité, — en supposant qu'il eût été loyalement exécuté, — aurait été pour l'archevêque une affaire superbe. Nous savons, en effet,

[1] Rhône, arr. Lyon, ch.-l. de canton.
[2] Rhône, arr. Lyon, cant. et com. Givors.
[3] Rhône, arr. Lyon, cant. Mornant.
[4] Loire, arr. Saint-Étienne, cant. Rive-de-Gier.
[5] Loire, arr. Saint-Étienne, ch.-l. de canton.
[6] Loire, arr. Saint-Étienne, cant. Rive-de-Gier.
[7] Loire, arr. Saint-Étienne, cant. Saint-Chamond.
[8] Rhône, arr. Lyon, ch.-l. de canton.
[9] Loire, arr. Saint-Étienne. cant. et com. Pélussin.
[10] Loire, arr. Saint-Étienne, cant. Pélussin.
[11] Rhône, arr. Lyon, cant. Condrieu.
[12] Arch. de l'Isère, B. 3403, fol. 73 v°-74 v°.

par une déclaration de Jean Gaudin, son receveur, en date du 7 septembre 1333, que l'archevêque ne possédait aucun cens, aucune terre à Sainte-Colombe. Son droit de juridiction haute et basse (*merum et mixtum imperium*) ne lui valait pas plus de dix tournois d'argent par an, et souvent moins [1].

Le dauphin Humbert II, qui avait succédé à son père Guigues, mort le 28 juillet 1333, protesta aussi contre le traité. Il envoya des ambassadeurs au pape [2]. Le 13 janvier 1334, Jean XXII lui adressa une bulle : il lui reconnaissait, en sa qualité de comte palatin, la juridiction entière dans certaines rues de la ville de Vienne, dans toute la cité et dans ses faubourgs à certaines époques de l'année. Il l'invitait à lui envoyer un ambassadeur, muni de ses instructions et des titres qui justifiaient ses droits, pour s'opposer à la vente de Sainte-Colombe au roi de France [3].

Les droits du dauphin sur Sainte-Colombe étaient contestables. L'archevêque était le premier à ne pas les admettre : il revendiquait pour lui seul toute la juridiction. En 1335, il excommunia Hugues d'Anjou, gouverneur du comté de Vienne pour le dauphin, Guillaume d'Anjou et Jean des Vallées, pour avoir exercé la juridiction delphinale à Sainte-Colombe. Humbert II fit appel de cette sentence au pape le 17 mars [4]. Le 27, l'official de Vienne, Pierre de Boisvair (*de Bosco Vario*) refusa

[1] Arch. de l'Isère, G. 16.
[2] Valbonnais, t. II, p. 272.
[3] Arch. de l'Isère, B. 3404. Texte publié en partie par P. Fournier *o. c.*, p. 416, note 2.
[4] B. 3241, fol. 11.

d'entendre cet appel, que lui présentaient Hugues d'Anjou et Jean des Vallées[1].

Cependant le chapitre s'inquiétait des négociations engagées entre l'archevêque et le roi de France. Le 7 mars 1335, il demanda des explications à l'archevêque. Celui-ci rappela qu'il avait protesté dès le premier jour. Il fit donner lecture, pour prouver son dire, de la lettre du roi du 26 juin 1333. Il affirma qu'il n'avait pas fait de nouveau traité avec les ambassadeurs du roi, qui venaient de passer quelques jours à Vienne. Il leur avait déclaré qu'il ne voulait rien céder sans l'agrément du pape[2].

Peu soucieux de ces protestations, le roi de France brusqua les choses. Par ses lettres données à Fontainebleau, le 18 mars 1335[3], il incorpora la ville de Sainte-Colombe au royaume, pour la sûreté des voyageurs qui passaient en ce lieu. Il n'est plus question de partager la ville avec l'archevêque. On lui offre seulement une compensation sur les châtellenies de Châteauneuf[4] et de Sainte-Marie-du-Bois[5], au bailliage de Mâcon.

Humbert II avait pensé résister par la force aux entreprises du roi de France. Il avait convoqué des nobles en armes pour défendre les bourgeois de Vienne[6]. On lui déclara que le roi était fort étonné des empêchements qu'il mettait à l'exécution du traité concernant la juridic-

[1] B. 3150.

[2] Arch. de l'Isère, G. 16 ; B. 3015, fol. 113 v°-119.

[3] Pièces justificatives, n° III.

[4] Châteauneuf-sur-Sornin, Saône-et-Loire, arr. Charolles, canton Chauffailles.

[5] Bois-Sainte-Marie, Saône-et-Loire, arr. Charolles, cant. La Clayette.

[6] Valbonnais, t. II, p. 285.

tion de Sainte-Colombe, « quar notoire chouse est que de son droit royal, li Roys puet prandre pour le bien publique ét la deffense de son Royaume toutes chouses que il li plaira . . . » (17 mars 1335). Le dauphin fit encore entendre quelques protestations : il déclare que Sainte-Colombe est une part de la ville de Vienne ; en sa qualité de comte de Vienne, il a toute juridiction, haute et basse, dans toute cette ville et à Sainte-Colombe, à certaines époques de l'année. Il supplie le roi de ne pas le priver de l'exercice de ce droit[1].

Quelques mois plus tard, Humbert II fit un voyage à Paris (juillet-août 1335). Il vint à la cour du roi. Chorier, reproduisant le récit de Mathias de Neubourg (qu'il appelle Albert de Strasbourg), raconte que « quelqu'un l'ayant abordé, sous prétexte de le saluer, l'avertit de faire tout ce que le roi lui proposerait, qu'autrement il était arrêté[2] ». Quelle que soit la créance à accorder à cette anecdote, un traité fut conclu entre Philippe VI et Humbert II au Vivier-en-Brie, le 17 juillet 1335[3]. Le dauphin cédait au roi tout ce qu'il possédait à Sainte-Colombe, maisons, terres et juridiction. Cette cession ne devait pas l'empêcher de jouir de ses droits de juridiction au delà du Rhône, à Vienne et dans tout le Dauphiné. Il était permis aux « bonnes gens de la cité de Vyenne et d'autre part du Daulphiné » de « venir par deça le Roone faire leurs besoingnes et emporter leurs fruiz ».

[1] Valbonnais, t. II, p. 267-268.

[2] Chorier, *Histoire de Dauphiné*, t. II, p. 297 ; — Valbonnais, t. II, p. 300.

[3] Arch. Nat., JJ. 69, fol. 42 r° et v° ; Bibl. Nat., lat. 10.956, p. 121. — Cité par Guiffrey, *Histoire de la réunion du Dauphiné à la France*, p. 320.

Enfin, le roi accordait au dauphin une rente de 2.000 livres.

Nous trouvons, en effet, dans les comptes royaux, la mention de deux sommes, l'une de 533 livres, 6 sous, 8 deniers, l'autre de 1.066 livres, 13 sous, 4 deniers, payées au dauphin Humbert[1].

En même temps qu'il négociait avec le dauphin, le roi de France avait fait procéder à l'annexion de Sainte-Colombe.

Le chapitre de Vienne n'avait pas été rassuré par les déclarations que l'archevêque lui avait faites le 7 mars. Le 8 avril 1335, il envoya Jean Boudet, chanoine et réfecturier, au château de la Bâtie, présenter une lettre à l'archevêque[2]. Le doyen et les chanoines déclaraient qu'ils savaient bien que les gens du roi de France voulaient s'emparer de Sainte-Colombe. Ils demandaient à l'archevêque de s'y opposer. Le lundi 10 avril, celui-ci fit une réponse optimiste : il possède toute la juridiction de Sainte-Colombe; si le roi de France veut s'en emparer, ce qu'il ne croit pas (*quod non credit*), il n'y consentira qu'avec une permission spéciale du souverain pontife.

Or, quelques jours plus tard, arrivait à Vienne Guy Chevrier, conseiller du roi de France, chargé d'exécuter les lettres du 18 mars. Le 27 avril, dans l'église Saint-Sévère, il déclara à l'archevêque qu'il incorporait Sainte-Colombe au royaume et lui offrit une compensation sur

[1] J. Viard, *Les Journaux du Trésor de Philippe de Valois*, Paris, 1899, in-4° (Collection des Documents inédits), n°s 5560 et 5854. Le premier payement est fait *consideratione receptionis plurium feodorum et dimissionis omnium proprietatum quas habere poterat apud sanctam Columbam citra Rodanum.*

[2] Arch. de l'Isère, G. 16.

les revenus de Châteauneuf et de Sainte-Marie-du-Bois[1].

Bertrand de La Chapelle déclara le lendemain qu'il ne consentait pas à cette incorporation. Il demanda qu'on rendît Sainte-Colombe à l'église de Vienne. Il ne croyait pas qu'on y eût commis les crimes dont parlait le roi, depuis qu'il était archevêque. Il promettait d'empêcher à l'avenir tous les faits du même genre. Il refusait la compensation et répétait encore qu'il ne voulait rien faire sans le consentement du pape.

Le 1er mai, Guy Chevrier et les autres commissaires royaux eurent une conférence avec le doyen et les chanoines, leur exposèrent que le roi avait décidé l'annexion de Sainte-Colombe, et leur demandèrent s'ils s'opposeraient aux travaux de fortification qu'on allait entreprendre dans cette ville. Les chanoines, au nom des droits de l'église et du dauphin, protestèrent contre la prise de possession de Sainte-Colombe, « quar autre resistance de fait ni volons faire, ni poons, ni entendons, ne ne ferons par nos ni par autre[2] ».

De semblables scènes se renouvelèrent les 13, 14 et 16 mai. Guy Chevrier offrit une compensation à l'archevêque, au doyen, au mistral et au chapitre de Vienne. Il déclara que le roi n'avait pas voulu faire du tort à l'église de Vienne, mais plutôt améliorer sa situation. Il proposa de faire rechercher par des gens honnêtes ce que Sainte-Colombe avait rapporté à l'église pendant les dix ou vingt dernières années. Il offrit d'en payer le double; il proposa cinq sous de revenu annuel et perpétuel pour chaque feu de la ville de Sainte-Colombe. L'archevêque

[1] Arch. de l'Isère, G. 16.

[2] *Ibid.*

s'obstina dans son refus. Il continua de réclamer avec insistance la restitution de Sainte-Colombe.

La conséquence fut que le roi ne rendit pas la ville et que la compensation ne fut jamais payée à l'archevêque. Philippe VI fit élever à la tête du pont du Rhône la grosse tour carrée qui est encore debout. Les gens du roi exercèrent seuls la justice à Sainte-Colombe.

L'archevêque de Vienne ayant refusé la compensation qui lui était offerte, le roi de France la remplaça par plusieurs fondations pieuses. En juin 1335, il fonda « ou moustier des Frères Meneurs de Sainte-Colombe pres de Vienne » une chapellenie « a l'honneur de Dieu et de monseigneur Saint Jaque et Saint Philippe ses apostres », et la dota d'une rente de quinze livres à percevoir sur la recette de Mâcon et de Lyon[1]. En juillet, il fit donation de dix livres tournois de rente « a la prieuse et au couvent du moustier de Sainte Colombe empres Vienne[2] ». Il donna une autre rente de dix livres aux religieuses de Sainte-Claire[3].

Telle est l'histoire de la réunion de Sainte-Colombe à la France. On peut s'étonner de ne pas voir le pape y intervenir plus souvent. En l'absence de tout document publié, on peut supposer avec vraisemblance que, pendant son voyage à Avignon, au début de 1336, le roi de France fit approuver par le pape Benoît XII l'acquisition qu'il venait de faire au détriment de l'église de Vienne.

La réunion de Sainte-Colombe à la France inquiéta le dauphin, le chapitre de Saint-Maurice, les bourgeois de

[1] Arch. Nat., JJ. 69, fol. 27 r°.
[2] *Ibid.*, fol. 49 r°.
[3] *Ibid.*, fol. 86 v°.

Vienne. En dépit des protestations réitérées de Bertrand de La Chapelle, ils crurent qu'il avait cédé de plein gré au roi de France cette portion de son domaine. Ils craignirent qu'il n'attendît qu'une occasion favorable pour lui livrer aussi la ville de Vienne[1]. Les conseillers du dauphin recommandaient à leur maître de ne pas oublier l'affaire de Sainte-Colombe : l'annexion de cette ville était très préjudiciable au dauphin; les gens du roi étendaient leurs ailes sur la ville de Vienne et usurpaient la garde du pont du Rhône[2].

Ces sentiments de défiance provoquèrent, dans les années suivantes, des troubles graves.

Le 21 juillet 1337, l'archevêque de Vienne et le dauphin Humbert II conclurent, à Saint-Donat[3], un traité d'alliance[4]. Le premier acte qui suivit cet accord fut la requête adressée, le surlendemain 23, au chapitre de Saint-Maurice[5]. Ils se plaignaient de ce que Siboud de Clermont, mistral, eût logé, dans le cloître et au château de Pipet, plusieurs nobles en armes, du Dauphiné et de la Savoie. Ceux-ci avaient recherché, pour lui faire violence, Guigues de Roussillon, chevalier, courrier de l'archevêque et lieutenant du comté de Vienne pour le

[1] Cette opinion est encore celle de Charvet : « Le chapitre soutint ses droits avec fermeté; mais l'Archevêque, plein de complaisance pour le Roi, transigea avec ce Prince et lui accorda tout ce qu'il demandait sous la seule réserve de l'agrément du Pape. Cette conduite rendit Bertrand odieux à son chapitre et à son peuple, qui, jaloux de conserver une ombre de liberté, penchoit du côté du Dauphin. » (*Hist. de l'église de Vienne*, p. 463.)

[2] U. Chevalier, *Choix de documents historiques inédits*, p. 47.

[3] Drôme, arr. Valence, ch.-l. de canton.

[4] Valbonnais, *Histoire de Dauphiné*, t. II, p. 339.

[5] *Ibid.*, p. 340.

dauphin. L'archevêque et le dauphin se plaignaient, en outre, de ce que le mistral eût garni Pipet d'armes offensives et défensives.

Le 24 juillet, le chapitre répondit à ces réclamations. Siboud de Clermont avait, en effet, reçu quelques nobles armés dans les cloîtres, mais sans vouloir porter préjudice à l'archevêque et au dauphin. Le chapitre le considérait comme un homme de bien (*probum virum*), et, à la Saint-Jean-Baptiste, il lui avait renouvelé pour un an la garde du château de Pipet.

Malgré cette déclaration, l'archevêque et le dauphin enlevèrent à Siboud de Clermont les clefs des portes de la ville et les donnèrent à Guigues de Roussillon (25 juillet)[1].

Ce fut seulement, semble-t-il, une commune haine contre le mistral qui unit quelque temps Bertrand de la Chapelle et Humbert II.

Celui-ci profita de son séjour à Vienne pour s'y fortifier. Il fit un échange, le 25 juillet, avec frère Humbert Rivoire, prieur de Saint-Just : il donna sa maison de Saint-Gervais et dix livres de rente, et reçut le prieuré de Saint-Just[2]. Tout en protestant de ses bonnes intentions[3], il acquérait une position très forte dominant la ville de Vienne. Le 31 juillet, le prieur et les religieux de Saint-Vallier, de qui dépendait le prieuré de Saint-Just, confirmèrent l'échange. Frère Humbert Rivoire prit possession de la maison de Saint-Gervais, et le dauphin, du prieuré de Saint-Just. Il en confia la garde à Aynard de Bellecombe.

[1] Arch. de l'Isère, B. 3015, fol. 246-248. Cf. Fournier, *o. c.*, p. 425.
[2] Valbonnais, t. II, p. 342.
[3] ... *volens potius augmentare jura ecclesie quam deprimere.*

Entre temps, le 26 juillet, le dauphin avait ordonné à Amblard de Briord, bailli du Graisivaudan, d'amener à Vienne, le 7 septembre, les chevauchées du Graisivaudan, de la Terre-de-la-Tour, du Valbonnais, du Viennois et du Valentinois[1].

L'archevêque s'inquiéta des actes du dauphin. Il se rapprocha des bourgeois de Vienne. Le 1er août, à leur demande, il confirma des lettres de son prédécesseur, l'archevêque Guillaume, qui devaient être une concession de privilèges[2]. Ainsi, on voit se dessiner un renversement d'alliances.

Cependant, ce même jour, Humbert II déclarait à l'archevêque qu'il ne voulait acquérir aucune juridiction nouvelle, ni porter préjudice à ses droits[3].

Le chapitre craignait aussi, non sans raison, l'acquisition faite par le dauphin. Il pria l'archevêque d'interdire à Humbert II d'élever des constructions sur le Mont Saint-Just. Le 2 août, le dauphin fit adresser par son procureur Jean Humbert, de Gap, une requête au doyen de l'église de Vienne[4]. Il lui rappelait qu'il était son homme lige, non en raison de l'église de Vienne, mais à cause du château de Virieu[5]. Il affirmait son droit d'établir une maison forte à Saint-Just, puisqu'il en était propriétaire et qu'il avait la haute et basse justice en sa qualité de comte de Vienne. Il requérait le doyen de lui prêter aide et conseil, en vertu de la foi et de l'hommage,

[1] Valbonnais, t. II, p. 342.
[2] Arch. de Vienne, AA. 1, 1.
[3] Arch. de l'Isère, B. 3403, fol. 76 v°.
[4] Valbonnais, t. II, p. 343.
[5] *Ibid.*, t. I, p. 57, hommage de Geoffroy de Clermont au dauphin (20 avril 1317).

et de se désister de la requête qu'il avait adressée à l'archevêque.

Brusquement, le chapitre changea de politique. Le 15 septembre, le doyen et les chanoines demandèrent pardon au dauphin de leurs démarches précédentes. Ils s'excusèrent d'avoir écrit au pape pour faire révoquer la cession du prieuré de Saint-Just. A la prière de Marie de Baux, son épouse, le dauphin leur pardonna. Cet acte montre bien que l'accord était complet entre le chapitre et le dauphin, puisque celui-ci habitait alors dans la maison du doyen[1].

C'était la rupture avec l'archevêque, qui, pour tenir tête à la coalition du dauphin et du chapitre, se rapprocha des bourgeois de Vienne.

Humbert II augmenta encore son pouvoir en achetant à Guillaume de Vienne, pour 6.000 florins, ses droits sur le comté de Vienne (Crémieu, 9 novembre)[2].

En cette année 1337, le chapitre et les bourgeois de Vienne eurent des querelles avec Guigues d'Illins, vassal du comte de Savoie. Le pape dut intervenir pour rétablir la paix[3].

Au sud de Vienne, le brigandage sévissait. Aynard de Clermont attaqua Mantaille, domaine propre de l'église

[1] Valbonnais, t. II, p. 346. — Cet auteur expliquait le changement de politique du chapitre par la mort du doyen Guillaume de Clermont, et son remplacement par son frère Humbert. Mais plusieurs documents originaux des archives de l'Isère (G. 16) montrent que celui-ci était déjà doyen en 1335. Charvet a suivi le système de Valbonnais.

[2] Valbonnais, t. II, p. 347.

[3] G. Daumet, *Benoît XII (1334-1342). Lettres closes, patentes et curiales se rapportant à la France*, nos 290-293. Illins, Isère, arr. Vienne, cant. Vienne-Nord, com. Luzinay.

de Vienne, avec une troupe d'environ cinquante hommes d'armes. Des maisons furent incendiées; deux enfants périrent dans les flammes; une vieille femme faillit aussi y perdre la vie; un clerc, nommé Gonon Arnaud, eut deux doigts coupés et fut grièvement blessé à la tête. Galbert Bérard, châtelain d'Albon, adressa des reproches à Aynard de Clermont; un des compagnons de celui-ci lui répondit qu'il était bien naïf de raisonner un homme qui avait le bacinet en tête [1].

Pendant les premiers mois de l'année 1338, la discorde continua entre l'archevêque et le dauphin [2].

Au dire de Humbert II, Bertrand introduisit à Vienne des nouveautés fâcheuses. Il fit enlever des poids et des mesures la marque du dauphin et y substitua la sienne. Contrairement à la coutume, il accorda aux bourgeois l'autorisation de s'assembler et d'élire des syndics. Il fallait, en effet, pour la tenue de ces assemblées, le consentement du dauphin, du chapitre et du mistral. Les officiers de ceux-ci protestèrent contre cette réunion illicite; ils se déclarèrent prêts à faire droit aux griefs des

[1] *Quod simpliciter agebat quia araysonabat aliquem dum habebat bacignetum.* — Arch. de l'Isère, G. 18 (dossier Mantaille). Deux pièces : citation à comparaître (25 septembre), comparution du procureur d'Aynard de Clermont et déposition des témoins (11 octobre, *die sabbati post octabas festi beati Michaelis*). Cf. P. Fournier, *o. c.*, p. 425.

[2] Le récit des événements qui vont suivre est emprunté au registre B. 3403 des Archives de l'Isère : *Processus cause Viennensis pro parte Dalphini.* — Quelques fragments de ce registre sont reproduits dans un ms. de la Bibliothèque Nationale, nouv. acq. françaises 9795 (Lancelot, 164). Cf. aussi les documents publiés par U. Chevalier, *Choix de documents historiques inédits sur le Dauphiné*, p. 48-59, et le récit de P. Fournier, *Le Royaume d'Arles et de Vienne*, p. 427-432.

Viennois. Malgré cette protestation, l'assemblée nomma des syndics et des consuls, leur donna le pouvoir de gouverner la ville et d'en assembler les habitants. Ces consuls firent des menaces aux chanoines, qui n'étaient même plus en sécurité dans leur cloître. Ils firent publier que tous ceux qui n'étaient pas de leur parti eussent à sortir de la ville[1].

Au mois de juillet, le dauphin envoya à Vienne Agout de Baux, précepteur de Saint-Paul, Nicolas Constant et d'autres ambassadeurs pour remettre la paix entre l'archevêque et le chapitre. Pensant qu'on acceptait sa médiation, il vint à Saint-Alban[2]. L'archevêque était à Condrieu dans la maison de son frère ; les chanoines à Saint-Clair. Puis, Bertrand quitta Condrieu et revint à Vienne. Humbert II l'y suivit et s'installa au monastère de Saint-Pierre.

Le soir du mardi 18 août, les familiers de l'archevêque, les consuls et le peuple de Vienne[3] attaquèrent la maison de Guillaume Charrière, hôtelier, où logeaient Terzolet, fils de Louis de Poitiers, et plusieurs gens du dauphin, aux cris de : A mort ! A mort ! Que nul n'échappe ! Plusieurs furent grièvement blessés ; d'autres furent pris, ligotés, conduits au palais de l'archevêque. On chercha Terzolet, jeune homme de quinze ans, pour le faire prisonnier, peut-être pour le tuer.

Le lendemain, le dauphin se retira dans sa forteresse de Saint-Just, puis au château de Pipet.

[1] Arch. de l'Isère, B. 3403, fol. 43 v°-46 ; Bibl. Nat., nouv. acq. franç. 9795, fol. 260-261.

[2] Saint-Alban-du-Rhône, Isère, arr. Vienne, cant. Roussillon.

[3] *Familiares dicti domini archiepiscopi, et dicti syndici consules creati per dictos cives, ut superius dictum est, ac populares ipsius civitatis* (B. 3403, fol. 44 r°, art. 39).

Ce même jour, les bourgeois de Vienne, les familiers et officiers de l'archevêque tendent des chaînes dans les rues. Ils crient qu'ils ne craignent pas le dauphin, qu'ils le chasseront de la ville, lui et tous ses partisans. Puis, ils se réunissent au palais archiépiscopal, au son de la trompe et au bruit des cloches. Ils attaquent la maison des Canaux, gardée seulement par neuf hommes : plusieurs sont grièvement (*atrociter*) blessés de flèches et de carreaux. Ils vont ensuite attaquer le château de Pipet. Ils reviennent donner un nouvel assaut à la maison des Canaux, brisent la première porte, y mettent le feu. Ils attaquent le cloître des chanoines, en brisent les portes, les jettent au Rhône, au vu et au su de l'archevêque[1]. Ils attaquent encore la maison des Canaux ; ils crient que ceux qui se défendent n'échapperont pas à la mort. Des gens du dauphin furent blessés. Celui-ci, voyant le désordre augmenter d'heure en heure, fit crier, en sa qualité de comte de Vienne, vers 3 heures de l'après-midi, que ceux qui feraient du tort à quelqu'un subiraient la peine capitale. Après cette proclamation, beaucoup cessèrent de se battre.

Telle est du moins la version présentée par le dauphin. D'après celle de l'archevêque[2], il semble bien que les gens du dauphin répondirent à la violence par la violence. Ils lancèrent des pierres énormes sur la ville, y pénétrèrent de vive force, avec le consentement du dauphin[3]. Ils incendièrent le palais de l'archevêque, beau-

[1] ... *presente, sciente, paciente, prohibere valente si voluisset et non prohibente, nec contradicente, domino archiepiscopo supradicto*. B. 3403, fol. 45 v°.

[2] B. 3403, fol. 29-30.

[3] ... *prefatus dalphinus... vim, violenciam et ingressum,*

coup de maisons contiguës, et la grosse tour du palais. Plusieurs hommes périrent dans cet incendie ; d'autres furent blessés. Dans la chapelle de l'archevêque, les vitraux et les portes furent brisés ; on vola les statues, les croix, les calices, les vêtements sacerdotaux. On saccagea les vignes de l'archevêque. Tous ces dégâts furent estimés par lui à 25.000 florins[1].

Bertrand de La Chapelle se réfugia dans son château de la Bâtie, regardé comme inexpugnable. Le dauphin lui manda de n'avoir aucune crainte, lui assura qu'il ferait respecter ses droits. Peu confiant dans ces promesses, Bertrand quitta Vienne, sous un déguisement, le vendredi matin 21 août, et s'enfuit à Avignon, auprès du pape Benoît XII.

Humbert II était maître de Vienne. Le 22 août, les bourgeois, réunis sur la place Saint-Sévère, le reconnurent pour comte de Vienne, l'établirent gardier de la ville, lui donnèrent la garde des clefs et des portes et lui promirent obéissance. Les notaires, qui ont rédigé cet acte de soumission, ont recueilli les noms de près de 1.200 témoins[2].

Le 27 août, de longues conventions furent conclues entre Humbert II et le chapitre de Saint-Maurice[3]. Elles contiennent un véritable acte d'accusation contre l'archevêque. On reproche à Bertrand d'avoir livré au roi de France Sainte-Colombe, clef et porte de l'Empire, sans

capcionem et occupacionem predictas ratas et gratas habuit. B. 3403, fol. 30 r°.

[1] B. 3403, fol. 35-36.

[2] Arch. de l'Isère, B. 3405 ; B. 3015, fol. 40-54 ; B. 3243, fol. 112-120. — Cf. Valbonnais, t. II, p. 363.

[3] Valbonnais, t. II, p. 364.

consulter ni le doyen, ni le chapitre; d'avoir empêché les chanoines d'établir une porte à la tête du pont du côté de Vienne; d'avoir donné la garde des portes à des gens suspects ; d'avoir conféré indûment les offices de syndic et de consul. Le doyen et le chapitre confient au dauphin la garde de la ville de Vienne et de la maison des Canaux. Toutefois, on excepte de la donation le château de Pipet, la colline de Sainte-Blandine, le cloître et le péage de Vienne, le Doyenné, la juridiction des territoires de Miruel et de Rivoire, le château de Mont-Salomon et son mandement. Le dauphin pourra construire des fortifications à Saint-Just. En cas de guerre, il enverra quarante écuyers tenir garnison dans les châteaux du chapitre. Avant la prochaine fête de Pâques, il fera commencer à la tête du pont du Rhône un portail de pierre et une fortification. Enfin, le dauphin assigne au chapitre un revenu annuel de 700 livres de bons viennois. Sur cette somme, le doyen Humbert de Clermont reçoit une rente viagère de 100 livres, Siboud de Clermont, de 150. Cent livres de revenu annuel sont destinées à la célébration de dix anniversaires.

Pour sceller cet accord, Humbert II fut reçu chanoine le 29 août. Le même jour, il créait Siboud de Clermont, — dont il s'était plaint treize mois plus tôt, — son viguier à Vienne, son vicomte dans le comté de Vienne, et lui confia la garde de la maison des Canaux. Il lui accorda, pour l'exercice de la juridiction, un salaire annuel de cent sous, plus quarante sous, en raison des droits qu'il avait coutume de percevoir à l'occasion des mariages des jeunes filles et des veuves.

Le dauphin créa encore Amédée de Roussillon son gardier à Vienne, et Aynard de Bellecombe, son prévôt.

Ainsi, reconnu par les bourgeois, associé avec le chapitre, Humbert II était véritablement maître de Vienne. Bertrand de La Chapelle, fugitif, semblait ne conserver aucun pouvoir dans sa ville archiépiscopale.

Mais le triomphe du dauphin fut de courte durée.

Le bailli de Mâcon s'inquiéta du projet formé par le dauphin de bâtir une porte fortifiée à la tête du pont de Vienne : il s'en plaignit, dès le 24 août, et protesta contre les mauvais traitements infligés par les gens du dauphin aux habitants de Sainte-Colombe. Humbert répondit qu'il ne voulait pas porter préjudice au roi, mais il avait le droit de fermer la ville de Vienne[1].

Quant à l'archevêque de Vienne, il se plaignit au pape des agissements de son chapitre. Le 6 mars 1339, Benoît XII manda au mistral et aux chanoines de Vienne de comparaître dans les dix jours devant la cour romaine, en raison du débat qui existait entre eux et l'archevêque[2].

Deux mois plus tard (22 mai 1339), il nomma Gocius de Rimini[3], cardinal prêtre du titre de Sainte-Prisque, pour examiner l'affaire entre Bertrand de la Chapelle et Humbert II. Le 28 mai, l'archevêque de Vienne constitua pour son procureur Barthélemy de Pignataro, du diocèse

[1] Bibl. Nat., n. acq. fr. 9795, fol. 266-269 : ...*jure nostro utentes bastire in parte nostra prope pontem Vienne in simili loco quo vos a parte vestra edificavistis.*

[2] G. Daumet, *Benoît XII, Lettres closes, patentes et curiales...*, n° 576.

[3] *Gotius de Arimino al. de Battaglia*, patriarche de Constantinople, créé cardinal par Benoît XII, le 18 décembre 1338. (Eubel, *Hierarchia*, t. I, p. 16.) Valbonnais (t. II, p. 424) l'appelle *de Battagliis*.

du Mont-Cassin[1]. Le 31 mai et le 2 juin, Étienne Pelat présenta des lettres du dauphin, datées de Beauvoir, des 18 et 20 juillet 1338, qui lui donnaient pleins pouvoirs pour traiter de ses affaires à la cour du pape[2].

Pendant plusieurs mois, les deux procureurs comparurent à différentes reprises devant le cardinal et cherchèrent à se récuser l'un l'autre. Enfin, le mardi 5 octobre, ils déposèrent chacun un long mémoire.

Celui de Barthélemy de Pignataro était un rouleau de quatorze pièces de papier cousues ensemble. En 138 articles[3], il expose longuement les droits de l'archevêque sur la ville de Vienne; il raconte la prise de cette ville par le dauphin au mois d'août 1338, et le serment de fidélité, arraché par la crainte et la violence, aux habitants, vassaux de l'archevêque.

Le mémoire d'Étienne Pelat contient 78 articles[4]. Il expose les droits donnés au dauphin dans la ville de Vienne par sa qualité de comte. Il insiste sur ce fait que Vienne est une terre d'Empire. L'archevêque et le chapitre n'en sont pas propriétaires. Ils n'en ont que la garde. Le dauphin n'est intervenu dans les querelles entre l'archevêque et le chapitre que pour conserver les droits de l'Empire, en sa qualité d'archisénéchal du royaume d'Arles et de Vienne.

Après examen de ces mémoires, les deux procureurs se déclarèrent réciproquement que leurs articles étaient

[1] *B. de Pignatorio, Casinensis diocesis.* Le diocèse du Mont-Cassin fut supprimé en décembre 1367.

[2] Arch. de l'Isère, B. 3403, fol. 3-5.

[3] *Ibid.*, fol. 20-37 r°.

[4] *Ibid.*, fol. 37 v°-51.

trop généraux, vagues, obscurs, défectueux dans le fond et dans la forme (25 octobre)[1].

Le 20 novembre, Étienne Pelat demanda un délai, afin de pouvoir consulter le dauphin, qui délibérerait avec ses barons sur cette grave affaire[2].

Le procureur de l'archevêque refusa tout délai. Par crainte de l'excommunication, Étienne Pelat fit remettre, le 3 décembre, par son substitut, nommé Rolhet, un rouleau de papier contenant ses réponses aux allégations de la partie adverse. Nous y retrouvons cette idée, — qui reparaîtra dans d'autres querelles entre les archevêques de Vienne et les dauphins de France, — que l'archevêque n'a pas de droit de souveraineté sur Vienne. Tout son pouvoir lui vient de ce que les empereurs lui ont confié cette ville[3].

Quelques jours plus tard, Barthélemy ripostait au mémoire du dauphin. Puis les comparutions se succédèrent. Le procureur de l'archevêque produisit divers actes, rappela divers faits, destinés à prouver le droit de juridiction de son maître dans la ville de Vienne. Étienne Pelat précisa certains points de son mémoire. Les choses allèrent ainsi jusqu'au mois de mai 1340, époque à laquelle s'interrompt le registre B. 3403 des Archives de l'Isère.

Sans doute, Étienne Pelat vit que les affaires du dauphin allaient mal. Le 28 octobre 1340, en présence de

[1] B. 3403, fol. 52 ...*dicti articuli sunt nimis generales, obscuri, confusi, alternativi, impliciti, negativi...*

[2] *Ibid.*, fol. 54 v°.

[3] *Ibid.*, fol. 56 v° ...*per viam cuiusdam commende, seu simplicis commissionis, dudum facte ecclesie Viennensi per imperatores romanos, et non per viam dominii.*

Gaucelin, cardinal évêque d'Albe[1], du cardinal de Sainte-Prisque et de l'archevêque de Vienne, il lut une lettre de Humbert II, où celui-ci déclarait qu'il n'empêchait pas l'archevêque de jouir de ses droits à Vienne, et offrait de réparer les torts qu'il pouvait avoir[2].

Cette offre n'arrêta pas la sentence du pape. Le 20 novembre 1340, Benoît XII annula la cession faite au dauphin par le chapitre de Vienne de sa juridiction, de la garde de la ville et de la maison des Canaux. Il remit l'archevêque et l'église de Vienne dans l'état où ils se trouvaient avant cette cession[3].

L'abbé du monastère d'Ainay, le sacristain de Lyon et Bertrand Mausang, chanoine de Marseille, furent chargés de l'exécution de cette bulle.

Le dauphin remit aux bourgeois leur serment de fidélité, restitua sa juridiction à l'archevêque, révoqua ses juges et ses officiers. Bertrand Mausang dépassa même les termes de sa commission. Il empiéta sur la juridiction que le dauphin possédait à Vienne, au temps des foires, en sa qualité de comte. Il donna à l'archevêque des pouvoirs qu'il n'avait pas avant 1338. François de Caigne ou de Cagni (*de Cagnio*)[4] et Durand Apothicaire, procureurs du dauphin, protestèrent contre ces faits (9 et 10 février 1341)[5].

[1] Gaucelinus Johannes Deuza, de Cahors, neveu du pape Jean XXII, nommé cardinal du titre de S.-Marcellin et S.-Pierre, le 18 décembre 1316, puis cardinal-évêque d'Albe en 1330 (Eubel, *Hierarchia catholica medii aevi*, t. I, p. 14).

[2] Arch. de l'Isère, B. 3150. Bibl. Nat., n. acq. fr. 9795, fol. 273.

[3] Valbonnais, t. II, p. 424.

[4] Sur ce personnage, cf. *Inventaire-Sommaire des Archives de l'Isère, série B*, t. II, p. 19.

[5] Arch. de l'Isère, B. 3250, fol. 117-121 ; B. 3150.

Le pape avait nommé trois autres commissaires : Hugues d'Arpajon, chanoine de Rodez, l'abbé de Saint-Ruf, au diocèse dè Valence, et Gérard d'Anjou, pour estimer les dégâts faits par les gens du dauphin lors de l'émeute de Vienne.

Le 17 octobre 1341, il fut convenu que le dauphin payerait 3.800 florins d'or pour la réparation du palais archiépiscopal, de la chapelle, de la halle du marché, des cinq maisons incendiées, pour les calices, les livres et les ornements de la chapelle. Pour le blé, le vin, les objets mobiliers détruits dans l'incendie, pour les dégâts faits dans les vignes et le jardin de l'archevêque, le dauphin devait payer 900 florins. Enfin, pour les dommages causés aux bourgeois, pour les pensions à faire à deux hommes estropiés dans l'incendie, pour les indemnités à payer aux héritiers de trois morts et pour les messes à dire pour le salut des âmes de deux autres morts, qui n'avaient pas laissé d'enfants, Humbert II devait verser 422 livres de bons viennois et 15 florins d'or. Si considérables que soient ces indemnités, on reste encore loin de la somme de 25.000 florins, à laquelle l'archevêque de Vienne avait estimé ses pertes.

Le 20 mai 1342, Humbert II avait payé 700 florins. Le payement du reste de l'indemnité fut réparti sur six années [1] et garanti par la gabelle de Saint-Lattier [2], les revenus du château de Pinet [3], près Vienne, et de Villeneuve de Roybon [4].

[1] Arch. de l'Isère, B. 3150 (vidimus sous le sceau de l'officialité de Vienne, 9 septembre 1343).

[2] Isère, arr. et c^on Saint-Marcellin.

[3] Isère, arr. Vienne, c^on Vienne-Sud, c^ne Eyzin-Pinet.

[4] Roybon, Isère, arr. Saint-Marcellin, ch.-l. de canton.

Le pape Clément VI approuva ces transactions, par une bulle donnée à Avignon, le 6 février 1343[1]. Il charge Amédée Berlion, abbé de Saint-André, Julien Cellerier, archiprêtre de Saint-Vallier, Jacques Lavieille (*Vetule*), chanoine de Vienne, d'exiger du dauphin le payement de sa dette dans un délai de six ans.

Au temps même où l'on réglait l'affaire de Vienne, un autre conflit éclata entre Bertrand de La Chapelle et Humbert II. Il eut pour théâtre la ville de Romans. Il ne semble pas douteux que le dauphin ait cherché à prendre là une revanche de son échec à Vienne[2].

Le pape avait des droits sur Romans. Le 29 août 1340, il avait chargé Pierre Villars, archidiacre de Montmirail, dans l'église d'Albi, de faire une enquête sur les droits de l'église romaine dans l'église et la ville de Romans[3]. Il était donc directement intéressé à intervenir dans la querelle entre le dauphin et l'archevêque de Vienne.

Au début de l'année 1341, Humbert II attenta aux droits des hommes de Romans, en élevant ses piliers de justice aux portes de la ville. Il occupa le château de Pizançon[4], fief de l'église de Romans. Bertrand de La

[1] Arch. de l'Isère, B. 3150 (vidimus sous le sceau de l'officialité de Vienne, 1er avril 1343); Bibl. de Grenoble, ms. 1433 (R. 80, t. XV), fol. 97-111 (vidimus de l'official de Vienne, 10 février 1372). Cette bulle n'est pas citée par E. Deprez, *Clément VI (1342-1352). Lettres closes, patentes et curiales se rapportant à la France.*

[2] Je résume brièvement cette affaire, dont les procédures remplissent le registre B. 3017 des Archives de l'Isère.

[3] G. Daumet, *Benoît XII, Lettres closes, patentes et curiales...*, nos 772, 773, 774.

[4] Drôme, arr. Valence, con Bourg-de-Péage, cne Chatuzange. Cf. Brun-Durand, *Dictionnaire topographique de la Drôme*, p. 273.

Chapelle se plaignit de ces actes dans une lettre écrite à Seyssuel, le 9 mars 1341 [1].

Au mois d'avril, des officiers du dauphin assiégèrent Romans. Plusieurs habitants furent blessés, quelques-uns tués, d'autres faits prisonniers. Des maisons situées près des portes, un moulin, propriété de l'église, furent détruits. Le prieuré de Saint-Ruf fut envahi et mis au pillage.

Bertrand de La Chapelle lança contre Humbert II l'excommunication portée par le concile de Vienne contre les envahisseurs des biens ecclésiastiques (Valence, 15 mai 1341) [2].

Le 25 mai, il ordonna à ses suffragants de proclamer cette sentence. Il délia les vassaux du dauphin de leur serment de fidélité [3].

Le 9 juin, Humbert II fit appel au pape. A l'en croire, il n'a pris les armes que pour châtier les Romanais : ils ont attaqué les sujets du dauphin, entre autres le châtelain de Clérieu, et en ont tué plusieurs ; ils ont renversé le pilori qui était près de Romans ; ils ont traîné les armes delphinales dans la boue. Le territoire de Pizançon a été saccagé : plusieurs gardiens de ce château ont été tués, des maisons delphinales incendiées, des arbres coupés [4]. Le 23 juin, il renouvela cet appel [5]. Le 9 juillet, à Avignon, Jacques Brunier, François de Frédulphe,

[1] Valbonnais, t. II, p. 430-431.

[2] Arch. de l'Isère, B. 3154.

[3] Valbonnais, t. II, p. 430. Charvet (*Hist. de la Sainte Église de Vienne*, p. 474) énumère 29 officiers du dauphin qui furent excommuniés.

[4] Arch. de l'Isère, B. 3167.

[5] Valbonnais, t. II, p. 433.

de Parme, Étienne Pelat, procureurs du dauphin, présentèrent son appel à Bertrand de La Chapelle. Celui-ci n'en voulut pas entendre la lecture [1].

Benoît XII n'avait pas attendu cet appel pour intervenir. Dès le 9 juin, il écrivit à Henri de Villars, évêque de Valence : il lui mandait d'empêcher l'archevêque de Vienne, les chapitres de Vienne et de Romans, les habitants de cette dernière ville de conclure avec le dauphin aucun traité qui pût porter préjudice à l'église romaine [2].

Le 7 juillet, il écrivait à Guy de Boulogne, archevêque de Lyon, à Henri de Villars, évêque de Valence, à l'abbé de Saint-Ruf : il leur mandait d'ordonner à Humbert II de cesser ses attaques contre Romans, et de l'excommunier, lui et ses adhérents, s'ils n'obéissaient pas [3].

Mais, quelques mois après, il leur ordonna de surseoir à cette affaire. Les plaintes du dauphin lui avaient donné à penser que tous les torts n'étaient pas de son côté. Il chargea l'évêque de Valence et l'abbé de Saint-Ruf de faire une enquête et défendit aux deux partis de commettre des violences pendant la durée de cette enquête (5 décembre) [4]. Ni le dauphin, ni les bourgeois de Romans ne tinrent compte de cette défense : le pape dut la renouveler le 30 janvier 1342 [5].

Au mépris de cette nouvelle bulle, Humbert II continua de réunir des cavaliers et des fantassins. Le 14 février, il parut avec son armée devant Romans.

[1] Arch. de l'Isère, B. 3167.
[2] Daumet, *o. c.*, n° 848.
[3] *Ibid.*, n° 856.
[4] *Ibid.*, n° 911.
[5] *Ibid.*, n° 923.

Les habitants, effrayés, se déclarèrent prêts à capituler si, dans les six jours, ils n'étaient pas secourus. Le 21 février, le dauphin prit possession de la ville. Le surlendemain, il reçut le serment de fidélité des habitants. Le 27 février, Amblard de Beaumont, son chancelier, fit connaître aux Romanais le chiffre fabuleux des amendes qui les frappaient : 500.000 marcs d'argent pour les offenses à la personne du dauphin [1], 100.000 florins d'or pour les frais de la guerre, 100.000 autres pour les dommages causés. Cette énorme contribution de guerre ne fut jamais payée. Humbert II accorda aux Romanais une charte de franchises; le 7 mars, six consuls furent élus, en sa présence, au château de Pizançon [2].

Le dauphin triomphait. Le pape et l'archevêque de Vienne n'étaient plus rien à Romans. Humbert II partit alors pour Avignon. Il exposa au pape et aux cardinaux qu'il ne voulait pas usurper les droits de l'église romaine et de l'archevêque de Vienne. Il demanda à être relevé de l'excommunication. Benoît XII consentit à l'absoudre, à la condition qu'il restituerait la ville de Romans avant l'Ascension, sous peine d'une amende de 100.000 florins. Le dauphin accepta et renonça au serment de fidélité que lui avaient prêté les habitants de cette ville (28 mars 1342) [3].

[1] ...*extimacio injuriarum illatarum dicto domino dalphino propter predicta, quam dictus dominus dalphinus facit de presenti ascendit ultra quingenta milia marcharum argenti...* (Arch. de l'Isère, B. 3017, fol. 175 r°.)

[2] Sur ces faits, voir Dr Ulysse Chevalier, *Annales de la ville de Romans*.

[3] Arch. de l'Isère, B. 3154 ; Bibl. Nat., lat. 10.953, p. 589-603 ; Daumet, *o. c.*, n° 925.

Beltramnin, évêque de Bologne, fut chargé de lever l'excommunication, de recevoir la ville de Romans et de la gouverner au nom de l'église romaine [1].

A Romans, comme à Vienne, après un court triomphe, le dauphin Humbert II éprouvait un échec complet.

Toutefois, l'affaire de Romans n'eut son épilogue que deux années plus tard. Benoît XII mourut le 25 avril 1342. Humbert II se plaignit des Romanais à son successeur Clément VI. Celui-ci chargea Bernard, cardinal prêtre du titre de Saint-Cyriaque aux Thermes [2], de faire une enquête (4 juillet 1342). Le cardinal, à la requête d'Étienne Pelat, procureur du dauphin, cita quelques habitants de Romans (7 septembre 1342) [3].

L'affaire fut réglée par un long traité, en date du 31 juillet 1344 [4]. La ville de Romans est déclarée propriété commune du pape et de l'archevêque de Vienne. Le pape cède en fief au dauphin la moitié qu'il en possède. L'archevêque de Vienne et le dauphin exercent en commun la juridiction, gardent en commun les clefs des portes, ont une prison commune, nomment les notaires de la cour commune. Une année, l'archevêque choisissait le juge, et le dauphin le courrier; l'année suivante, c'était le contraire.

Cependant, le dauphin Humbert II s'occupait de vendre son domaine au roi de France. Un traité fut conclu le 23 avril 1343. Ce fut à Vienne, au monastère de Saint-Pierre-hors-la-porte que, le 30 juillet, le dauphin jura de

[1] Bibl. Nat., lat. 10.953, p. 605-609 ; Daumet, *o. c.*, nos 926 à 929.

[2] Bernard d'Albi, évêque de Rodez, créé cardinal par Benoît XII, le 18 décembre 1338 (Eubel, *Hierarchia*, t. I, p. 17).

[3] Arch. de l'Isère, B. 3154; Bibl. Nat., lat. 10.953, p. 613-622.

[4] Arch. de l'Isère, B. 3154.

le respecter. Presque toute la noblesse du Dauphiné vint y prêter le même serment [1].

En 1345, Humbert II fut nommé par Clément VI chef de la croisade contre les Turcs. A la veille de quitter Marseille, il s'acquitta d'un devoir qui dut coûter cher à son orgueil : il fit hommage à l'archevêque Bertrand de La Chapelle pour le comté de Vienne [2]. C'était reconnaître l'échec de toutes ses tentatives sur cette ville.

Trois ans et demi plus tard, Bertrand de La Chapelle assista aux conférences qui furent tenues à Romans pour la cession définitive du Dauphiné à la France. Le 30 mars 1349, il fut nommé, avec d'autres commissaires, pour veiller au payement des dettes de Humbert II [3].

Le 16 juillet suivant, il n'assista pas à la remise solennelle du Dauphiné au petit-fils du roi de France. Mais, le 2 août, quand Charles, le nouveau dauphin de Viennois, passa à Vienne, il fit hommage à l'archevêque; il reconnut, de la même manière que le dauphin Jean en 1308, tenir de lui en fief tout le comté de Vienne; il s'engagea à donner un cierge de douze livres, chaque année, la veille de la fête de Saint-Maurice [4].

Ainsi, Bertrand de La Chapelle vit s'accomplir deux

[1] Guiffrey. *Histoire de la réunion du Dauphiné à la France*, p. 45.

[2] Arch. de l'Isère, B. 2614, fol. 170 v°-171. L'acte est daté du 1er septembre, *apud Massiliam, in plathea retro ecclesiam sancti Nicolay juxta portum*.

[3] Guiffrey, *o. c.*, p. 82 et 248. Il appelle l'archevêque de Vienne Bernard.

[4] Arch. de l'Isère, B. 2618, fol. 72-74. Parmi les chanoines présents à cet acte, il faut noter Hugues Remestang, doyen, qui ne figure pas dans la liste du *Gallia Christiana* (t. XVI, col. 142), et Siboud de Clermont, mistral.

événements très importants pour le sort de Vienne : l'annexion de Sainte-Colombe et l'acquisition du Dauphiné par le roi de France. Ni la ville, ni le comté de Vienne n'étaient compris dans cette acquisition. Mais le dauphin de France, en sa qualité de comte de Vienne, était associé au gouvernement de cette ville : l'archevêque a la première place ; lui, la seconde. Un siècle sera nécessaire pour renverser cet ordre de choses.

CHAPITRE II

De la mort de Bertrand de La Chapelle à l'élection d'Humbert de Montchal (1352 - 1377).

L'histoire de la ville de Vienne pendant le troisième quart du XIVe siècle présente beaucoup d'obscurités. Les anciens historiens de l'église de Vienne n'avaient même pas établi la succession des archevêques, et l'auteur du tome XVI du *Gallia Christiana* a pu ajouter un nom nouveau à leur liste.

Aucun titre historique ne fixe d'une façon certaine la date de la mort de Bertrand de La Chapelle. Le pape Clément VI s'était réservé le droit de choisir son successeur. Par une bulle donnée à Avignon, le 3 octobre 1352, il nomma au siège de Vienne Pierre, abbé du monastère bénédictin de Saint-Serge d'Angers [1].

Le nouvel archevêque était originaire du Vivarais [2], et neveu du cardinal Pierre Bertrand, évêque d'Ostie [3].

Il eut à lutter contre l'ambition du roi de France.

[1] Mermet, *Histoire de la Ville de Vienne*, t. III, p. 168 et 526. — *Gallia Christiana*, t. XVI, *Instrumenta*, col. 70-72. — U. Chevalier (*Notice chronologico-historique sur les archevêques de Vienne*) et J. Chevalier (*Essai historique sur l'église et la ville de Die*, t. II, p. 258) rapportent cette nomination à la date du 11 octobre. Le texte porte *V nonas octobris*.

[2] *Gallia Christiana*, t. XVI, col. 109 ; et t. XIV, col. 651.

[3] Cardinal le 27 février 1344. † 13 juillet 1361. Eubel, *Hierarchia catholica medii aevi*, t. I, p. 18.

Celui-ci était maître de Sainte-Colombe depuis une vingtaine d'années. Humbert II, en cédant le Dauphiné au fils aîné du roi de France, lui avait aussi transmis son titre de comte de Vienne et sa part de juridiction dans cette ville. Le traité, conclu le 5 janvier 1355 avec le comte de Savoie, mettait le dauphin en possession de plusieurs châtellenies voisines de Vienne : Septème, Saint-Georges-d'Espéranche, Saint-Symphorien-d'Ozon Le moment parut favorable pour enlever à l'archevêque de Vienne la suzeraineté qu'il exerçait sur cette ville. En deux mémoires, publiés par l'abbé Ulysse Chevalier[1], et datés approximativement par lui de 1350 et de 1355, les gens du dauphin demandèrent à l'empereur d'accorder à leur maître la juridiction haute et basse de Vienne, le château de Pipet et la maison des Canaux.

L'archevêque de Vienne para très habilement le coup qui le menaçait. Le 5 avril 1355, l'empereur Charles IV fut couronné à Rome, dans l'église Saint-Pierre, par le cardinal Pierre Bertrand, qui avait reçu pour cela pleins pouvoirs du pape. L'archevêque de Vienne chargea son oncle de demander à l'empereur la confirmation des privilèges de cette ville. Elle fut accordée par une bulle, datée de ce jour, 5 avril. L'empereur confirme les privilèges accordés par les empereurs à l'église de Vienne, en faveur de l'archevêque Pierre et de ses successeurs[2].

[1] *Choix de documents historiques inédits sur le Dauphiné*, p. 130 et 142.

[2] Arch. de l'Isère, B. 3015, fol. 289 v°-293 (vidimus par Louis Bonet, juge de la cour des comtes de Vienne, 25 février 1407). — Cf. Charvet, *Hist. de la Sainte Église de Vienne*, p. 479 ; Fournier, *Le Royaume d'Arles*, p. 470, note 2. — Cet acte n'est pas cité par A. Huber, auteur des Régestes de Charles IV, qui énumère 45 pièces sous la date du 5 avril 1355.

Le mois suivant, un autre acte vint encore maintenir les droits de l'église de Vienne. Jean le Bon renouvela avec l'empereur Charles IV le traité conclu au temps de sa minorité ; il déclara que Charles, son fils aîné, tiendrait le Dauphiné en fief de l'empereur et qu'il restituerait la ville de Vienne à l'empire, tout en réservant ses droits sur le comté de Vienne [1].

Le pouvoir de l'archevêque était donc, pour quelques années au moins, à l'abri des entreprises du dauphin.

Le diocèse de Vienne était alors fort troublé. Etienne, archevêque de Toulouse, camérier du pape, interdit, pour trois ans, tout acte d'administration à l'archevêque. Nous ignorons les causes de cette mesure. Elle fut notifiée par une lettre écrite d'Avignon, le 8 octobre 1356, à Barthélemy, abbé d'Ainay, à Jean de Besse, licencié en lois, official d'Avignon, à Guillaume Cadoret, licencié dans les deux droits, avoué à la cour de Rome. Les comptes de l'archevêché de Vienne devaient être présentés à la cour romaine [2].

En 1360, le pape Innocent VI ôta de nouveau à l'archevêque de Vienne l'administration de son diocèse. Elle fut confiée à François, cardinal-prêtre du titre de Saint-Marc. Celui-ci mourut au Pont de Sorgues le 25 août ou le 4 septembre 1361 [3]. Le soin d'administrer le diocèse

[1] A. Huber, *Die Regesten des Kaiserreichs unter Kaiser Karl IV*, p. 553. Cf. A. Leroux, *Recherches critiques sur les relations politiques de la France avec l'Allemagne de 1292 à 1378*, p. 255, — et P. Fournier, *Le Royaume d'Arles*, p. 458, note 1.

[2] Mermet, *Hist. de la Ville de Vienne*, t. III, p. 173 et 529. — Cette lettre est mentionnée dans un ancien inventaire des archives de la ville de Vienne (Bibl. de Grenoble, ms. 1719 (R. 4744), fol. 87 v°).

[3] Eubel, *Hierarchia catholica*... t. I, p. 19.

fut alors confié à Louis de Villars, évêque élu de Valence. Pierre Bertrand conserva le titre d'archevêque et toucha chaque année 600 livres sur les revenus de l'église de Vienne [1].

Il gardait aussi un certain pouvoir. Le 5 décembre 1361, dans la maison forte des Canaux, il confirma les libertés et privilèges des Viennois [2]. Il est vrai que, quatre jours plus tard, deux bourgeois de Vienne, François Vérier et Hugues Escoffier, se rendirent à Lyon, auprès de Barthélemy de Civins, abbé d'Ainay, vicaire général au spirituel et au temporel de l'archevêché de Vienne, et lui demandèrent de ratifier aussi leurs privilèges. Le lendemain 10 décembre, le chapitre de Vienne, représenté par Pierre de La Chapelle, chantre, André de L'Œuvre, chancelier, Aymon Lobet, Laurent Guillend et Hugues Coste, les confirma de nouveau [3].

Tous ces événements se passaient à une époque troublée. C'était le temps où les Grandes Compagnies saccageaient le royaume. Dans la nuit du 28 au 29 décembre 1360, des bandes nombreuses, commandées par Seguin de Badefol, s'emparèrent du Pont-Saint-Esprit, à quelques lieues d'Avignon. L'effroi fut grand à la cour pontificale. Innocent VI fit appel à l'empereur, au roi de France. Mais il ne négligea pas de demander secours à des gens moins puissants. Ainsi, le 17 janvier 1361, il écrit aux habitants de Vienne et leur demande leur aide pour briser « les cornes de l'orgueil des méchants [4] ». Le 1er

[1] *Gallia Christiana*, t. XVI, col. 109 ; Jules Chevalier, *Essai historique sur l'église et sur la ville de Die*, t. II, p. 258-259.

[2] Archives de Vienne, AA. 2, 1.

[3] *Ibid.*, AA. 2, 4.

[4] ... *ad confringenda cornua superbie malignantium*. Bibl.

février, il adresse un appel aux archevêques de Lyon et de Vienne, à l'évêque de Viviers [1].

On ne sait comment les Viennois répondirent à la demande du pape. On peut croire qu'ils s'inquiétaient trop de la sécurité de leur ville pour la dégarnir de troupes.

Au printemps de l'année 1362, les compagnies de Seguin de Badefol quittèrent le Languedoc et se dirigèrent vers le Lyonnais. Elles s'emparèrent du château de Brignais. Le gouverneur du Dauphiné, Raoul de Louppy, prit des mesures pour les empêcher de traverser le Rhône. Il ordonna de réunir des gens d'armes à Vienne, le 22 mars, et s'y rendit lui-même avec quarante chevaux [2]. Quelques jours après (6 avril), les routiers remportèrent, à Brignais, sur les troupes du roi, une victoire « laquelle fu moult doubtable et espouvantable au pais de Dalphiné et pour ce les gens d'icellui mis en grant effroy [3] ». Mais, grâce au zèle du gouverneur, qui fit visiter et garder tous les ports et passages du Rhône, ces craintes furent vaines : le Dauphiné n'eut pas à souffrir.

Pendant ces événements, l'église de Vienne avait changé de pasteur. Le 16 mars 1362, le pape Innocent VI avait ordonné aux abbés de Saint-Pierre et de Saint-André de faire comparaître, dans les douze jours,

de Grenoble, ms. 1421 (R. 80, t. III), fol. 54 v°. — Autres lettres aux habitants de Valence, Viviers et Lyon.

[1] Martène et Durand, *Thesaurus anecdotorum*, t. II, col. 874.

[2] U. Chevalier, *Compte de Raoul de Louppy*, p. 17. Cf. Maignien, *Raoul de Vienne, sire de Louppy, gouverneur du Dauphiné* (*Bulletin de l'Académie Delphinale*, 3e série, t. XVI, 1880).

[3] *Compte de Raoul de Louppy*, p. 18.

à la cour d'Avignon, l'archevêque Pierre. Celui-ci obéit, et résigna sa dignité entre les mains de Talleyrand, cardinal-évêque d'Albe.

Le 27 avril 1362, le pape lui donna pour successeur Pierre Ameil, abbé de Saint-Bénigne de Dijon [1].

Le nouvel archevêque ne fit que passer dans son diocèse. Le 6 juin, à Avignon, il établit comme ses vicaires généraux dans la ville, le diocèse et la province de Vienne, Pierre Ducroset, docteur en décrets, sacristain et official de Lyon, Pierre de Chaumont, prieur de *Lareyo*, André de L'Œuvre, licencié en lois, chanoine de Vienne, et Mathieu *de Nathodoro*, chanoine d'Astorga. Ceux-ci, en qualité de vicaires généraux au spirituel et au temporel de l'archevêque, comte de Vienne, absent (*in remotis agentis*), confirmèrent, le 12 juin, les privilèges et libertés des bourgeois de Vienne [2].

Pierre Ameil, nommé archevêque de Naples le 9 janvier 1363, passa au siège d'Embrun, le 5 septembre 1365, et fut créé cardinal par Clément VII le 16 décembre 1378. Quoique du titre de Saint-Marc, il est plus connu sous le nom de cardinal d'Embrun. Il mourut le 10 août 1389 [3].

L'administration du diocèse de Vienne fut confiée de nouveau à l'évêque de Valence et de Die, Louis de Villars. Il apparaît, dès le 15 février 1363, avec cette qualité, dans un acte de l'official de Vienne [4], puis, dans des bulles du pape Urbain V, en date du 1er et du 24 avril

[1] *Gallia Christiana*, t. XVI, col. 109-110.

[2] Arch. de Vienne, AA. 2, 6.

[3] Eubel, *Hierarchia catholica medii aevi*, t. I, *passim*.

[4] Arch. de Vienne, AA. 2, 5, «*sanctam sedem Viennensem vacantem regente, ut moris est ab antiquo.* »

1365 et du 3 septembre 1366[1]. Dans cette dernière, il est appelé administrateur et gouverneur de l'église de Vienne privée de pasteur.

Les quinze années de l'administration de Louis de Villars ont laissé peu de traces. Nous possédons seulement quelques actes isolés qui jettent une faible lumière sur l'histoire de la ville de Vienne pendant cette période.

Un des premiers soins des habitants de Vienne, à l'arrivée d'un nouvel archevêque, était de lui demander la confirmation de leurs privilèges. Louis de Villars l'accorda, le 29 décembre 1364, dans le château de La Bâtie sur Vienne. Quelques années plus tard, en juin 1368, le roi Charles V les confirma à son tour[2].

Le Viennois était toujours en proie à des troubles intérieurs et menacé par des périls extérieurs. Seguin de Badefol et ses bandes de Tard-Venus continuaient à terroriser le Lyonnais. Son voisinage effrayait aussi les Viennois. Le 9 mai 1365, Louis de Villars écrivit à l'empereur Charles IV pour implorer son secours. Il lui dépeint la situation de Vienne sur les confins de l'empire et du royaume de France, et la compare à la brebis errante exposée à la rapacité des loups et aux embûches des chasseurs[3].

[1] Prou, *Relations politiques du pape Urbain V avec les rois de France Jean II et Charles V*, p. 125 et 180. *Administrator et gubernator ecclesie Viennensis, pastore carentis.*

[2] Arch. Nat. JJ. 101, fol. 81-83. — *Ordonnances des rois de France*, t. VII, p. 424. C'est par erreur que M. Guiffrey a dit que cet acte était une confirmation des libertés accordées en décembre 1364 à la ville de Vienne par l'empereur Charles IV (*Histoire de la réunion du Dauphiné à la France*, p. 355).

[3] Georges Guigue, *Les Tard-Venus en Lyonnais, Forez et Beaujolais*, p. 111 et 331.

A ce moment, l'empereur Charles IV traversait la Savoie et le Dauphiné pour se rendre à Avignon, où il arriva le 23 mai. Les gens du dauphin profitèrent de son passage pour lui demander de nouveau la suzeraineté de la ville de Vienne, le château de Pipet et la maison des Canaux[1]. Cette fois encore, leur demande ne fut pas agréée[2].

Quant aux troubles qui agitaient le Viennois, nous en trouvons une trace dans le compte de Raoul de Louppy. Le gouverneur du Dauphiné fit un voyage à Avignon, du 28 octobre au 6 novembre 1365, pour parler avec le pape d'un procès pendant en cour de Rome « pour cause de la prise du chastel de Mantale (Mantaille) que messire Jaques de Roucillon, filz du seigneur de Toulnys (sans doute Jacques, fils d'Aynard de Roussillon et de Françoise de Tullins) avoit prins sur l'évesque de Valence, administreur de l'arcevesqué de Vienne[3] ». Je n'ai pas trouvé d'autres renseignements sur cette affaire.

Vers la même époque, l'église de Vienne n'était point tranquille. Vers 1372, des contestations s'élevèrent entre

[1] Chevalier, *Choix de documents historiques inédits*..., p. 161.

[2] Après Charvet (*Hist. de la Sainte Église de Vienne*, p. 480), Mermet (*Hist. de Vienne*, t. III, p. 176) a répété que Charles IV, passant à Vienne en 1368, avait renouvelé, à la prière de l'évêque de Valence, les droits et privilèges dont jouissait l'église de cette cité. Singulière erreur ! Il s'agit d'une confirmation par Charles IV d'un acte d'Henri VII, en faveur de l'église romaine ; elle est datée de Vienne *(Autriche)*, le 11 avril 1368. Cf. A. Huber, *Die Regesten des Kaiserreichs unter Kaiser Karl IV*, p. 379, n° 4647. Charvet a mentionné le fait (*Fastes de la ville de Vienne*, p. 111) sans dire que c'est à Vienne en Autriche qu'il s'est passé.

[3] *Compte de Raoul de Louppy*, p. 36.

Guillaume de Virieu, doyen, le chapitre et Anselme de Chanérieu, capiscol, au sujet des petits clercs. L'incident fut clos par une bulle de Grégoire XI, datée d'Avignon, le 11 juillet 1374 : tous les petits clercs nommés par le capiscol et rejetés par le chapitre devaient être rétablis[1].

Nous rencontrons aussi des exemples de ces conflits de juridiction entre l'archevêque et le dauphin, qui vont désormais remplir l'histoire de Vienne.

En avril 1372, une enquête est faite à la demande de Louis de Villars, au sujet des griefs qu'il prétendait avoir contre le dauphin[2].

Le 23 mars 1374, Jacques des Rognes, docteur en droit, conseiller delphinal, et Jaquemet Morel, notaire, délégués par le gouverneur du Dauphiné, Jean *de Inbrissiaco,* official de Die, et Raymond Olivier, notaire, commissaires délégués par l'administrateur du diocèse de Vienne, font une enquête au sujet de certains griefs réciproques que le dauphin et l'archevêque avaient formulés l'un contre l'autre[3].

Enfin, le 7 janvier 1376, le Conseil delphinal présente une protestation au gouverneur du Dauphiné, Charles de Bouville, et se plaint du juge de Vienne qui, en vertu d'un bref du pape, avait fait prisonnier Jean de Beaumont, maître des requêtes de l'hôtel du roi, accusé d'hérésie. Or, le pape n'avait aucun droit de juridiction en Dauphiné, et cet emprisonnement était un attentat à la juridiction du dauphin[4].

[1] Charvet, *Histoire de la Sainte Église de Vienne*, p. 481.
[2] Archives Nationales, K. 1157.
[3] Arch. de l'Isère, B. 3409. — Je date la pièce de 1374, conformément au style florentin du 25 mars, employé à Vienne.
[4] Arch. Nat., K. 1157.

Nous retrouverons, dans le cours de l'histoire de Vienne, bien d'autres querelles de même nature, sur lesquelles nous serons beaucoup mieux renseignés. Il suffit de noter celles-ci pour en conclure que les années d'administration de Louis de Villars ne furent pas une époque paisible pour la ville de Vienne.

CHAPITRE III

Le vicariat impérial à Vienne.

Louis de Villars mourut le 2[1] ou le 3[2] septembre 1377. Après une vacance de près de quinze ans, l'église de Vienne fut enfin pourvue d'un archevêque.

Jean, duc de Berry, demanda au pape Grégoire XI de confier ce siège à Pierre de Thury, custode de l'église de Lyon. Mais son chambellan, Auffour de Saintan, arriva trop tard. Le vœu unanime des clercs et des laïques avait mis en avant le nom de l'official du Puy, Humbert de Montchal. Le pape écrivit au duc de Berry, le 30 décembre 1377, qu'il ne pouvait accueillir son candidat. « Considéré que ledit official qui est souffisante et literée personne, et autrement de moult bonne et honeste fame, avoit esté ainsi postulé et nommé non tant seulement du chapitre de ladite église de Vienne, mais de tout le clergié d'icelle cité et du diocèse, et aussi que tous les nobles et communautés d'icel païs le requeroient instamment et escripvoient pour luy, pourquoy sembloit estre euvre de Dieu, nous n'y avons osé contredire ne repeller tele personne et ainsi agréable à tous indifferemment [3]. »

[1] Jules Chevalier, *Essai historique sur l'église et la ville de Die*, t. II, p. 274.

[2] Eubel, *Hierarchia catholica medii aevi*, t. I, p. 559.

[3] Bibl. Nat., ms. lat. 17000, fol. 240. — Cf. Baluze, *Vitae papa-*

Le nouvel archevêque de Vienne, Humbert de Montchal[1], fut bientôt aux prises avec de graves difficultés.

L'empereur Charles IV vint en France à la fin du mois de décembre 1377. Il fit son entrée à Paris le 4 janvier 1378. Charles V profita du séjour de son oncle pour obtenir de lui quelques avantages.

L'empereur nomma le dauphin son lieutenant et vicaire général en Dauphiné et dans tout le royaume d'Arles (7 janvier)[2]. Il révoqua la garde du château de Pipet et de la maison forte des Canaux, confiée au doyen et au chapitre de Vienne, et la donna au dauphin (6 janvier)[3]. Celui-ci étant un enfant de dix ans, il eut soin de lui conférer, par un acte spécial, le droit d'exercer la plénitude de la puissance impériale (5 janvier)[4].

rum Avenionensium, t. I, col. 1349, et P. Viollet, *Histoire des institutions politiques et administratives de la France*, t. II, p. 323, note 1.

[1] Cet archevêque est appelé Humbert *de Montchenu* par la plupart des historiens de Vienne. Hauréau (*Gall. Christ.*, t. XVI, col. 110) a adopté l'opinion de Guy Allard, reproduite par Mermet (*Hist. de Vienne*, t. III, p. 176), qui fait de lui un fils de Falques III, seigneur de Montchenu, et d'Alix Alleman. Mais les textes latins l'appellent toujours *Humbertus de Montecalvo*, et non *de Montecanuto*. A. Rochas ne mentionne pas l'archevêque de Vienne au nombre des membres de la famille de Montchenu (*Biographie du Dauphiné*, t. II, p. 156-157). — Le *Dictionnaire des Postes* cite quatre localités du nom de Montchal, une dans le département de l'Ardèche, trois dans celui de la Loire. C'est de l'une ou de l'autre que l'archevêque devait prendre son nom.

[2] Arch. de l'Isère, B. 3015, fol. 3-11.

[3] Arch. de l'Isère, B. 3150 (original parchemin; lacs de soie jaune et noire; le sceau manque); B. 3015, fol. 11-13 r°; Arch. Nat., J. 842, n° 1 (copie du 1er mars 1398); Bibl. Nat., lat. 10953, p. 939-941.

[4] Arch. de l'Isère, B. 3015, fol. 15. — Cf. Huber, *Die Regesten*

Le 23 janvier, le dauphin adressa des lettres patentes à Charles de Bouville, gouverneur du Dauphiné, et lui ordonna de prendre possession du château de Pipet et de la maison des Canaux [1].

Bouville vint à Vienne le 14 février. Dans la grande salle du monastère de Saint-Pierre-hors-la-porte, en présence des abbés de Saint-Pierre et de Saint-André, de Guillaume de Virieu, doyen, et de plusieurs chanoines, des seigneurs de Clermont, de Vinay, de Montchenu, de Bressieux, de Chandieu, de fonctionnaires delphinaux et de bourgeois de Vienne, il fit lire les lettres de l'empereur et du dauphin [2]. Le même jour, ces lettres furent proclamées en divers endroits de la ville : on fit savoir à tous que l'empereur avait créé le dauphin son vicaire général, et que Bouville était lieutenant de ce vicaire [3].

Le lendemain 15 février, Bouville, devant une nombreuse assemblée, réclama la remise du château de Pipet et de la maison des Canaux au doyen et au chapitre. Ils refusèrent. Le gouverneur les menaça des peines contenues dans les lettres impériales et delphinales ; puis il offrit d'écouter leurs raisons [4].

Toutefois, il jugea bon d'agir et de mettre le chapitre en face d'un fait accompli. Il envoya des commissaires

des Kaiserreichs unter Kaiser Karl IV, nos 5858-5860, et A. Leroux, *Recherches critiques sur les relations politiques de la France avec l'Allemagne de 1292 à 1378*, p. 283.

[1] Arch. de l'Isère, B. 3015, fol. 13 v°-14 r°. — Cf. U. Chevalier, *Ordonnances des rois de France relatives au Dauphiné*, p. 23, n° 192.

[2] B. 3015, fol. 1-2.

[3] B. 3271, fol. 68.

[4] B. 3015, fol. 315-318.

vers le château et la maison forte. Ceux-ci en trouvèrent les portes ouvertes. Ils y pénétrèrent, et en prirent possession au nom de l'empereur [1]. Cela fait, le gouverneur pouvait ne pas tenir compte des protestations du chapitre.

Le 18 février, Guillaume du Lac, prévôt de Genève, collecteur des droits de la chambre apostolique dans les provinces de Lyon, de Vienne, de Besançon et de Tarentaise, se joignit au doyen et au chapitre, pour entendre la réponse de Bouville à la requête qu'on lui avait adressée, de ne rien entreprendre contre les droits de l'église. Le gouverneur affirma que la cité de Vienne, Pipet et les Canaux étaient des propriétés particulières de l'empire et de l'empereur. Charles IV était donc libre de révoquer la garde confiée au doyen et au chapitre, pour en gratifier le dauphin. D'ailleurs, si le chapitre avait des lettres impériales contraires à celles qu'il lui présentait, Bouville se déclarait prêt à les examiner. Le chapitre refusa de fournir aucune information avant d'avoir été remis en possession de ce qu'on lui avait pris [2].

« En cette affaire, a très bien dit M. Paul Fournier, le droit théorique était peut-être du côté des représentants de l'empire; en tous cas, l'église pouvait invoquer une possession que près de quatre siècles avaient consacrée [3]. »

Lors de ces incidents, le nouvel archevêque n'était pas encore entré à Vienne. Le 26 février, d'Annonay, il lança

[1] Arch. de l'Isère, B. 3015, fol. 321 v°.
[2] *Ibid.*, fol. 319-323.
[3] *Le royaume d'Arles et de Vienne*, p. 508.

l'excommunication contre Charles de Bouville, Henri de Vallin, courrier et gouverneur du château de Pipet, Étienne de Champdivers, juge temporel, Drevet Maréchal, Antoine Humbert, Pierre d'Artas, sergents de la cour temporelle, Raymond Lepeintre et le nommé Bacon, crieurs publics. Il protestait contre l'occupation du château de Pipet et de la maison des Canaux, la nomination de nouveaux juges, l'emploi obligatoire de nouvelles mesures à la marque de l'empire. Il se plaignait de ce qu'on eût effacé sur les portes les armes de feu Louis de Villars, pour y peindre celles de l'empire contenant celles du dauphin [1].

L'archevêque de Vienne attendit plus de cinq ans pour mettre cette sentence à exécution. C'est seulement le 13 mai 1383 qu'il mande à l'official de Grenoble, au curé de La Côte-Saint-André, à tous les curés de la ville et du diocèse de Vienne, que Charles de Bouville a profité de la vacance du siège archiépiscopal pour confisquer la juridiction de Vienne, le château de Pipet et la maison forte des Canaux, encourant ainsi une sentence d'excommunication. Il faut le citer à comparaître devant la cour de l'archevêque [2].

Le 18 mai, Bergadan de Muricles, de Pavie, jurisconsulte, procureur de Charles de Bouville, gouverneur du Dauphiné, vint à Vienne, et, dans l'église Notre-Dame d'Outre-Gère, il remit à l'archevêque l'appel adressé au pape par le gouverneur [3].

Cette affaire ne paraît pas avoir eu de suites.

[1] Arch. de l'Isère, B. 3150.
[2] B. 3253, fol. 190.
[3] B. 3250, fol. 382-383.

Cependant, les consuls de Vienne prirent le parti de l'archevêque. Ils refusèrent de reconnaître le vicariat. Jocerand Laurent porta des plaintes au roi contre Bouville. Jusqu'en février 1382, la ville resta sans consuls. Mais, après une ambassade de Jocerand Laurent, le pape Clément VII déchargea Vienne de toute obligation envers l'empereur et l'archevêque. Jocerand Laurent et Guillaume de L'Œuvre allèrent à Grenoble et prêtèrent serment de fidélité au roi-dauphin entre les mains de Charles de Bouville [1].

Un accord intervint aussi entre le dauphin et l'archevêque de Vienne [2]. La juridiction temporelle de la cité de Vienne et de son territoire est déclarée commune entre eux (art. 1er). Ni l'un ni l'autre ne pourra faire exercer cette juridiction par ses propres officiers (art. 4). Il y aura dans la ville une maison commune, où se tiendra la cour commune temporelle et où l'on enfermera les prisonniers (art. 5). La justice sera rendue par des officiers communs. Ils seront nommés comme à Romans : une année, un des coseigneurs nommera le juge, l'autre, le courrier; l'année suivante, le premier nommera le courrier, l'autre, le juge ; et ainsi de suite (art. 6). Le juge et le courrier, avant d'entrer en charge, jureront, entre les mains des seigneurs ou de leurs vicaires, d'exercer fidèlement leur office (art. 7). L'archevêque et le dauphin pourront instituer des notaires, des sergents et les autres officiers nécessaires à l'exercice de la juridiction commune (art. 8). Ils nommeront un garde du

[1] Chorier, *Histoire de Dauphiné*, t. II, p. 369-370 ; 375-376.

[2] Arch. Nat., J. 286, n° 11 ; Arch. de l'Isère, B. 3250, fol. 347-348. Pièces justificatives, n° IV.

sceau de la cour commune et un receveur des émoluments de cette cour (art. 9). Les premiers appels seront portés devant un juge, institué spécialement pour cet office. Si l'on fait appel de sa sentence, les seigneurs nommeront un ou deux commissaires pour juger l'affaire en dernier ressort (art. 10). Enfin, ils s'engagent à conserver les libertés et les privilèges des habitants de Vienne (art. 11) et à demander au pape de confirmer leur accord (art. 12).

L'un des deux textes qui nous ont conservé cette importante transaction, est suivi d'un exposé des motifs qui engagèrent l'archevêque à la conclure. C'est d'abord que l'église n'avait qu'un titre fragile et douteux à la possession de Vienne : elle n'avait que la garde de cette ville, et une garde, même perpétuelle, est toujours révocable. Puis le roi est un adversaire puissant, un de ces princes qui sont portés non seulement à retenir, mais encore à prendre. D'ailleurs, le dauphin avait, depuis longtemps, une certaine juridiction dans Vienne, en raison de son titre de comte. Les conflits résultant de ce fait vont être apaisés. Affirmation inexacte : la cour commune des comtes subsistait à côté de la cour commune temporelle. Il y eut des conflits entre ces deux cours. Enfin, le pouvoir de l'archevêque était plus apparent que réel : il avait beaucoup d'ennemis, le dauphin, les nobles du voisinage, les bourgeois, le chapitre. Il était toujours en guerre ou en procès. Aussi sa juridiction n'avait-elle que de médiocres revenus : la partie qu'il en conserve vaut plus que le tout qu'il avait auparavant. Au reste, Vienne était exposée à subir le même sort que Sainte-Colombe. L'archevêque Bertrand avait partagé cette ville avec le roi Philippe. Le chapitre s'opposa à la confirmation de l'acte de pariage, et le faubourg de Vienne resta aux mains du roi. Pour toutes ces raisons, il était donc avantageux pour l'archevêque de traiter avec le roi.

C'est probablement au cours des négociations engagées en vue de ce traité que l'archevêque Humbert remit en question une ancienne affaire : il réclama au roi Charles VI les compensations qu'avait promises Philippe VI lors du traité de pariage de Sainte-Colombe. Le 6 avril 1385, le roi manda au bailli de Mâcon de faire une enquête à ce sujet. Girard de Thury, bailli de Mâcon et sénéchal de Lyon, envoya son lieutenant à Sainte-Colombe, le 22 février 1386. Vingt-neuf vieillards, de Vienne, de Sainte-Colombe et des environs, âgés pour la plupart de soixante-dix et quatre-vingts ans, et parmi lesquels on voit deux centenaires, furent cités à comparaître. Rappelant les lointains souvenirs de leur jeunesse, ils furent unanimes à dire qu'autrefois l'archevêque de Vienne exerçait seul la juridiction à Sainte-Colombe. Quand il faisait la guerre, les habitants de cette localité marchaient avec les Viennois sous le pennon de l'Orme. Deux des témoins déclarèrent qu'ils avaient participé à des expéditions contre les habitants de Condrieu et le château de Serpaize. Puis, des gens du roi étaient venus. Ils avaient renversé les portes de la ville, en disant qu'ils en prenaient possession au nom du roi de France. Ils avaient fait élever une grosse tour carrée à l'entrée du pont. Depuis lors, ils y avaient seuls exercé la juridiction. Les témoins déclarèrent tous ne pas savoir si l'on avait payé à l'archevêque la compensation qu'on lui avait promise[1]. Faute de tout autre

[1] Arch. de l'Isère, G. 10 (cahier de papier de 18 feuillets).

document sur cet incident, il reste douteux que cette compensation ait alors été payée, après cinquante années écoulées.

Vers le même temps, une réforme importante fut accomplie dans l'église cathédrale de Vienne.

Les dissensions entre le doyen, Guillaume de Virieu, et le chapitre, d'une part, les chapelains et bénéficiers perpétuels, appelés incorporés, et les clercs de Saint-Maurice, d'autre part, en furent l'occasion. Le pape Clément VII ordonna, le 15 mai 1385, au doyen de Lyon et à Guillaume du Lac, prévôt de Genève, d'aller à Vienne, d'y faire une enquête et de rétablir la paix. Le doyen de Lyon n'accepta pas cette mission. Guillaume du Lac vint seul à Vienne, le 14 juillet. Il convoqua le chapitre pour le lendemain samedi, à l'heure de prime. Pour éviter des discussions confuses, il ordonna aux deux partis rivaux de choisir des délégués. Le chapitre envoya son doyen, Guillaume de Virieu, Guillaume Chamberot, préchantre, Pierre Chatard, archidiacre, Hugues Coste, chantre. Les clercs incorporés choisirent comme députés Renaud Prévôt, Barthélemy du Breuil, Pierre et Jean Berger, Jean Delacour, prêtre, Jean Constant, chevalier, Jacques Chenu, maître de chœur et curé, Hugues Mossat, clerc de l'église de Vienne. Cette commission rédigea un long règlement en cinquante-neuf articles, qui fut promulgué le 6 septembre[1].

[1] Bibl. de Grenoble, ms. 1432 (R. 80, t. XIV) fol. 130-165. — Copie du XVIIe siècle. « Collationné à l'original par Jean d'Estampes de Vallançay, chevalier, conseiller du roi en ses conseils, à la requête des prévôt, prêtres, collégiés, chapelains de l'église Saint-Maurice de Vienne. — Paris, 15 février 1636. »

Ces statuts ont été imprimés : *Statuta ecclesiae metropolitae*

Le premier article réduit considérablement le chapitre : vingt chanoines, quarante chapelains, dont dix sont pour le service du grand autel, y compris quatre grands chapelains, appelés quaterniers, quatre diacres, quatre sous-diacres, dix-huit clercs, douze petits clercs (*clericuli*). Le nombre des incorporés est fixé à soixante-huit : leurs noms doivent être affichés, pendant huit jours avant la vigile de la Saint-Maurice, à la porte du vestiaire de l'église (art. 4). Chaque chanoine doit choisir trois de ces incorporés qui deviennent ses commensaux (art. 5). Des huit incorporés qui restent, la maison d'Uzès, administrée par le doyen, en nourrira trois, en payant à chacun d'eux huit florins d'or (art. 18) ; deux autres seront entretenus par la maison et les cens légués par Guillaume Coindos (art. 19) ; les trois derniers percevront trois demi-livres [1], à matines, à la grand'messe et à vêpres (art. 20).

Un certain nombre d'articles sont relatifs aux droits des chanoines dans les distributions. D'autres concernent la discipline.

Les chapelains, diacres, sous-diacres, clercs et petits clercs doivent le respect au doyen et aux chanoines dans le chœur, dans l'église et dans la ville de Vienne (art. 2). Les chapelains, âgés d'au moins vingt ans et sous-diacres, sont tenus de se faire ordonner prêtres à vingt-cinq ans (art. 23).

Sancti Mauritii Viennensis, jussu Clementis PP sexti (sic) ***condita anno salutis 1385.*** — Parisiis, ex typographia Matthei Colombei, via S. Annae, ad Palatium, sub signo Columbae. Petit in-4°, 26 pages (Arch. de l'Isère, G. 48, Chapitre de Saint-Maurice).

[1] Il s'agit des méreaux de Saint-Maurice. Cf. J. Roman, ***Méreaux et jetons ecclésiastiques du Dauphiné*** (***Bulletin de l'Académie Delphinale,*** 3e série, t. XVI, 1880).

Le capiscol a le droit de nommer les petits clercs; ils doivent être de naissance légitime, savoir lire, chanter et connaître par cœur (*corde tenus*) le commun des fêtes et des saints (art. 25). Le capiscol règle les offices et le chant : il exerce les clercs tous les samedis et aux vigiles des fêtes. Si un clerc est négligent et chante mal, le capiscol, suivant l'ancienne coutume de l'église, lui donne publiquement la discipline (*per dictum capiscolum palam disciplinetur*) (art. 34).

Les prêtres et les clercs, à leur réception dans l'église de Vienne, doivent jurer fidélité et obéissance au doyen et au chapitre (art. 27).

Les chanoines sont obligés de résider à Vienne, soit dans le cloître, soit en dehors, chaque année, pendant quatre mois, consécutifs ou non. L'absence injustifiée entraîne des amendes proportionnelles aux revenus du chanoine (art. 50).

L'assistance aux offices est obligatoire ; l'absence est punie d'amendes variables : un chanoine paye deux sous ; un prêtre, dix-huit deniers; un clerc, douze deniers (art. 30, 31, 32).

On tiendra deux chapitres généraux par an : l'un le lendemain de la fête de saint Maurice, l'autre le mardi après le premier dimanche de Carême (art. 53).

D'autres articles concernent les mœurs ou certaines coutumes qui entraînaient des abus.

Il est défendu aux chanoines, aux prêtres, aux clercs d'avoir une concubine. Celui qui en a une est excommunié *ipso facto*. S'il persévère dans son concubinage pendant un mois, l'excommunication est annoncée publiquement, et le coupable puni au gré du juge, du doyen et du chapitre, sans appel. Défense est faite aux ecclésiastiques de se montrer en vêtements courts et sans être soigneusement rasés, sous peine d'être exclus du chœur et des distributions (art. 38).

On mettra fin aux abus causés par l'élection d'un abbé des fous, auquel les prêtres et les clercs confient une juridiction (art. 39)[1].

Aux fêtes de saint Étienne, de saint Jean l'Évangéliste, des Saints-Innocents, de l'Épiphanie, il est défendu de faire de mauvaises plaisanteries (*ludibria*). Il est interdit, sous peine d'excommunication, de réciter des vers diffamatoires sur aucune personne ecclésiastique. Il est cependant permis aux diacres du bas-chœur à la fête de saint Étienne, aux petits clercs aux Saints-Innocents, aux prêtres à la saint Jean, d'officier dans le haut-chœur avec des aumusses, mais d'une façon convenable (*dummodo aliter honeste*). Pour que nul ne l'ignore, ce statut sera lu publiquement chaque année, la veille de Noël (art. 40)[2].

A la Circoncision, il faut officier honnêtement, sans injurier personne. Ce jour-là, tous les gens de l'église, même les officiers laïques, sont tenus de venir aux premières vêpres, à matines, à la grand'messe et aux secondes vêpres, sous peine d'une amende de deux sous pour chacune des heures à laquelle ils manqueraient (art. 41).

[1] Le pape Clément VI avait déjà chargé l'archevêque de Lyon de faire une enquête sur les scandales provoqués par cette élection. Bulle du 26 octobre 1344, publiée par F. Vernet, dans le *Bulletin d'histoire ecclésiastique et d'archéologie religieuse des diocèses de Valence, Gap, Grenoble, Viviers*, t. XXI, 1901-1903, p. 5-6.

[2] Cf. Charvet, *Histoire de la Sainte Église de Vienne*, p. 596-597 ; Mermel, *Ancienne Chronique de Vienne*, p. 28-30.

Ainsi, presque à la même époque, deux tentatives sont faites pour établir l'ordre et la paix, dans le domaine civil et dans le domaine ecclésiastique.

Dans les années qui suivirent, on entreprit à Vienne un grand travail d'utilité publique : la reconstruction des murailles de la ville. Le clergé contribua aux dépenses. Le 15 octobre 1379, Urbain VI avait chargé l'abbé de Saint-André-de-Vienne, le prévôt d'Oulx et Aymar d'Arces, chanoine de Grenoble, d'examiner s'il ne conviendrait pas, attendu les nécessités du temps, de faire contribuer les ecclésiastiques aux frais de fortification des villes du Dauphiné[1]. Le clergé de Vienne prit sa part d'une taille de 1.500 francs d'or, décidée le jeudi 6 février 1388, avec l'autorisation d'Enguerran d'Eudin, gouverneur du Dauphiné[2]. Des commissaires furent nommés pour surveiller les travaux et payer les dépenses : ce furent Henri Arthenod, Barthélemy du Breuil, prêtre, Guillaume de L'Œuvre, Jocerand Laurent, Henri Ysambard et Jean de La Saulaie[3]. Les comptes consulaires de 1388 et de 1389 contiennent la mention de nombreuses sommes payées pour des fournitures de chaux, de tuiles, de pieux, de pierres. Malgré toutes ces dépenses, les Viennois offraient trois cents francs d'or au gouverneur, qui leur avait permis de doubler le commun du vin, pendant dix ans, pour réparer les murailles[4] (11 février 1388).

Vers le milieu de l'année 1389, l'enceinte neuve devait

[1] Arch. de l'Isère, B. 3272.
[2] Arch. de Vienne, BB. 1, fol. 6 r°.
[3] *Ibid.*, fol. 9 r°.
[4] *Ibid.*, fol. 8 r°.

s'achever autour de Vienne. On apprit alors que le roi Charles VI, se rendant à Avignon et en Languedoc, passerait dans la ville. Aussitôt, les consuls se préoccupent de sa réception. Dès le 24 juin, on parle d'envoyer Armand Feuchier, l'un des consuls, à Avignon, pour chercher un joyau à offrir au roi[1]. Le 3 juillet, on décide la levée d'une taille pour recevoir le roi-dauphin, vicaire impérial[2]. Le même jour, on paye quatre-vingts écus d'or à Armand Feuchier pour cent sommées d'avoine achetées pour le service du roi[3]. Le 7, les consuls mandent au trésorier de la ville de payer 450 florins d'or à Armand Feuchier, pour aller chercher le joyau d'argent destiné au roi. Il recevra un écu par jour. Ses instructions sont précises : avant d'acheter l'objet il prendra conseil du cardinal d'Amiens[4]; il y fera placer les armes de l'empereur, et, au milieu de l'aigle, l'écu du roi-dauphin, son vicaire. Ce sont les mêmes armes que ses gens ont fait mettre sur les portes de Vienne[5]. Voyage et présent coûtent cher : quand on vérifiera le compte d'Armand Feuchier, le 3 octobre, on trouvera que la ville lui redoit quarante-sept francs d'or et six gros d'argent[6]. Et il faut

[1] Arch. de Vienne, BB. 1, fol. 19 r°.

[2] *Ibid.*, fol. 19 v°.

[3] *Ibid.*, fol. 20 r°.

[4] Jean de la Grange, évêque d'Amiens, cardinal du titre de Saint-Marcel. Mort en 1402. Eubel, *Hierarchia catholica*, t. 1, p. 21.

[5] ... *Et in eo poni faciat arma domini imperatoris, et infra, in medio aquille, scutum dicti domini regis dalphini Viennensis, eius vicarii, prout gentes ipsius poni fecerunt in januis seu portis civitatis Vienne.* BB. 1, fol. 20 v°.

[6] BB. 1, fol. 22 v°. Le compte, en langue vulgaire, a été publié par l'abbé Devaux; *Essai sur la langue vulgaire du Dauphiné septentrional au Moyen Age*, p. 95 et suiv.

encore acheter des bœufs, une fois pour vingt-cinq francs, une autre fois pour vingt francs ; du vin, pour trente francs et demi[1].

Le jeudi 21 octobre, Charles VI passe à Vienne[2]. Pas un mot, dans les registres consulaires, sur son entrée.

Mais, le lendemain 22, c'est une autre note à payer : un présent au frère du roi, Louis, duc de Touraine. Les bourgeois de Lyon lui avaient offert trois douzaines de tasses d'argent doré[3] ; ceux de Vienne lui donnent une coupe et une aiguière, ornées de perles et de pierres précieuses. Elles coûtent cent cinquante francs d'or, qu'on paye à Jean du Vivier, orfèvre de Châlon[4].

Du moins, que tout cet argent ne soit pas dépensé sans profit pour la ville. Le roi a passé si vite qu'on n'a pas eu le temps de lui parler d'affaires. Le 28 octobre, on envoie vers lui, à Avignon, Guillaume de L'Œuvre, Jocerand Laurent, Jean Rosset, Armand Feuchier, pour obtenir la confirmation des privilèges de la ville. Mission coûteuse : aux deux premiers on fixe des gages de vingt gros par jour; aux deux autres on donne dix-huit gros[5]. Le trésorier verse immédiatement soixante francs d'or. Le reste des dépenses est remboursé lentement : deux ans et demi plus tard, nous voyons Guillaume de L'Œuvre recevoir une somme de vingt-deux francs d'or et demi,

[1] BB. 1, fol. 22 r° et 25 r°.

[2] E. Petit, *Séjours de Charles VI (1380-1400). Bulletin du Comité. Histoire et Philologie*, 1893, p. 445.

[3] E. Jarry, *La Vie politique de Louis de France, duc d'Orléans*, p. 52.

[4] ... *pro cipho et esgueria perlorum, argenti et auri et lapidum preciosorum*... BB. 1, fol. 24 v°.

[5] BB. 1, fol. 25 r°.

qui lui était due en raison de ce voyage à Avignon[1].

C'est pendant son séjour à Avignon que Charles VI obtint de Clément VII la confirmation de la bulle d'or, par laquelle, en 1378, l'empereur Charles IV l'avait nommé vicaire de l'empire dans le royaume d'Arles[2]. C'était aussi la confirmation de ses droits sur Vienne.

Charles VI revint du Languedoc par la vallée du Rhône. Le 1er février 1390, les consuls envoient Jean Escarlat, dit Cambrisat, pour savoir où il se trouve et quand il passera à Vienne [3]. Il y arrive le 4 février : on lui offre deux tonneaux de vin, on en donne un au gouverneur, et les trois coûtent à la ville vingt-neuf francs d'or. On fait acheter à Lyon des poissons qui coûtent vingt et un francs d'or [4].

Toutes ces dépenses grèvent lourdement le budget municipal. Le 15 avril 1390, Enguerran d'Eudin, gouverneur du Dauphiné, mande à André de Montfleury, docteur en décrets, conseiller delphinal, à Jean de Feucheran, courrier de Vienne, à Antoine Tholosan, juge et procureur du Viennois et Terre-de-la-Tour, à François Alleman, procureur, d'examiner les comptes de la ville de Vienne, depuis 1378, époque à laquelle le dauphin, vicaire impérial, a pris possession de la temporalité [5]. Il se trouve que la ville est encore débitrice de 300 francs d'or [6].

[1] BB. 1, fol. 49 r° (23 mars 1391).
[2] Bulle du 6 novembre 1389. Arch. Nat., J. 285, n° 17. Cf. N. Valois, *La France et le Grand Schisme*, t. II, p. 154.
[3] BB. 1, fol. 25 v°.
[4] *Ibid.*, fol. 26 r°.
[5] *Ibid.*, fol. 29 r°.
[6] *Ibid.*, fol. 31 v°.

Cela n'empêche pas de continuer les travaux de fortification. Le 17 avril, on établit une taxe de 1.200 francs d'or, 960 payables par la ville, 240 par le clergé [1].

Le 7 août, on met en adjudication la construction d'une tour carrée, à la porte de Saint-Gervais, large de trois toises et haute de huit; les murs auront quatre pieds d'épaisseur à la base, trois au milieu, deux et demi au sommet [2].

Le 29 novembre 1390, un autre grand personnage passe à Vienne : c'est le duc de Bourbon, oncle du roi, qui revient de sa malheureuse expédition de Barbarie. Les consuls lui offrent deux douzaines de torches de cire, pesant quatre-vingt-dix-huit livres, et cinq sommées de vin [3].

D'autres dépenses sont faites pour protéger la ville contre les ennemis qui menacent les frontières du Dauphiné. Guillaume de L'OEuvre, Jocerand Laurent et Jean Rosset vont à Romans, le 8 janvier 1391, auprès du gouverneur Enguerran d'Eudin, pour recevoir ses instructions au sujet de certains rassemblements d'hommes d'armes, anglais et autres, qui sont sur les bords du

[1] BB. 1, fol. 28 v°.

[2] *Ibid.*, fol. 30 v°. — Cf. Chorier, *Recherches sur les antiquités de Vienne*, édit. 1828, p. 336 et 354.

[3] ... *de quibus fuit servitum domino duci Borbonensi die XXIX mensis novembris, qua fuit Vienne in eius jocundo aventu ultra marino* (BB. 1, fol. 34 r°). — La date du passage du duc de Bourbon à Vienne confirme l'itinéraire indiqué par E. Jarry, *Le retour de la Croisade de Barbarie (1390)* — (*Bibl. de l'École des Chartes*, t. LIV, p. 593-595), et prouve que le duc n'arriva pas à Paris au commencement de novembre, comme l'a dit, d'après Froissart, J. Delaville le Roulx, *La France en Orient au XIVe siècle*, t. I, p. 198.

Rhône [1]. Le 22 janvier, les consuls font réparer douze arbalètes [2] : le 18 mars, ils en achètent cinq à Anne de Septème [3] ; le 25 avril, ils en font encore réparer dix-huit autres, ce qui leur coûte trente florins [4]. Le 26 janvier, ils payent soixante-dix florins au courrier pour la soldė des gens d'armes, chargés de garder la ville [5]. Le 15 juillet 1391, le nouveau gouverneur du Dauphiné, Jacques de Montmaur, réunit les États à Grenoble « pour adviser, traicter et accorder sur la provision, thuission et deffence dudit païs [6] ». Une commission fut nommée pour étudier la question. L'archevêque de Vienne et Jocerand Laurent en firent partie. On décida que tous, sans exception, gens d'église, nobles et manants, contribueraient aux frais de la guerre et à l'entretien des gens d'armes. La ville de Vienne fut taxée à 300 francs, à raison d'un demi-franc par feu. Sur cette somme, 255 francs furent payės le 7 décembre 1393 [7].

Aux dépenses d'intérêt général s'ajoutaient celles pour les fortifications de la ville. Le 31 janvier 1391, on lève une taille de plus de 1.350 florins [8]. On continue les travaux de la porte Saint-Gervais [9] (4 mai 1391). Quatre ans plus tard, on s'occupe de rebâtir en pierre le

[1] Arch. de Vienne, BB. 1, fol. 34 v°.
[2] *Ibid.*, fol. 36 r°.
[3] *Ibid.*, fol. 48 v°.
[4] *Ibid.*, fol. 49 v°.
[5] *Ibid.*, fol. 36 r°.
[6] Arch. de l'Isère, B. 3256.
[7] Arch. de Vienne, BB. 1, fol. 64 r°.
[8] *Ibid.*, fol. 38 v°-46 r°. Rôle détaillé de la taille par paroisses et pennons. 959 cotes variant de 1 gros à 96 florins.
[9] *Ibid.*, fol. 51 r°.

pont Saint-Martin. Une taille de 1.361 florins est établie pour cela [1].

Au milieu de toutes ces affaires, les consuls de Vienne ne perdaient pas de vue la confirmation de leurs privilèges par le roi. Pour l'obtenir, ils se firent autoriser, le 20 janvier 1391, par le courrier Jean de Feucheran, à lever un impôt de 210 francs d'or[2]. Guillaume de L'Œuvre et Jean Rosset partirent pour Paris. Leur voyage dura du 28 mars au 3 juin et coûta soixante-quinze francs d'or[3]. Ils réussirent dans leur mission. Charles VI confirma les libertés et privilèges de la ville de Vienne en mai 1391 [4].

En somme, les dix-sept années de l'épiscopat d'Humbert de Montchal furent assez heureuses pour la ville de Vienne. Autant qu'on en peut juger par les documents conservés aux Archives de l'Isère et par les comptes consulaires, la prise de possession de la temporalité de Vienne et le traité de pariage entre le dauphin et l'archevêque eurent des effets salutaires. L'ordre intérieur fut à peu près assuré dans la ville. On voit cependant l'archevêque se plaindre des officiers delphinaux, Antoine Tholosan, juge, Jean de Feucheran, courrier, François Alleman, procureur, qui le privent de ses droits de leyde et de son banvin[5]. En 1389, un conflit éclata entre la cour commune des comtes et la cour temporelle, alors appelée cour impériale. Antoine Tholosan, juge de cette

[1] Arch. de Vienne, BB. 1, fol. 74 v°-75 v°.

[2] *Ibid.*, fol. 35 r°.

[3] *Ibid.*, fol. 54 r°.

[4] Arch. Nat., JJ. 140, p. 282-289. Texte reproduit dans les *Ordonnances des rois de France*, t. VII, p. 424 et suiv.

[5] Arch. de l'Isère, B. 3150, pièce sans date.

cour, avait infligé des amendes aux sujets des comtes. Ce fait donna lieu à une enquête sur les droits de la cour des comtes[1]. En 1393, les Viennois se plaignirent du courrier, Aimeric de Brisay, et demandèrent au roi de le révoquer[2]. Nous ignorons les causes de leur mécontentement. Leurs plaintes furent sans résultats ; Aimeric de Brisay était encore en fonctions le 1er juin 1401[3].

Quant au péril extérieur, il paraît être resté à l'état de menace assez lointaine. Les courriers défendirent la ville. A deux reprises, nous voyons une somme de quarante francs d'or donnée à Pierre *de Orgnulla*, courrier de Vienne, pour les peines qu'il avait prises dans l'intérêt de la ville, surtout en résistant aux gens de Raymond de Turenne, qui parcouraient le Dauphiné[4].

Notons encore que, sous cet épiscopat, le pape Clément VII, à la demande des consuls et des bourgeois de Vienne, accorda aux Frères Prêcheurs l'église Notre-Dame-d'Outre-Gère (13 juin 1385)[5]. Cette église dépendait de l'abbé de Saint-André-le-Bas. Les Frères Prêcheurs s'engagèrent à payer chaque année une obole d'or à l'abbé, le jour de la fête de saint André, à recevoir honnêtement l'abbé et les moines, quand ils viendraient en procession à leur église, aux Rameaux, aux Rogations et à l'Assomption. Le 11 février 1388, les consuls

[1] B. 3251, fol. 184-214.

[2] Arch. de Vienne, BB. 1, fol. 60 v°.

[3] Arch. de l'Isère, G. 13.

[4] Arch. de Vienne, BB. 1, fol. 57 v° et 58 v°, 12 novembre 1392 et 31 janvier 1393.

[5] Bibl. de Grenoble, ms. 1432 (R. 80, t. XIV), fol. 166-169. Cf. Mermet, *Chronique religieuse de la ville de Vienne*, p. 138.

donnèrent aux Frères Prêcheurs cent florins d'or, pour acheter des verrières, des ornements d'autel et des vêtements sacerdotaux [1].

Quelques années plus tard, le 9 septembre 1393, à la requête de Pierre du Rivail, les consuls accordèrent aux Carmes la permission de venir à Vienne, si le pape y consentait [2].

Tous ces faits, dons à de grands personnages, travaux d'utilité publique, fondations religieuses, semblent bien attester que la fin du XIVe siècle fut pour la ville de Vienne une époque de prospérité. Soumis à la même loi que le reste du Dauphiné, par suite du traité de pariage entre l'archevêque et le dauphin, les Viennois vécurent d'une vie relativement paisible. La mort de leur archevêque, survenue le 13 août 1395, l'avènement d'un successeur ambitieux et remuant allaient ramener les jours troublés du pontificat de Bertrand de La Chapelle.

[1] Arch. de Vienne, BB. 1, fol. 6 v°-7 r°.

[2] *Ibid.*, fol. 62 r°. — Mermet, *Chronique religieuse de la ville de Vienne*, p. 141.

CHAPITRE IV

Thibaud de Rougemont.

De l'avènement a la restitution du temporel (1395-1401).

Après la mort de l'archevêque Humbert de Montchal, le chapitre prit la juridiction de Vienne et confia à trois chanoines la garde des châteaux de Seyssuel, de La Bâtie et de Mantaille (14 août 1395)[1].

Le pouvoir intérimaire du chapitre ne fut pas de longue durée.

Le 20 août, Thibaud de Rougemont, évêque de Mâcon, fut élu archevêque de Vienne[2]. Il appartenait à une famille noble de Bourgogne, qui portait d'or à l'aigle de gueules[3].

Le 17 septembre, le nouvel archevêque, ayant reçu ses bulles du pape Benoît XIII, passa procuration à Jean Albozio, à Pierre Chalamelli, chanoines de Mâcon, et à Pierre Champillon, curé de Bourg-en-Bresse, pour

[1] Charvet, *Supplément à l'histoire de l'église de Vienne*, p. 15.

[2] Eubel, *Hierarchia catholica medii aevi*, t. I, p. 559.

[3] Bibl. Nat., ms. fr. 31.180 (cabinet d'Hozier, 300). — Un registre consulaire dit de l'archevêque qu'il était *de nobili et excellenti progenie* (BB. 2, fol. 21 r°). — Rougemont, Doubs, arr. Baume-les-Dames, chef-lieu de canton.

prendre possession en son nom de l'archevêché de Vienne [1].

Il arriva lui-même le 8 décembre 1395 [2]. Le 20 de ce mois, les consuls ordonnèrent au trésorier de lui payer 200 francs d'or, somme qui lui était offerte comme don de joyeux avènement et pour obtenir la confirmation des franchises de la ville [3].

Peu de temps après avoir pris possession de son siège, Thibaud se préoccupa de reconquérir les privilèges perdus par l'église de Vienne.

Dans une bulle du 13 mars 1396, adressée à l'archevêque de Besançon, aux évêques de Genève et de Viviers, le pape Benoît XIII expose qu'il a reçu les plaintes de l'archevêque de Vienne : les biens de la mense archiépiscopale sont occupés par diverses personnes ; l'archevêque ne peut avoir recours au pape pour chaque affaire. Aussi Benoît XIII confie-t-il aux destinataires de la lettre le soin de défendre l'archevêque de Vienne toutes les fois qu'ils en seront requis, de lui faire restituer ses biens meubles et immeubles, de contraindre leurs détenteurs à cette restitution par la censure ecclésiastique et même par le bras séculier [4].

Non content de recourir au pape, l'archevêque de Vienne s'adressa au roi. Il ne fit pas un très long séjour

[1] Charvet, *loc. cit.*; Mermet, *Hist. de Vienne*, t. III, p. 184.

[2] *Gallia Christiana*, t. XVI, col. 111.

[3] Arch. de Vienne, BB. 1, fol. 89 v° : *pro suo novo et jocundo adventu et confirmacione privilegiorum et libertatum dicte civitatis ab temporibus retroactis concessorum dictis civibus per predecessores eiusdem.*

[4] Arch. de l'Isère, B. 3412, 3 des ides de mars, an II du pontificat. Contenue dans un vidimus de Gérard, archevêque de Besançon (6 septembre 1396).

dans son diocèse. Au mois d'août 1396, il est à Paris et assiste à l'assemblée du clergé qui délibère sur le refus fait par Benoît XIII de déposer la tiare[1]. Il profite de ce voyage pour demander au roi la restitution de son temporel.

Pour instruire l'affaire, on fit venir des documents de la Chambre des Comptes de Dauphiné. Deux envois furent faits, le 22 octobre[2] et le 29 novembre[3]. Au second, Jacques de Saint-Germain, avocat fiscal du Dauphiné, joignit un mémoire contre les prétentions de l'archevêque[4].

Celui-ci devait affirmer qu'il était le souverain de la ville de Vienne. L'avocat lui répond qu'il n'en a que la garde. La souveraineté appartient aux empereurs. A l'appui de sa thèse, il n'hésite pas à invoquer les vieilles légendes de Vienne. Ainsi « le chastel de Pupet fut faiz et édifié par un sénateur de Rome appellé Pompeyus », qui lui a donné son nom. Ce sont les empereurs de Rome qui ont fait construire « le palays et la maison des Chanaulx ». Il y a aussi des arguments plus sérieux.

[1] *Ein Bericht über das bisher unbekannte zweite Pariser Concil vom August 1396* (*Archiv für Litteratur und Kirchengeschichte*, t. VI, p. 213).

[2] Arch. de l'Isère, B. 3251, fol. 237-239.

[3] *Ibid.*, B. 3252, fol. 243-244.

[4] *Ibid.*, B. 3409, rouleau papier, sans date. M. Prudhomme (*Inventaire-Sommaire*, t. III, p. 13) dit seulement : après 1378. La pièce est postérieure au 16 septembre 1394, puisqu'il y est question du pape Clément VII *dernièrement trépassé*. Je l'identifie avec celle envoyée à Robert Cordelier, le 29 novembre : *quidam magnus rotulus papiri scriptus, in quo sunt responsiones facte per dictum dominum advocatum adversus proposita per dictum dominum archiepiscopum et in gallico scripte* (B. 3252, fol. 244 v°).

Les bulles accordées par Conrad, Frédéric Ier, Charles IV, aux archevêques de Vienne ne leur ont conféré que la garde de cette ville, du château de Pipet et de la maison forte des Canaux. Charles IV était donc libre de l'ôter à l'archevêque et au chapitre, pour la donner au dauphin. « Lesdiz arcevesque, doyen et chapitre ne povent ne doivent dire de droit qu'ilz ayent esté despoellez de leur possession desdictes choses, quar ilz ne les possédèrent onques, en leur propre nom, maiz l'empereur... »

Cependant, l'archevêque invoquait la donation de Rodolphe le Fainéant, du 14 septembre 1023. Parmi les pièces expédiées à Paris le 29 novembre, il y avait la description d'une antique peinture, représentant une reine, placée sur le mur du cloître de l'église Saint-Maurice, près de la porte de la chapelle Saint-Jean, et une copie de la donation de Rodolphe, extraite d'un ancien livre trouvé dans les archives de l'église. L'avocat fiscal n'en tenait aucun compte. « A ce que lesdictes gens d'esglise ont dict et propousé que ung roy appellé Raoul leur donna ladicte cité de Vienne et le chastel de Pupet pour le remède de son ame et de Ermengarde sa famme, respont ledict procureur fiscal que l'on ne scait qui fust cest roy Raoul ne Ermengarde sa famme, ne dequel lieu il fut roy. » La donation ne fait point foi, « quar elle n'est point autentique, ne scellée, ne subscripte de main de notaire ».

L'avocat concluait au rejet de la demande de l'archevêque et du chapitre.

Cette conclusion ne fut pas adoptée.

Thibaud de Rougemont était en grande faveur auprès de Charles VI et de ses oncles. Comment avait-il acquis cette faveur ? On ne sait. Mais il en fut donné une preuve éclatante. Le 23 janvier 1397, vers l'heure des vêpres, dans l'église paroissiale Saint-Paul, en présence de huit évêques, de l'abbé de Saint-Denïs, d'une nombreuse assemblée d'hommes et de femmes illustres, l'archevêque de Vienne baptisa le troisième fils de Charles VI et d'Isabeau de Bavière, né la veille entre huit et neuf heures du soir [1].

Au mois d'avril, autre témoignage de cette faveur. Par une série de lettres patentes et closes, Charles VI, le duc de Bourgogne et le duc d'Orléans ordonnèrent à Jacques de Montmaur, gouverneur du Dauphiné, et au Conseil delphinal de restituer à l'archevêque de Vienne « la juridiction de Vienne, et le chastel de Pupet, et la maison forte des Chanaulx, qui longuement ont esté et sont encore à nostre main [2] ».

Ces lettres furent présentées au Conseil delphinal, le 2 mai, par André de Montfleury, docteur en décrets et chantre de l'église de Vienne. Le lendemain, le Conseil delphinal refusa de les mettre à exécution avant d'avoir informé le roi « d'icelles causes et raisons lesquelles touchent si grandement son honneur et estat et la conservacion de son royaulme et dudit Dalphiné [3] ».

Le Conseil expose au roi que la garde de Vienne lui a été confiée par l'empereur et qu'il ne peut pas la

[1] Religieux de Saint-Denis, liv. XVII, chap. xxx (éd. Bellaguet, *Coll. des Documents inédits*, t. II, p. 540).

[2] Lettres closes du roi, 6 avril, Paris ; — lettres patentes, 1396, *avant Pasques* (1397 n. st.), 17 avril, Paris ; — lettres closes du duc de Bourgogne, 17 avril, Conflans ; — lettres closes du duc d'Orléans, 19 avril, Paris. — Arch. de l'Isère, B. 3250, fol. 161 v°-164.

[3] Arch. de l'Isère, B. 3250, fol. 157-161 et 173-176.

céder. Il insiste sur la situation avantageuse de cette ville : son pont est plus commode que ceux de Lyon et du Saint-Esprit pour faire passer des troupes du royaume dans l'empire. Le château de Pipet est une position importante « considérée la situation d'icellui et que la cité de Vienne est proprement dessoubz ledit chastel et mestre d'icelle ville, en laquelle se pourroient logier X mille hommes d'armes ». Or, cette ville et cette forteresse, l'archevêque et le chapitre sont, de leur propre aveu, incapables de les défendre. « Estans les compaingnies des Bretons ou Dalphiné au temps de mons. de Boville, les arcevesque, doyen et chapitre et ceulx de la ville de Vienne vindrent à mondit seigneur le gouverneur en le suppliant que, pour ce qu'ils ne pourroient aucunement garder ledit chastel, qui étoit lors en leurs mains, ne aussi la ville, ne la Bastie de l'arcevesque, il lui plust d'y envoier aucun de par le Roy dalphin nostre dit seigneur qui les gardast ; et y envoya a leur requeste et despens ledict monseigneur messire Pierre Aynart qui les gardast par grant temps et est vray que lesdictes compaignies si venoient tout droit logier [1]. »

Malgré ces raisons, Charles VI, son oncle et son frère, réitèrent, par une nouvelle série de lettres, l'ordre de rendre à l'archevêque sa juridiction, le château de Pipet et la maison forte des Canaux. « Si vous mandons et enjoignons estroitement, écrivait le roi le 11 juin, que non obstant les raisons autreffoy proposées par nos diz avocat et procureur, et celles que derrenierement nous

[1] B. 3250, fol. 161 r°.

avez envoiés par escript, vous mettez a execucion et enteriniez nos dites premieres lettres patentes [1]. »

Le Conseil delphinal refusa encore d'exécuter ces lettres. Les 7 et 8 juillet, il décida que le gouverneur irait auprès du roi pour lui en demander confirmation [2]. Le 3 août, on lui confia un certain nombre de pièces extraites des archives de la Chambre des Comptes, entre autres, la bulle de Charles IV du 6 janvier 1378 [3].

Le Conseil delphinal se montrait donc plus jaloux de la conservation des droits du roi que le roi lui-même. Jacques de Montmaur fut plus heureux dans sa mission que l'avocat fiscal. Le 11 décembre 1397, Charles VI révoqua toutes ses précédentes lettres ; il ordonna de garder sous la main royale la juridiction de Vienne, le château de Pipet et la maison forte des Canaux. Thibaud de Rougemont, se croyant sûr du succès, avait commis la faute de quitter Paris : « Ledit arcevesque s'en est allez en nostre dit païs de Dalphiné pour poursuir ledit fait autre part que devant nous [4]. » Il devait attendre pendant près de trois ans l'arrêt qui le remettrait en possession de son temporel.

Du reste, la mainmise delphinale sur ce temporel n'avait pas terminé les conflits entre les officiers du dau-

[1] Lettres patentes de Charles VI, 1397, 23 mai, Paris. Arch. de l'Isère, B. 3250, fol. 168 et 195 ; — lettres closes du duc de Bourgogne, 3 juin, Beauté-sur-Marne. *Ibid.*, fol. 172 ; — lettres closes de Charles VI, 6 juin, Paris. *Ibid.*, fol. 167 ; — lettres closes du duc d'Orléans, 6 juin, Paris. *Ibid.*, fol. 184 ; — lettres closes de Charles VI, 11 juin, Paris. *Ibid.*, fol. 171 ; — lettres patentes de Charles VI, 1397, 13 juin, Paris. *Ibid.*, fol. 169-170.

[2] B. 3250, fol. 165-166.

[3] B. 3252, fol. 264-265.

[4] B. 3150 (original parchemin).

phin et ceux de l'archevêque. Celui-ci avait associé le dauphin à l'exercice de la juridiction temporelle, mais il conservait toute sa juridiction sur les clercs.

Un mémoire sans date, qui relate des faits arrivés en 1398, nous montre comment agissaient les officiers de l'archevêque et nous donne d'étranges détails sur leurs mœurs. Ils obligeaient les femmes, surtout celles qui étaient jeunes et belles, à comparaître devant la cour archiépiscopale, et contraignaient ces malheureuses à se livrer à eux [1].

Pour mettre fin à ces scandales, le juge du Viennois et Terre-de-la-Tour demande que le dauphin fasse proclamer qu'aucune femme, âgée de moins de quarante ans, ne comparaîtra personnellement devant la cour de l'archevêque.

Quel que soit le délit, adultère, viol, rixe ou pillage, l'archevêque et ses officiers réclament les coupables, en prétendant qu'ils sont clercs. Si les officiers delphinaux refusent, on les excommunie. Ils sont alors obligés de livrer les criminels aux officiers de l'archevêque, qui les remettent en liberté moyennant finance. Les sujets du dauphin sont contraints de quitter le pays. Les officiers delphinaux ne peuvent faire appel au pape des sentences d'excommunication lancées par l'archevêque, à cause de la soustraction d'obédience [2]. La juridiction delphinale dans le diocèse de Vienne est à peu près réduite à néant.

[1] B. 3250, fol. 76-84.... *aliquas defloraverunt, cum aliis adulterium comiserunt et quamplures ad vilem et turpem questum et vitam inhonestam posuerunt et induxerunt.*

[2] Cela prouve que la pièce est postérieure au 27 juillet 1398, date de l'ordonnance de soustraction. N. Valois, *La France et le Grand Schisme*, t. III, p. 183.

De son côté, l'archevêque se plaignait des officiers du dauphin, surtout de Guillaume Garnier, juge mage du Viennois et Terre-de-la-Tour et juge de la cour impériale de Vienne.

Un violent conflit éclata au mois d'avril 1399. Le jeudi 10 avril au soir, Jean Beau, procureur de l'archevêque, fut rencontré dans la ville porteur d'une épée [1]. Il fut arrêté, pour ce fait, par François de Dreyns, lieutenant d'Aimeric de Brisay, courrier de Vienne. On le conduisit d'abord à la maison de Guillaume Garnier, où il resta enfermé pendant deux heures. Puis on le fit sortir pour l'emmener à la maison des Canaux. Il déclara à François de Dreyns qu'il était clerc, qu'on encourait l'excommunication en l'emprisonnant. Celui-ci lui répondit grossièrement qu'il se souciait peu de l'archevêque et de son excommunication [2]. En chemin, il s'amusait à appuyer son épieu à sangliers contre la poitrine du procureur, comme s'il voulait le tuer [3]. Soudain, une troupe de gens, vingt-cinq environ, armés d'épées, d'arcs, d'épieux, d'arbalètes, se précipita sur les quatre sergents d'escorte, en criant : « A mort ! à mort ! » Le procureur du dauphin, témoin de cette scène, voulut intervenir; il fut blessé à la lèvre. Deux sergents furent blessés aux doigts. Jean Beau fut délivré. Ses libérateurs se retirèrent dans le palais de l'archevêque.

Guillaume Garnier les réclama. L'archevêque refusa de

[1] Cette affaire est exposée dans diverses procédures. Arch. de l'Isère, B. 3250, fol. 32-37, 68-70, 73, 86, 90, 97, 98.

[2] ... *non daret de archiepiscopo nec excommunicacione unum stercus* (B. 3250, fol. 86 v°).

[3] ... *demonstrando yronice quod ipsum interficere volebat* (*ibid.*).

les livrer. Il protesta contre l'arrestation illégale de son procureur par les gens du dauphin. Le juge répondit en confisquant les biens de l'archevêque situés à Seyssuel, à Saint-Symphorien, à Feyzin. Il manda aux châtelains de Saint-Symphorien, de Saint-Georges et de Beauvoir d'amener des troupes à Vienne. Il ordonna aux consuls d'assembler les habitants en armes à la maison des Canaux, chaque fois qu'ils entendraient la trompe de Pipet. Il défendit d'acheter du vin à l'archevêque, dont le ban commençait précisément au mois d'avril.

Les consuls protestèrent avec énergie contre l'ordre du juge. Celui-ci appelait les habitants aux armes, pour répondre à la violence commise par les gens de l'archevêque par un autre coup de force. Il voulait envahir la maison de l'archevêque pour se saisir des coupables. Les consuls objectèrent que l'archevêque, au moins autant que le dauphin, était leur comte et leur seigneur. Obéir à l'ordre du juge serait violer la *lex Jullia majestatis*. Ils en appelèrent au gouverneur[1].

Celui-ci, informé de ce qui se passait, donna l'ordre à Soffrey Tholon, conseiller delphinal, d'aller faire une enquête à Vienne (12 avril)[2].

Mais, ce jour même, les châtelains mandés par Guillaume Garnier, étant arrivés à Vienne avec trois cents hommes d'armes, envahirent l'Hôtel-Dieu ou hôpital Saint-Paul, contigu par derrière au palais de l'archevêque. Ils mirent au pillage la maison de Jean Beau. Ils arrêtèrent Pierre de Varey, chapelain de l'archevêque, et tentèrent de le frapper d'un coup de hache. Ils se sai-

[1] Arch. de l'Isère, B. 3250, fol. 73.
[2] *Ibid.*, fol. 90.

sirent de Jean Gentil, clerc notaire, et le tinrent en prison pendant une dizaine de jours.

Incapable de résister à ces attaques, Thibaud de Rougemont lança l'excommunication contre ses ennemis, notamment Guillaume Garnier, François de Dreyns, Albert Favre, châtelain de Saint-Symphorien, Jean Grolat, son lieutenant (14 avril)[1]. Certains d'entre eux passèrent dans le diocèse de Lyon. Thibaud écrivit à l'archevêque Pierre de Thury, pour lui demander de faire proclamer cette excommunication et de mettre en interdit les lieux où ils s'étaient réfugiés (22 avril)[2].

Ainsi, le moindre incident suffisait pour faire naître des troubles graves. Bien que le dauphin fût associé à l'exercice de la juridiction temporelle de Vienne, les conflits entre l'archevêque et lui étaient incessants. Thibaud de Rougemont se plaignait de Guillaume Garnier, qui ne cessait d'usurper les droits de l'église et de mépriser l'archevêque et ses gens[3].

Un arrêt du Conseil du roi, en date du 27 mai 1399, essaya de rétablir la paix. Il fut ordonné à l'archevêque d'absoudre les officiers delphinaux ; à ceux-ci de restituer le temporel qu'ils avaient confisqué et de mettre en liberté les personnes emprisonnées[4].

On ne tint pas compte de cet arrêt pacificateur.

Thibaud de Rougemont avait mis l'interdit à Sainte-Colombe. Quoique annexée au royaume de France, cette

[1] Arch. de l'Isère, B. 3250, fol. 94-95.

[2] B. 3253, fol. 31-32.

[3] *De die in diem non cessat insidiari et conspuari contra dominum archiepiscopum et suas gentes, suaque jura et ecclesie impedire et usurpare* (B. 3250, fol. 89 v°).

[4] B. 3150.

localité, prétendait-il, restait soumise à sa juridiction spirituelle. Cependant, le 14 mai 1399, trois sergents royaux, Jean Chrétien, Jean Germain, Jean Alays ou Barletier, et Guillaume Prévôt, clerc notaire, vinrent à Sainte-Colombe. Sur le pont du Rhône, au son de la trompette, ils ordonnèrent à l'archevêque de lever cet interdit et de comparaître devant la cour du sénéchal de Lyon, Karados de Quesnes. Or, ce jour-là, l'archevêque était à Sainte-Colombe, dans le couvent des Frères Mineurs. Jean Chrétien, suivi de ses compagnons, y pénétra. Il lui ordonna avec arrogance (*irreverenter, arroganter et villipendiose*) d'ôter l'interdit sous peine d'une amende de 1.000 livres tournois. Il osa même porter la main sur lui, en disant : « Je vous arreste de main mise. » Il ordonna de fermer les portes du pont du Rhône devant l'archevêque et le priva de sa liberté tant qu'il put.

Devant Hugues Jossard, bachelier en lois, lieutenant du sénéchal de Lyon, le procureur de l'archevêque fit appel au roi et au parlement. Mais cet appel ne fut pas admis : Sainte-Colombe est du royaume, Vienne est du Dauphiné ; les gens de Sainte-Colombe sont sujets royaux et ne sont pas soumis à la juridiction de l'archevêque. Celui-ci fut condamné à deux amendes, l'une de 1.000 livres, l'autre de 2.000, applicables au roi [1].

Un mémoire de l'archevêque expose longuement tous

[1] Arch. de l'Isère, G. 16 : *Idcirco dictis appellacionibus tanquam frivolis et inanibus et absque gravamine, sed pocius causa oppressionis subditorum regiorum, via injusta et vindicativa interjectis, non defferimus nec duximus defferendum.*

les mauvais procédés qu'il a subis de la part des officiers delphinaux depuis le mois d'avril jusqu'au mois de juillet 1399[1].

Ils s'emparèrent d'un petit bateau qui lui servait de réservoir à poissons. Un de ses amis, Étienne Marchand, prieur de Saint-Pierre-hors-les-Murs, à Mâcon, venait lui rendre visite. Guillaume Garnier fit confisquer, le 31 mai, à Saint-Symphorien-d'Ozon, le cheval qui portait sa malle. L'animal appartenait à l'archevêque. Il fut vendu à l'encan et acheté par des sergents de Guillaume Garnier pour six francs, bien qu'il en valût quinze ou vingt. On arrêta plusieurs clercs et familiers de l'archevêque. Les officiers delphinaux fermèrent les portes de la ville et empêchèrent ainsi la tenue du synode qui a lieu chaque année à Vienne, les 13 et 14 mai. Ils défendent aux ecclésiastiques d'introduire dans la ville leur blé, leur foin et leur bois, qui restent dans les champs et pourrissent. Enfin, l'archevêque accuse Guillaume Garnier d'avoir pris une mesure d'une gravité telle qu'elle en semble invraisemblable. C'est la défense faite aux meuniers, aux boulangers, aux pâtissiers, aux drapiers, aux peaussiers, à tous les marchands, de vendre des denrées à l'archevêque, au chapitre, aux prêtres, aux religieux Prêcheurs, Mineurs, même aux Moniales et aux Mendiants, sous peine de la perte du poing droit (*sub pena amissionis pugni dexteri*).

Afin de protester contre tous ces méfaits, l'archevêque partit pour Paris le 20 juin.

Il obtint d'abord des lettres patentes du roi pres-

[1] B. 3413. Rouleau parchemin, 1m,56 de long sur 0m,30 de large.

crivant de faire une enquête sur les incidents de Sainte-Colombe[1].

Puis, il engagea, devant le Grand Conseil, de nouveaux débats avec le procureur fiscal du Dauphiné.

Il rappela l'antiquité de l'église de Vienne, fondée par saint Paul, qui lui laissa pour premier évêque saint Crescent, son disciple. Il rappela les bienfaits de Pépin et de Charlemagne. Il invoqua la donation de Rodolphe le Fainéant. Il affirma qu'elle l'avait fait le véritable seigneur de la ville et du comté de Vienne. Il possède toute la juridiction temporelle. Elle était autrefois exercée par un chanoine, appelé le mistral, qui tenait son office en foi et hommage de l'archevêque. A la demande des bourgeois de Vienne, le pape Jean XXII a supprimé cet office. Les dauphins n'ont à Vienne qu'un pouvoir secondaire. Dans cette ville, il y avait autrefois deux comtés : l'un appartenait au seigneur de Pagny, l'autre au dauphin Hugues, comte d'Albon[2]. Celui-ci tenait son comté en fief du seigneur de Pagny, qui faisait hommage à l'archevêque. Les deux comtés étaient donc tenus de l'archevêque, l'un en fief, l'autre en arrière-fief. Thibaud de Rougemont rappelait encore les démêlés de Bertrand de La Chapelle avec Humbert II ; l'arrêt du pape Benoît XII ordonnant au dauphin de rendre la ville à l'archevêque ; l'hommage fait à l'église de Vienne par le dauphin Charles, le 2 août 1349. Le gouverneur, Bouville, avait profité de la vacance du siège

[1] Arch. de l'Isère, G. 16.

[2] *Hugo dalphinus comes d'Albon* (X 1A 47, fol. 174 v°). — Il s'agit probablement de Hugues III, duc de Bourgogne, qui épousa Béatrix, dauphine de Viennois, en 1183, et mourut en 1192.

archiépiscopal, en février 1378, pour s'emparer de la juridiction de Vienne, de Pipet et des Canaux. A son lit de mort, il confessa qu'il avait injustement spolié l'église et demanda pardon de ce crime.

L'avocat fiscal reproduisit les raisons qu'il avait avancées dans son mémoire de 1396. La ville de Vienne est du patrimoine propre de l'empire. Dès l'époque romaine, elle était la prison des empereurs et des sénateurs romains : c'est de ce fait qu'elle a pris son nom (*fueratque nominata Vienna quasi via gehenne*). Le château de Pipet a été construit par un sénateur, appelé Pompeyus, qui lui a donné son nom (*et ab ipso Pompeyo senatore Poupeti nomen acceperat*). Les archevêques ont seulement la garde de la ville en l'absence des empereurs. Rien ne peut s'y faire sans l'assentiment de l'empereur : ainsi, l'union de la mistralie à la mense archiépiscopale, obtenue à son insu, est nulle.

A l'encontre de ces raisons, l'archevêque invoqua la longue possession de l'église. Conrad lui avait confié la garde perpétuelle et irrévocable de Vienne. Si Charles IV l'a révoquée, c'est qu'il a été circonvenu par les adversaires de l'église de Vienne. Ce sage empereur avait prêté, à son couronnement, le serment solennel de conserver les droits de toutes les églises. Il n'est pas vraisemblable qu'il ait révoqué de lui-même la garde perpétuelle de la ville et du comté de Vienne, confiée à l'archevêque et au chapitre. Quant à ce roi Raoul, que le procureur fiscal déclare ne pas connaître, l'archevêque lui apprend qu'il était roi d'Allemagne et de Vienne (*Almanie et Vienne*). D'anciens livres, trouvés dans l'église de Vienne, font mention de ce roi et d'Ermengarde, son épouse. La donation est signée par le roi et par un notaire (*signo manuali dicti regis Radulphi et signo Alberti ejus notarii*).

Le procureur fiscal répliqua de nouveau. Il déclara que les demandeurs n'étaient pas les vrais possesseurs des biens en litige et qu'ils ne pouvaient pas s'en dire spoliés. Selon la raison naturelle, celui qui confie son bien à quelqu'un en garde ou commande peut le recouvrer quand il lui plaît, sans qu'il puisse y avoir prescription (*non obstante quacumque temporis prescriptione*). La garde de Vienne n'était perpétuelle que si elle n'était pas révoquée. L'empereur Charles IV, en confirmant les privilèges de Vienne, avait réservé les droits de l'empire. Le procureur affirmait encore ne pas savoir qui étaient Rodolphe et Ermengarde, et déclarait n'avoir pas pu trouver s'ils avaient quelque droit à Vienne.

Toutes ces raisons du procureur fiscal ne furent pas jugées convaincantes. Le 14 octobre 1400, en l'hôtel Saint-Paul, en présence du roi, des ducs de Bourgogne et d'Orléans, du comte de Nevers, de Pierre de Navarre, du connétable, du chancelier de France, du patriarche d'Alexandrie, de l'archevêque d'Auch, des évêques de Noyon, d'Arras, de Chartres, d'Imbert de Boissy, président et de plusieurs maîtres des Requêtes de l'Hôtel, Jean de Popincourt, premier président du Parlement de Paris, prononça un arrêt en faveur de l'archevêque de Vienne [1]. La juridiction temporelle de Vienne, le château de Pipet, la maison forte des Canaux seraient remis

[1] Arch. Nat., X1A 47, fol. 173-181. — Sur cet arrêt, aux considérants duquel sont empruntées les pages qui précèdent, voir des remarques de M. Paul Fournier, *Bibl. de l'École des Chartes*, t. XLVII, p. 684, note 1.

dans l'état où ils étaient au mois de février 1378. Le dauphin était condamné à restituer les revenus perçus depuis cette date, déduction faite des sommes dépensées en réparations ou autrement.

Gaillard Petit-Saxon, conseiller du roi, fut chargé d'exécuter cet arrêt. Il avait pour mission de s'informer de l'état de Vienne en 1378, et de fixer les droits réciproques de l'archevêque et du dauphin, en leur qualité de comtes de Vienne.

Le 11 mars 1401, Jacques de Saint-Germain, procureur fiscal du Dauphiné, et Jean Poncet, vicaire et official de l'archevêque, lui remirent leurs mémoires [1].

Dans celui de l'archevêque [2], il est dit que, en février 1378, l'archevêque « estoit en vray possession de la dicte ville et cité de Vienne, et de toute justice et juridiction haute, moyenne et basse en ycelle, seul et pour le tout », sauf les droits du chapitre et la juridiction de la cour des comtes, commune à l'archevêque et au dauphin. Le doyen et le chapitre « estoient en vray possession du chastel de Pupet et de la maison fort des Chanaulx, et y avoient leurs chastellains, gardes et concierges, portiers, gens et serviteurs ». Pour l'exercice de la juridiction temporelle « messire Hugue Fallatier, chevalier, estoit courrier, mess. Leuraton Barleton, a present doyen de Vienne, estoit juge, Thomas de Saint-Ouan, *alias de Sancto Heugendo* estoit procureur, Barthelemin Alamant estoit recepveur et celerier, Johan Rousset estoit notaire, Johan Marchant li Gatiffle et plusieurs autres estoient sergens, et un appellé Baton estoit crie

[1] Arch. de l'Isère, B. 3153, fol. 15.
[2] B. 3251, fol. 241-243.

alias preco et tous de part ledict arcevesque ». Geoffroy de Virieu était châtelain et garde de Pipet, et Guillaume Chamberot, garde de la maison des Canaux, pour le doyen et le chapitre. En signe de cette juridiction temporelle, les armes de l'archevêque « et especialement de messire Loys de Villars, evesque de Valence et administrateur de l'archeveschié de Vienne » étaient peintes sur les portes et en divers lieux de la ville. Charles de Bouville destitua les officiers de l'archevêque, ôta les clés à ceux qui les gardaient, et fit apposer partout les armes du dauphin, vicaire impérial.

De son côté, le procureur fiscal exposait, au début de son mémoire [1], qu'en 1378 le château de Pipet et la maison des Canaux étaient en mauvais état et menaçaient ruine. Le dauphin y fit exécuter des réparations nombreuses. Les dépenses ont été plus grandes que les recettes. Celles-ci étaient médiocres : un bichet de froment, dix sommées de vin, dix gros de droit sur le sel, quatre gros de la leyde des herbes, trois sous et deux deniers de cens, trois poules et demie, trente-six florins huit gros de juridiction [2]. En raison des guerres, le dauphin confia le commandement de Pipet et des Canaux à un chevalier, qui portait le titre de courrier et recevait des gages annuels de 120 francs d'or. Cet office fut occupé, entre autres, par Henri de Vallin, Falques de Montchenu, Aimeric de Brisay. Celui-ci dut augmenter la garnison de Vienne à cause de la guerre faite par les

[1] Plusieurs copies en existent aux Archives de l'Isère, B. 3153, fol. 1-10 ; B. 3250, fol. 309-315, 333-340, 358-369.

[2] Arch. de l'Isère. Inventaire des titres de la Chambre des Comptes, Viennois, t. V, fol. 539.

gens de Raymond de Turenne. Le péril fut grand lorque Amaury de Sévérac, avant la mort de Jacques de Montmaur, s'efforça de passer du royaume dans l'empire. Les revenus de Pipet et de la maison des Canaux étaient insuffisants pour parer à toutes les dépenses. Ils ne suffisaient même pas à payer les gages du courrier. Il est vrai que les revenus de la juridiction temporelle augmentèrent un peu, lorsque le dauphin eut fait venir à Vienne le juge du Viennois et Terre-de-la-Tour qui siégeait auparavant à Saint-Georges-d'Espéranche. Ce juge tint aussi la cour temporelle de Vienne, qui reçut le nom de cour impériale.

A la suite de ces articles sont exposés les droits du dauphin en sa qualité de comte de Vienne. Le procureur de l'archevêque remit aussi un mémoire sur l'état de la juridiction des comtes de Vienne [1].

Gaillard Petit-Saxon travailla diligemment à établir une concordance entre les articles remis par les deux parties [2]. Il interrogea des témoins sur les points qui lui paraissaient douteux, tels que la perception du droit de leyde, la marque des poids et des mesures, la procédure d'appel de la cour commune des comtes à l'official, puis au pape.

Le 1er juin 1401, Charles VI ordonna à Geoffroy le Meingre, dit Boucicaut, gouverneur du Dauphiné, et à Aimeric de Brisay, courrier de Vienne, garde du château de Pipet, de la maison forte des Canaux et de la juridiction de Vienne, d'exécuter l'arrêt du 14 octobre.

[1] Arch. de l'Isère, B. 3153, fol. 11-13 ; B. 3250, fol. 342-344.

[2] B. 3153, fol. 15-21 ; B. 3250, fol. 346-355 ; B. 3251, fol. 256-265.

Le 16 juin, il donna le même ordre à Gaillard Petit-Saxon [1].

Le 15 juillet 1401, vers l'heure de tierce, celui-ci exécuta l'arrêt du roi. Il rendit à l'archevêque la juridiction temporelle de Vienne, au doyen et au chapitre le château de Pipet et la maison forte des Canaux [2].

Ainsi, Charles VI renonçait à l'autorité qu'il avait exercée à Vienne, pendant vingt-trois ans, en qualité de vicaire impérial. Mais il y conservait certains droits en qualité de comte. Cette situation se prolongea encore pendant cinquante années et donna naissance à bien des conflits entre les archevêques et les dauphins.

[1] Arch. de l'Isère, G. 13.

[2] Arch. de l'Isère, B. 3250, fol. 410 ; Arch. de Vienne, BB. 2, fol. 21 r°. — Le 2 avril 1401, le roi avait confié à Thibaud de Rougemont la mission d'aller à Metz, à la conférence qui devait y être tenue, à la saint Jean-Baptiste, avec les princes et prélats d'Allemagne, pour rétablir la paix de l'église. *Ordonnances des rois de France*, t. VIII, p. 431. — Cf. A. Leroux, *Nouvelles recherches critiques sur les relations politiques de la France avec l'Allemagne de 1378 à 1461*, p. 31, et N. Valois, *La France et le Grand Schisme d'Occident*, t. III, p. 300.

CHAPITRE V

Thibaud de Rougemont.

Après la restitution du temporel (1401-1405).

Un ançien historien a dit qu'après la restitution du 14 octobre 1400, « Vienne goûta toutes les douceurs de l'indépendance sous le paisible gouvernement de ses archevêques [1] ».

En réalité, la juridiction temporelle de l'archevêque de Vienne lui était à peine rendue que des troubles graves survinrent en Dauphiné.

A la Toussaint de l'année 1401, la guerre éclata entre Thibaud de Rougemont et la famille des Torchefelon. Les causes en sont obscures. L'archevêque prétendait que des débats s'étaient élevés au sujet de la maison forte de Montcarra [2], fief de l'abbaye de Saint-Chef, possédée par la mère de Guionet et de Jean de Torchefelon. L'avocat fiscal du Dauphiné affirmait que Jean de Torchefelon avait été attaqué par des gens de l'archevêque, une nuit qu'il était à Vienne, couché à l'auberge de l'Étoile [3]. Il dit ailleurs qu'Antoine de Grolée, capitaine de l'archevêque, haïssait depuis longtemps les Torchefe-

[1] Drouet de Mauperluy, *Histoire de la Sainte Église de Vienne*, p. 260.

[2] Isère, arr. et c^{on} La Tour-du-Pin.

[3] Arch. de l'Isère, B. 3015, fol. 136.

lon et avait voulu se venger d'eux aux frais de son maître[1].

Les incidents de la guerre ne sont guère mieux connus que ses causes. Des mesures de défense furent prises à Vienne : le 2 novembre 1401, les consuls distribuent aux bannerets des arbalètes pour armer les portes de la ville ; ils font empenner 123 garrots de fer, pour grosses arbalètes à tour, et 50 viretons[2]. Le 30 janvier 1402, ils établissent une taille de 1.500 florins d'or pour travailler aux fortifications de la ville[3]. Le 10 mars, ils choisissent quatre guetteurs pour monter la garde hors de la cité, dans les endroits les plus propices à assurer sa sécurité[4].

Les Torchefelon s'emparèrent du château de Mantaille ; mais l'archevêque le reprit. Un compte consulaire fait mention d'une fourniture de six torches, brûlées la nuit où l'archevêque rentra à Vienne, après la prise de Mantaille[5]. Ils attaquèrent aussi le château de Seyssuel ; ils emprisonnèrent des hommes de Mantaille, de Seyssuel, de Reventin. Le document qui énumère les méfaits des Torchefelon est, il est vrai, quelque peu suspect d'exagération : c'est la bulle d'excommunication lancée contre eux par Thibaud de Rougemont, le 8 février 1402[6]. La famille des Torchefelon, dont le nom signifie

[1] Arch. de l'Isère, B. 3015, fol. 237.

[2] Arch. de Vienne, BB. 2, fol. 26 v°-27.

[3] *Ibid.*, fol. 30 v°.

[4] *Ibid.*, fol. 41 r°.

[5] 15 février 1402 ; *ibid.*, fol. 40 v° : *quando dominus archiepiscopus rediit de Mantalia nocte quando fuit capta per eumdem et eius gentes.* — Cf. Mermet, *Histoire de la ville de Vienne*, t. III, p. 187-189.

[6] Arch. de l'Isère, B. 3253, fol. 27-30.

félonie — (*tortuose seu tortorose felonie nomen accepit*) — a été infectée de l'hérésie vaudoise ; ce fait explique la haine que Guionet et Jean portent à l'église de Vienne. Il n'est pas de sacrilèges qu'ils ne commettent : ils pillent les églises, emportent les croix, les cloches, les livres, les chapes, arrachent les calices des mains des prêtres célébrant la messe à l'autel. Aussi, tous les prêtres se sont-ils réfugiés dans les maisons fortes. Le troupeau du Seigneur est abandonné sans pasteurs : les petits enfants meurent sans baptême, les adultes sans confession, ni communion. En dérision de la dignité ecclésiastique, les Torchefelon ont créé parmi leurs complices un pape, un archevêque, un official, et leur demandent l'absolution de leurs crimes. Pour ces motifs, Thibaud de Rougemont notifia aux archevêques de Lyon, de Besançon, de Tarentaise, aux évêques de Mâcon, de Lausanne, de Belley, de Genève, de Maurienne, de Grenoble, de Valence et de Die, de Viviers et du Puy, qu'il lançait l'excommunication contre Guionet et Jean de Torchefelon, Lancelot de Montdragon, Gonet de Bocsozel et trente-sept de leurs complices.

Pendant cette guerre, la tranquillité ne régnait pas à Vienne. L'archevêque y avait établi pour capitaine Antoine de Grolée. Celui-ci arrêta, le 30 décembre 1401, Pierre Costaing, dit Mortier, gardier du dauphin, pour avoir protesté contre l'arrestation de deux sergents delphinaux et dit au capitaine : « Le roi n'a pas rendu à l'archevêque sa cour temporelle pour qu'il enlève son patrimoine au dauphin. » Grolée le fit enfermer dans la prison des voleurs et l'y tint jusqu'au 4 janvier[1].

[1] Arch. de l'Isère, B. 3015, fol. 222-226. *Rex non restituit*

Au milieu des maux de la guerre survint une catastrophe d'une autre sorte. Le jeudi 2 février 1402, une crue du Rhône fit écrouler trois arches du pont. On prêtait à ce pont une antiquité fabuleuse : on prétendait qu'il avait été bâti 175 ans avant Jésus-Christ. Aussi sa chute sembla-t-elle accompagnée de circonstances extraordinaires. La croix de pierre, qui était au milieu du pont, tomba et resta élevée au-dessus de l'eau. Au milieu de la nuit, des voix furent entendues sur le pont et sur la place de Sainte-Colombe ; on entendit le son des cloches ; on vit courir des chevaux et l'on aperçut cette nuit-là un gros bœuf dont on n'entendit plus parler[1].

Pour mettre fin à la guerre, il semble bien que l'archevêque et les Torchefelon aient demandé l'intervention du gouverneur du Dauphiné. Chacun des deux partis rejette sur l'autre l'origine de la guerre. A tort ou à raison, l'archevêque accusait le gouverneur de favoriser ses ennemis. Pierre Mortier fut envoyé à Paris pour informer le roi de ce qui se passait et lui demander des ordres.

Le 23 février 1402, Charles VI ordonna à Geoffroy le Meingre, dit Boucicaut, gouverneur du Dauphiné, de se

dicto domino archiepiscopo curiam temporalem, ut ipse dictus archiepiscopus aufferret patrimonium suum domino nostro dalphino.

[1] Bibl. de Grenoble, ms. 1432 (R. 80, t. XIV), fol. 173. Copie du XVIIe siècle. *Plures voces et murmura audita fuerunt supra dictum pontem in media nocte et per plateam Sancte Columbe, et campane audite, et equi decurrentes et unus grossus bos visus illa nocte, de quo postea non fuit auditus sermo.* — Chorier rapporte ces mêmes faits à la date du 11 février 1407 (*Recherches sur les antiquités de Vienne*, éd. 1828, p. 111).

rendre à Vienne pour y faire une enquête[1]. Celui-ci s'approcha de cette ville. Mais le bruit lui arriva que certaines personnes voulaient l'empêcher d'accomplir sa mission. Il s'arrêta à Saint-Georges-d'Espéranche[2] le 3 avril. Il fit faire deux copies des lettres du roi et les donna à Jean Boyssel, bailli du Viennois et Terre-de-la-Tour, à Louis Portier, juge mage du Viennois et Terre-de-la-Tour, et à Pierre Mortier, gardier de Vienne. Ils entrèrent dans la ville et firent préparer le logement du gouverneur à l'abbaye de Saint-André-le-Bas. Mais des sergents delphinaux, voulant sortir de la ville pour chercher des provisions, trouvèrent les portes fermées. Ils demandèrent à Antoine de Grolée de les faire ouvrir. Celui-ci refusa, disant que les ennemis de l'archevêque étaient dans le voisinage de la ville. Comme les sergents insistaient, il les menaça de sa dague.

Le lendemain, mardi 4 avril, Louis Portier et Pierre Mortier firent convoquer les consuls par Antoine Grand, juge des comtes, et leur demandèrent d'ouvrir les portes. Ils répondirent qu'ils n'en avaient pas les clefs, qu'elles étaient entre les mains d'Antoine de Grolée. Ils promirent de faire leur possible pour que la porte Saint-Martin, dite d'Aurouse, fût ouverte au gouverneur. Des bruits sinistres couraient dans Vienne : on racontait que Boucicaut venait pour y faire des exécutions. Les

[1] Le récit des événements qu'on va lire est emprunté aux longues procédures présentées par les officiers du dauphin (Arch. de l'Isère, B. 3415, rouleau papier, 17m,70 de long sur 0m,30 de large) et par ceux de l'archevêque (B. 3416, rouleau papier, 7m,30 de long sur 0m,30 de large). Une grande partie de ces procédures est reproduite dans le registre B. 3015, fol. 133-245.

[2] Isère, arr. Vienne, con Heyrieux.

commissaires protestèrent contre ces absurdités. Puis, ils vinrent à la porte Saint-Martin. Elle était gardée par deux hommes armés et un archer, qui refusèrent de l'ouvrir.

Pendant ce temps, Armand Fauchier, lieutenant du courrier de la cour temporelle, avait envahi l'abbaye de Saint-André avec des gens d'armes. Ils insultèrent les moines, maltraitèrent Pierre Martel qui avait les clefs du clocher. Ils entrèrent dans le chœur en criant : « A mort ! à mort tous ces moines ! » Un des moines reçut un coup d'épée qui lui perça la main gauche. Le clocher fut forcé et Armand Fauchier y installa sept hommes armés.

Cependant, le gouverneur approchait. Le bailli du Viennois, après beaucoup de difficultés, avait réussi à sortir de la ville pour aller à sa rencontre et le prévenir de ce qui s'était passé. Boucicaut, accompagné de soixante-dix hommes d'armes à cheval, arriva devant la porte Saint-Martin.

Elle était fermée. Pierre Mortier, apercevant le gouverneur, voulut la faire ouvrir. Antoine de Grolée refusa et l'écarta avec des menaces. Puis il fit dire au gouverneur, par Jean Boyssel, d'éloigner ses gens et de venir à l'intérieur de la barrière avec quatre ou six des siens. Boucicaut s'approcha avec sept compagnons. Grolée sortit, avec un nombre égal d'hommes, par le guichet du portail. Une conférence s'engagea entre le portail fermé et la barrière.

Le gouverneur déclara qu'il représentait le roi, dauphin, vicaire impérial. Il s'étonnait fort qu'on fermât la porte devant lui. Grolée répondit que l'archevêque l'avait ainsi ordonné. Il le laisserait entrer avec quinze hommes sans armes, s'il promettait de ne rien entreprendre contre la juridiction archiépiscopale. Boucicaut protesta disant que le roi et son représentant peuvent aller partout où il leur plaît, avec ou sans armes. Il montra la commission royale qu'il était chargé d'exécuter. Il ordonna à Antoine de Grolée, à Jean Renaudin, procureur de l'archevêque, aux consuls de Vienne d'ouvrir la porte, sous peine d'une amende de mille marcs d'or, de la confiscation du temporel et de tous les biens des bourgeois. Il les assigna à comparaître devant le Conseil delphinal, à Grenoble, le dernier jour d'avril. Vaines menaces : Grolée n'ouvrit pas la porte. Le gouverneur dut se retirer. Pierre Mortier le suivit.

Trois jours plus tard, le vendredi 7 avril, Boucicaut renvoyait à Vienne Jean Prévôt, juge du Graisivaudan, Louis Portier, juge du Viennois et Terre-de-la-Tour, et Pierre Mortier, gardier de Vienne. Ils trouvèrent la porte d'Aurouse fermée. Étienne de Falquier, qui en commandait les gardes, leur déclara qu'ils n'entreraient pas dans la ville, à moins de promettre de ne rien tenter contre la juridiction de l'archevêque. Les commissaires refusèrent de faire cette promesse. Pierre Mortier, en sa qualité de gardier et d'officier ordinaire de la cour des comtes, demanda à entrer. On le lui permit. Les autres s'en allèrent.

Or, à peine Pierre Mortier avait-il pénétré dans Vienne, que deux hommes d'armes prirent la bride de son cheval, l'obligèrent à en descendre, le menacèrent de leurs épées et le conduisirent à la forteresse de l'archevêque, nommée La Bâtie. Il y resta enfermé, dans le fond de la tour, pendant treize jours, chargé de fers pesant plus de quarante livres. Il tomba gravement malade. On dut le transporter dans un autre cachot, au sommet de la tour. Le lendemain de l'Ascension (5 mai), on le ramena dans sa première prison, où il demeura encore cinq jours. On l'en fit alors sortir; on le mit sur un cheval, on lui lia les jambes sous le ventre de l'animal et on l'emmena ainsi, la nuit, à travers bois, jusque dans le comté de Savoie. Il fut enfermé au château de Grolée [1], dans une prison très obscure, pendant neuf jours. Puis, on le conduisit à Saint-Chef, auprès de l'archevêque. On lui prit une ceinture d'argent, son sceau d'argent, son pourpoint, onze écus d'or et la bourse qui les contenait. Enfin, on le ramena à Vienne et, le jour de la Fête-Dieu (25 mai), à l'aurore, on le remit en liberté devant la porte de sa maison.

Pierre Mortier, gardier de Vienne pour le dauphin, était placé sous sa sauvegarde spéciale. Son arrestation causa une grande émotion. Dès le 8 avril, le gouverneur envoyait Jean Prévôt à Saint-Chef pour sommer l'archevêque de le relâcher. Thibaud répondit qu'il avait été arrêté pour certaines offenses à son égard.

Alors Boucicaut dépêcha Jean Boyssel à Paris pour informer le roi, les ducs d'Orléans et de Berry et le chancelier de ce qui se passait.

L'archevêque, de son côté, écrivit au duc de Berry [2]: il se plaint de la guerre qui lui est faite, des ravages exercés à Mantaille et dans le mandement de Saint-Chef; il a dû user des armes spirituelles et temporelles contre ses ennemis. Le gouverneur n'a pas de juridic-

[1] Ain, arr. Belley, con Lhuis.

[2] Arch. de l'Isère, B. 3250, fol. 385-387, [1402] avril. Saint-Chef (pas de date de jour).

tion dans Vienne. Antoine de Grolée lui a démontré « qu'il soustenoit evidemment mes ennemis et que il se avoit vanté que se il ne povoit estre contre moy comme gouverneur, que il y seroit comme Bouciquaut ». Pierre Mortier a été arrêté parce qu'il trahissait l'archevêque au profit de ses ennemis. A l'appui de son dire, Thibaud de Rougemont produisait la déposition d'un certain André de Passy, appelé le bâtard de Passy, bâtard du Bègue de Passy. Venu de Lyon à Vienne, huit jours ou environ après la Saint-Martin, il était descendu à l'auberge de l'Échiquier. Pierre Costaing étant venu l'y voir, il lui déclara son intention de servir l'archevêque dans sa guerre contre les Torchefelon. Le gardier lui dit que l'archevêque n'avait pas d'amis, qu'il valait mieux servir les Torchefelon, beaucoup plus puissants. Le lendemain, le bâtard de Passy s'enrôlait, à Mantaille, dans leurs rangs[1].

Les explications de l'archevêque furent mal accueillies à la cour. Jean Boyssel écrit à Boucicaut, le 28 avril, que le chancelier, le duc de Berry et le roi sont très mécontents de la conduite de l'archevêque. Le duc d'Orléans, seul, « me dist que vous estiez partie contre l'arcevesque et que vous n'estiez point à croire contre lui » ; mais, sur les représentations du bailli, il déclara « que l'on mettroit la chose en Parlement[2] ».

Le duc de Berry écrivit à l'archevêque de délivrer sans délai Pierre Mortier, « et ou cas que vous ne le feres, tenes pour certaint que monseigneur le Roy-Daulphin y mettra tel remède qu'il en sera exemple a tous autres[3] ».

[1] Arch. de l'Isère, B. 3250, fol. 387-389. 18 mars. Vienne.
[2] *Ibid.*, fol. 391 v°-393.
[3] *Ibid.*, fol. 389 v°-390 r°.

Le roi lui écrivit aussi (25 avril) ; il est très mécontent de l'affront fait à Boucicaut et de l'arrestation de Pierre Mortier « soubz umbre de certaine deposicion faite par ung appellé le bastart de Pacy, combien que nous tenons que ce n'est que pour hayne de ce qu'il a mantenu nostre droit qu'avons à cause de nostre conte de Vienne[1] ».

Pour s'informer complètement des affaires du Dauphiné, le roi manda au gouverneur, par ses lettres du 29 avril, de tout laisser en état, pourvu que l'archevêque relâchât Pierre Mortier, et de ne rien faire avant la saint Jean-Baptiste, date à laquelle l'archevêque présenterait ses raisons au roi et à son Conseil. Par d'autres lettres patentes du 11 mai, il ordonna au gouverneur de venir à Paris à cette même époque, ou d'y envoyer quelqu'un. Boucicaut se fit représenter par l'avocat et procureur fiscal du Dauphiné et par le gardier de Vienne. L'archevêque arriva neuf jours après la saint Jean, et les consuls de Vienne ne comparurent pas[2].

Les débats s'engagèrent le jeudi 13 juillet, en présence du chancelier de France, de l'archevêque d'Auch, des évêques de Meaux, de Tournai, d'Arras, de Noyon, de maître Gaillard Petit-Saxon, des baillis de Rouen, de Tournai, de Caux. Il y eut deux autres séances, le 17 et le 20 juillet[3]. Thibaud de Rougemont fit exposer par Jean Renaudin, son procureur, ses griefs contre le gouverneur. Le procureur fiscal du Dauphiné répliqua. La discussion ne resta pas sur l'arrestation de Pierre Mor-

[1] Arch. de l'Isère, B. 3250, fol. 390 v°-391 r°.
[2] B. 3015, fol. 202-204.
[3] B. 3252, fol. 28 v° et fol. 288-293.

tier et l'empêchement mis à l'entrée du gouverneur dans Vienne. On discuta aussi sur les droits respectifs du dauphin et de l'archevêque en leur qualité de comtes de Vienne, sur les attributions de la cour temporelle de l'archevêque et de la cour commune des comtes. On aurait pu croire cette question réglée par les concordances établies, en 1401, par Gaillard Petit-Saxon : elle sera une cause de querelles jusqu'à l'hommage de l'archevêque Jean de Poitiers au dauphin Louis. D'autres débats s'engagèrent sur certains faits reprochés par l'archevêque au gouverneur : il l'accusait d'avoir laissé impunis le pillage d'un étang de l'abbaye de Bonnevaux et l'enlèvement d'une femme par Guionet de Torchefelon, d'avoir usurpé la juridiction de Romans, commune entre l'église de Vienne et le dauphin. Le procureur du Dauphiné répliqua à ces accusations. Il accusa, par contre, l'archevêque d'avoir détruit la maison forte de Mornas[1], au mandement de La Tour-du-Pin, tenue en fief du dauphin par Aymonette, veuve d'Aymonet Maugiron, et Guicharde, femme d'Aynard de Vallin. L'archevêque prétendait qu'elle était tombée aux mains de ses ennemis, qui en sortaient pour ravager ses terres.

La vérité ne jaillit pas de ces débats. Une nouvelle enquête parut indispensable. Boucicaut était trop occupé pour la faire. Le roi en confia le soin à Eustache de Laître, maître des Requêtes de l'Hôtel, et à Jean André, conseiller au Parlement de Paris. Par ses lettres du 27 novembre et du 1er décembre 1402, il leur annonce

[1] Isère, arr. et con La Tour-du-Pin, com. Saint-Victor-de-Cessieu.

l'envoi des articles présentés au chancelier par le procureur fiscal de Dauphiné et l'archevêque de Vienne. Il leur mande de faire comparaître les témoins cités par les deux parties, de rédiger leurs interrogatoires et de les envoyer au chancelier[1].

Les deux commissaires vinrent à Vienne le 28 mai 1403 et y demeurèrent jusqu'au 12 août[2].

Le 4 juin, Guillaume de Marlieu, procureur de l'archevêque, répondit aux 189 articles présentés de la part du dauphin [3]. Le 16, Barthélemy de L'Arbresle, dit Picart, et Guillaume Chatanet, consuls, répondirent aux articles concernant les habitants de Vienne [4]. Le 8 juillet, Jean de Mareuil présenta, de la part du dauphin, un certain nombre de pièces aux commissaires, à Jean Poncet, procureur et vicaire général de l'archevêque, et à Nicolas de Cornet, son official : c'étaient les lettres impériales accordant au dauphin le vicariat dans le royaume d'Arles et de Bourgogne, la confirmation de ce vicariat par le pape Clément VII, l'original de la donation par Berthold, duc de Bourgogne, à Guigues, dauphin, de tous ses droits sur Vienne [5].

Eustache de Laître et Jean André quittèrent Vienne le dimanche 12 août [6]. Ils déposèrent des conclusions terri-

[1] Arch. de l'Isère, B. 3414.

[2] B. 3027 et B. 3251, fol. 155-156. — *Le conte de la dépance fayte à Vianne... par moy Pierre Costain dit Mortier, gardier de Vianne... pour les informacion et enqueste prise par mestre Hostasse et Johan André... l'an corrant mil IIII^c et III dey le XXVIII jour de may jusque au XII jour dou moys d'ost.* — Le compte se monte à 262 florins, 10 gros.

[3] Arch. de l'Isère, B. 3252, fol. 255-261.

[4] *Ibid.*, fol. 283-285.

[5] *Ibid.*, fol. 193.

[6] *Ibid.*, fol. 227 v°. — Les Viennois leur avaient offert six livres

bles : condamner les consuls de Vienne à une amende de 7.000 marcs d'or et à la perte de leurs biens, Grolée à une amende de 2.000 marcs d'or et à la confiscation ; une grosse somme serait donnée au gardier en compensation de son emprisonnement ; l'archevêque payerait une amende de 2.000 florins et restituerait la maison forte de Mornas [1].

Pendant qu'on plaidait à Paris et qu'on enquêtait à Vienne, la guerre continuait en Dauphiné, bien que Jean de Torchefelon et Jean d'Urre eussent restitué à l'archevêque la maison forte de Montcarra, le 17 avril 1402 [2].

Les comptes consulaires de 1402 mentionnent diverses dépenses militaires. Le 14 avril, on paye 30 florins d'or à soixante arbalétriers et autres hommes d'armes, envoyés à Saint-Chef pour le service de l'archevêque ; chacun avait une solde de 18 gros par mois. Quatre jours plus tard, les consuls consentent à prêter des hommes d'armes aux chanoines pour monter la garde au château de Pipet [3]. En juillet et en août, on achète du vin, deux moutons, du poisson pour les gens d'armes de Robinet de Braquemont, venus à Vienne pour le service de l'archevêque [4]. Le 9 septembre 1403, on paye 6 florins d'or à Simonet de Salins, pour les deux bombardes qu'il a faites et pour les quatre autres qu'il a commencées. Le 24 septembre, on engage deux arbalétriers et un archer [5].

de confiture et six torches de cire, pesant chacune trois livres (Arch. de Vienne, BB. 3, fol. 28 v°).

[1] Arch. de l'Isère, B. 3252, fol. 229.

[2] Charvet, *Histoire de la Sainte Église de Vienne*, p. 489.

[3] Arch. de Vienne, BB. 2, fol. 42 v°.

[4] *Ibid.*, fol. 48 v° et 51 r°.

[5] *Ibid.*, fol. 61.

En 1403, le gouverneur du Dauphiné prit des mesures énergiques pour mettre fin à la guerre. Par son ordre, le 27 août, Pierre Frechet, crieur public de Morestel, fit défense à l'archevêque de Vienne et à Guionet de Torchefelon de tenir des gens d'armes en Dauphiné, sous peine d'une amende de 1.000 marcs d'argent, d'aller en armes à travers le pays et de le mettre au pillage, sous peine de mort[1]. L'enquête qui suivit révéla les méfaits des gens des Torchefelon. Plus de vingt habitants de Salagnon[2] et de Sermérieu[3] déclarèrent qu'on leur avait pris du blé, du seigle, de l'orge, de l'avoine, du vin, des poules, des porcs, des fromages, des œufs, des vêtements. Ceux qui protestaient étaient frappés et maltraités, Tous déclarèrent qu'ils ne connaissaient pas les pillards. Beaucoup ne les avaient même pas vus, leurs maisons ayant été mises à sac en leur absence.

Boucicaut donna l'ordre de faire passer, par le pont de Sainte-Colombe, des hommes d'armes, afin de lutter contre ceux qui parcouraient le Dauphiné. Antoine Grand, juge des comtes, et Pierre Mortier demandèrent aux consuls de leur accorder libre passage à travers la ville de Vienne. Ils leur demandèrent aussi de lever un impôt d'un florin par feu, pour la défense commune, comme l'avaient décidé les Trois États assemblés à Saint-Antoine. Les consuls déclarèrent ne pouvoir rien faire sans l'assentiment de l'archevêque. Celui-ci était à Saint-Chef. En son absence, l'official, Nicolas de Cornet, accorda le passage demandé, mais ne voulut pas établir l'impôt sans

[1] Arch. de l'Isère, B. 3253, fol. 186-189.
[2] Isère, arr. La Tour-du-Pin, con Bourgoin, com. Saint-Chef.
[3] Isère, arr. La Tour-du-Pin, con Morestel.

le consentement de l'archevêque, qui n'avait pas assisté à l'assemblée des États [1].

Les environs de Vienne étaient parcourus par des gens d'armes. Pour permettre aux propriétaires de faire leurs vendanges, il fallut défendre les vignes : soixante personnes de la paroisse Saint-Martin et cinquante de la paroisse Saint-Sévère montèrent la garde pendant quatre jours, à partir du mercredi 3 octobre [2].

Boucicaut entendit même dire que le château de Saint-Clair, propriété du chapitre de Vienne, servait de refuge à une troupe d'hommes d'armes. Il écrivit, le 2 octobre, au châtelain de Saint-Symphorien-d'Ozon et le chargea de demander aux chanoines de les faire prisonniers. Mais le fait était inexact. On n'avait vu à Saint-Clair qu'un certain Jean Lebourt : il y était resté, pendant huit ou dix jours, avec deux chevaux malades, pour les soigner. Pendant son séjour, il avait empêché les gens de guerre d'y faire des dégâts [3].

Le 4 octobre 1403, le gouverneur et ses commissaires eurent une entrevue, à La Côte-Saint-André, avec Guionet de Torchefelon et ses complices, Jean de Broquier, Louis de Borredon, Stevenin de Lavort et Jean Deys. Ceux-ci affirmèrent qu'ils ne faisaient la guerre qu'à l'archevêque, qu'ils ne commettaient aucun dégât en Dauphiné, au détriment du dauphin. Le gouverneur les somma de se rendre à merci. Ils refusèrent et partirent, grâce à leur sauf-conduit qui durait jusqu'au lendemain à midi. Le vendredi 5 octobre, le gouverneur

[1] Arch. de l'Isère, B. 3250, fol. 100-106.
[2] Arch. de Vienne, BB. 2, fol. 62 et 69.
[3] Arch. de l'Isère, B. 3251, fol. 179-181.

partit avant l'aube avec sa compagnie de gens d'armes et chevaucha jusqu'à Bourgoin. Le lendemain, il poursuivit les compagnies jusqu'à Aoste. Elles passèrent en Savoie et se réfugièrent dans les forteresses de Montdragon [1] et de Martel [2]. Le dimanche 7 octobre, le gouverneur envoya à Chambéry le seigneur de Clermont, Jacques de Saint-Germain, procureur fiscal du Dauphiné, et Gilles Copier, bailli du Viennois-Valentinois, pour requérir le comte de Savoie, au nom du roi, de lui remettre les gens des compagnies réfugiés sur ses terres [3].

Tandis que Boucicaut travaillait à rétablir la paix en Dauphiné, pour le bien général et le profit particulier de l'archevêque de Vienne, celui-ci et ses officiers continuaient à porter atteinte aux droits du dauphin dans la ville archiépiscopale.

A peine Eustache de Laître et Jean André ont-ils quitté Vienne, que les officiers et les sujets des comtes de Vienne se plaignent des « griefs, rebellions et offenses » de l'archevêque et de ses officiers [4]. Ce sont des arrestations illégales. Deux sujets du dauphin, nommés Pierre le Coutellier et Muchillion, sont arrêtés par des officiers et des sergents de l'archevêque et conduits en prison, « et quant vos diz subgiez disoient que ils estoient vos subgiez, les diz officiers dudit arcevesque leur don-

[1] Savoie, arr. Chambéry, c[on] et com. Saint-Genix.

[2] Savoie, arr. Albertville, c[on] Beaufort, com. Villard-de-Beaufort *(identification douteuse)*.

[3] Arch. de l'Isère, B. 3251, fol. 118-126.

[4] B. 3152, rouleau non daté. Les faits qu'il contient sont reproduits dans les registres B. 3015, fol. 296-303; B. 3253, fol. 52-56.

nerent de grans coups de poins, jusques a grant effusion de sant, en disant : Ribaus, pour ce que vous estes subgiez des comtes, vous avez ceci ». La maison d'Antoine Grand, docteur en lois, juge des comtes, fut envahie par des sergents de l'archevêque, qui le menacèrent de leurs épées. Son fils Gonon, âgé de quatorze ans, fut enfermé dans les prisons de l'archevêché. Pierre Margant, lieutenant du juge, fut aussi arrêté. Le courrier et les sergents de l'archevêque vinrent de nuit à la maison d'un peintre, nommé Antoine Thomas, maison tenue en fief des comtes; ils en brisèrent les portes, arrêtèrent Thomas et prirent son matelas, deux oreillers, quatre draps et deux couvertures. L'archevêque imposa des tailles sans le consentement du dauphin. Il voulut faire élire les consuls dans son palais ; cette élection doit être faite dans un lieu commun aux deux juridictions. L'official nomma un tuteur à des enfants de sujets delphinaux.

Pour mettre fin à ces abus, Boucicaut envoya à Vienne Gilles Copier, bailli du Viennois-Valentinois. Plusieurs conférences furent tenues entre les officiers des comtes et ceux de la cour séculière de l'archevêque. Elles n'eurent aucun résultat [1].

Au mois d'août 1404, Jacotin de Courteville, châtelain des Avenières, et Jean Valier, secrétaire delphinal, sont à Vienne, chargés par Boucicaut de prendre des informations sur les usurpations de la juridiction delphinale [2]. Le 12 août, ils défendent à l'archevêque et à ses officiers d'attenter à la personne et aux biens d'Antoine Grand.

[1] Arch. de l'Isère, B. 3253, fol. 56-58.
[2] B. 3150, cahier de papier, 54 feuillets.

de ses enfants et de sa famille, sous peine d'une amende de 500 marcs d'argent. Les officiers coupables sont cités à comparaître devant le Conseil delphinal, à Grenoble, le 20 août.

Pendant que cela se passait à Vienne, le gardier Pierre Mortier était parti pour Paris, le 25 ou le 26 mai, en compagnie du gouverneur, pour achever l'enquête d'Eustache de Laître et de Jean André [1]. On aperçoit, dans son compte, à quelles difficultés il se heurta, combien il eut de peine à mettre en mouvement la machine administrative. Le chancelier manda à Imbert de Boissy et à Jacques de Rully, présidents au Parlement, de visiter le procès pendant entre le procureur du Dauphiné et l'archevêque de Vienne, avec des membres des Requêtes de l'Hôtel, du Parlement et des Enquêtes. Plusieurs lettres d'Antoine Grand parvinrent au gardier, lui racontant les nouvelles offenses de l'archevêque et de ses officiers. Il en informait le chancelier et le Grand Conseil. Il finit par obtenir une lettre du roi (4 septembre 1404) ordonnant au gouverneur du Dauphiné de contraindre l'archevêque de Vienne, ses officiers et ses sujets à réparer les excès commis envers les officiers et sujets delphinaux, par la prise du temporel du prélat, par l'emprisonnement des officiers et la confiscation de leurs biens [2]. Le 6 septembre, le roi mandait au sénéchal de Beaucaire, aux baillis de Mâcon et du Vivarais, au viguier de Sainte-Colombe, de ne pas faire de tort aux sujets delphinaux en opérant cette saisie [3].

[1] B. 3417. Compte de Pierre Mortier pour les années 1403 à 1406. Rouleau papier.

[2] Arch. de l'Isère, B. 3015, fol. 296-303.

[3] Original, B. 3417 ; copie, B. 3015, fol. 295.

Mais Pierre Mortier voulait qu'on rendît un arrêt solennel, en Parlement ou au Grand Conseil, contre l'archevêque de Vienne. Pas payés, les conseillers travaillaient peu. Le 12 septembre, le roi mande à maître Bougis, commis à recevoir les gages des gens du Parlement et des Enquêtes, de payer à dix ou douze conseillers, délégués pour examiner le procès pendant au Grand Conseil entre le procureur général du Dauphiné et l'archevêque de Vienne, les mêmes gages qu'ils auraient si le Parlement siégeait [1]. Le 21 septembre, il ordonna aux généraux conseillers sur le fait des aides de payer 60 livres à maître Nicaise Bougis [2]. Pierre Mortier s'occupa de ce payement : « en quoy je travaillay tant comme je peus et y traveillay tant que je fis verifier les mandemens, mais je ne peus avoir ne denier, ne maille ». Les conseillers voulaient abandonner l'enquête. Pierre Mortier donna 20 livres à Eustache de Laître pour les payer.

Le lundi 20 octobre 1404, Boucicaut vint à Vienne pour faire exécuter les lettres royaux du 4 septembre [3]. On ne lui refusa pas l'entrée de la ville, comme trente mois auparavant. Il demanda à l'archevêque et à ses officiers de réparer leurs torts. « Et pour plus doulcement et bénignement procéder en la dicte matière, on assembla plusieurs fois les gens du conseil du dauphin et les gens de l'arcevesque. »

Le gouverneur demanda qu'on lui livrât Perrin de Molans, Philippe de La Chapelle et quelques autres,

[1] Arch. de l'Isère, B. 3417.
[2] B. 3151.
[3] B. 3253, fol. 59-67.

impliqués dans l'affaire de l'emprisonnement d'Antoine Grand et de Pierre Margant. Les commissaires de l'archevêque, Guigues de Roussillon, abbé de Saint-Pierre-hors-la-porte, Léon de Noseret, doyen de Valence, Louis Bonet et Jean Renaudin, refusèrent « pour ce que ledit arcevesque est seigneur de ladite ville de Vienne, en temporel et espirituel, et se ses gens ou officiers ou autres ont fait délit en ycelle ville, la punicion lui en doit appartenir ».

Le gouverneur fit alors proclamer dans les rues de la ville la confiscation des droits temporels de l'archevêque « pour plusieurs grans, enormes et excessis deliz et entreprises indeuement et contre rayson faictes [1] ». Jean Boyssel, bailli du Viennois-Terre-de-la-Tour, Aycardin de La Rippe, juge temporel, Antoine Richard, procureur de la cour temporelle, furent créés commissaires pour « regir et gouverner, fere cueillir et lever les prouffiz et revenus d'icelle temporalité ». Défense fut faite à l'archevêque et à ses officiers, sous peine d'une amende de 500 marcs d'argent, de les troubler dans leurs fonctions; défense à tous, sous peine de 100 livres d'amende, d'obéir à l'archevêque et à ses officiers en ce qui touche le temporel.

Thibaud de Rougemont fit appel au pape et lança l'excommunication contre Boucicaut et ses conseillers. Le 22 octobre, il vint à la maison de Pierre Mortier, où était logé le gouverneur, et lui dit : « Gouverneur, vous m'avez fait beaucoup de griefz; je vous amoneste.... que dedans trois heures, dont je vous assigne une heure

[1] Arch. de l'Isère, B. 3015, fol. 304-308.

pour le premier terme, l'autre pour un autre, et l'autre pour l'autre, vous aiez tout mis au néant ce que fait avez, sur peine de excommuniement. » Puis, sans plus attendre, « ledict arcevesque de sa bouche dist de moult felon courage, si comme il sembloit : je vous excommenie. Et tantost après ledit arcevesque se parti et s'en retourna en son hostel[1] ».

Le gouverneur protesta aussitôt contre cette sentence, fit appel au pape et demanda d'être absous de l'excommunication[2].

Pendant ce temps, l'affaire de l'archevêque était toujours pendante devant le Conseil. Désespéré de ces lenteurs, Pierre Mortier voulait s'en aller. On l'en empêcha ; on lui dit que, s'il partait, tout ce qu'on avait fait serait perdu. Enfin, Imbert de Boissy prononça l'arrêt, et les lettres patentes du roi furent expédiées le 18 décembre 1404[3].

Les considérants rappellent longuement les droits du dauphin à Vienne et les événements des années précédentes : l'entrée de Vienne refusée à Boucicaut, le monastère de Saint-André envahi, le gardier emprisonné. On y rappelle aussi la capture de sujets delphinaux à Saint-Chef, l'incendie de la tour de Mornas. La défense de l'archevêque est exposée plus brièvement : il possède la juridiction totale de Vienne ; Antoine de Grolée a fait occuper le monastère de Saint-André parce que les moines voulaient aider certains hommes d'armes

[1] Arch. de l'Isère, B. 3253, fol. 66 v°.

[2] *Ibid.*, fol. 169-172.

[3] Arch. de l'Isère, original B. 3151 ; copies, B. 3250, fol. 16-29 ; B. 3252, fol. 325-336.

à passer le Rhône ; Pierre Mortier a fourni de l'argent et des armes aux Torchefelon, et la tour de Mornas a été attaquée parce qu'ils y avaient placé une garnison. Malgré ces raisons, l'archevêque fut condamné : la porte de Saint-Martin, dite d'Aurouse, sera renversée, au son de la trompette, et restera à terre pendant un mois. La garde des clefs de cette porte appartiendra aux officiers du dauphin, tant que Thibaud sera sur le siège de Vienne. Pierre Mortier et sa famille seront exempts de la juridiction temporelle de l'archevêque et justiciables des officiers delphinaux. L'archevêque ne pourra pas établir de taille sur les sujets du dauphin, sans le consentement de ses officiers ; il rendra les gages qu'il a pris à l'occasion de la dernière taille et absoudra ceux qu'il a excommuniés. Enfin, l'archevêque était condamné à payer certaines sommes à diverses personnes : 2.000 livres au procureur du dauphin, 500 à Pierre Mortier, 40 à l'abbé et au monastère de Saint-André, 20 à François des Champs, le moine blessé dans l'attaque de l'abbaye, 20 à chacun des sujets delphinaux emprisonnés à Saint-Chef. Il est à remarquer que ces sommes sont petites en comparaison de celles que réclamait le procureur du Dauphiné : 10.000 francs d'or au dauphin, 5.000 écus à Pierre Mortier, 4.000 aux religieux de Saint-André et autant à François des Champs. Le temporel de l'archevêque devait être confisqué jusqu'à l'exécution de cette sentence. Les consuls étaient absous des peines réclamées contre eux par le gouverneur.

Cet arrêt mettait fin aux ambitions de Thibaud de Rougemont. Il dut en être profondément mortifié. Il ne songea plus qu'à quitter Vienne. Le siège de Besançon était vacant par la mort de Gérard d'Athies, survenue le

22 novembre 1404. Il obtint d'y être nommé le 20 février 1405 [1].

Il ne vit donc pas l'exécution de l'arrêt rendu contre lui. Pierre Mortier ne put obtenir la lettre exécutoire que le 17 mars 1405 [2]. Il quitta Paris et arriva à Vienne « le mardi d'avant Pasques » (14 avril), après une absence de dix mois et seize jours [3].

Il semble que les Viennois virent partir Thibaud de Rougemont sans regret. Ce prélat avait déchaîné la guerre en Dauphiné. Ils avaient été entraînés à de fortes dépenses. Fatigués de ces troubles, ils avaient décidé, le 1er avril 1404, de faire à l'archevêque un don de 600 florins, pourvu qu'il défendît les bourgeois et maintînt la paix de tout son pouvoir [4]. 300 écus d'or furent payés le 17 septembre [5]. On devait payer le reste de la somme à la mi-carême de 1405 [6]. Mais, le 2 juin 1405, les consuls décidèrent de ne pas payer à l'ex-archevêque les 100 écus qui lui restaient dus, parce qu'il n'avait pas rempli les intentions de leurs prédécesseurs [7].

De ce simple fait, il n'est pas téméraire de conclure que les bourgeois de Vienne conservaient un mauvais souvenir du pontificat, si agité, de Thibaud de Rougemont.

[1] Eubel, *Hierarchia catholica medii aevi*, t. I, p. 141.
[2] Arch. de l'Isère, B. 3151.
[3] B. 3417.
[4] Arch. de Vienne, BB. 2, fol. 71 r°.
[5] *Ibid.*, fol. 75 v°.
[6] *Ibid.*, fol. 83 r°.
[7] *Ibid.*, fol. 86 r° ... *quia dictus dominus archiepiscopus non adimplerit illa que convenerat pro quibus eidem fuerat concessa dicta summa.*

CHAPITRE VI

Jean de Nant (1405-1423).

Le successeur de Thibaud de Rougemont fut Jean de Nant[1], archidiacre de Caux au diocèse de Rouen, chanoine de Besançon, docteur de l'Université de Paris. Le 24 décembre 1404, le recteur de cette Université avait demandé au pape de nommer Jean de Nant archevêque de Besançon. Mais Thibaud de Rougemont ayant passé à Besançon, Jean reçut le siège qu'il laissait vacant[2]. Élu le 5 février 1405, il fit son entrée à Vienne le 5 juillet[3].

Le 1er juillet, les consuls et les bourgeois de Vienne avaient décidé de lui donner 200 francs d'or, du vin, des torches et des épices, à condition qu'il confirmât les libertés de la ville et s'efforçât d'y rétablir la paix[4]. Le 12 août, le nouvel archevêque fit droit à cette demande : dans le verger du palais archiépiscopal, en présence

[1] *Johannes de Nanto.* — Chorier, Charvet, Mermet, le *Gallia Christiana* appellent cet archevêque Jean de Nant ; Eubel et le P. Denifle, Jean de Nanton. — Nanton, Saône-et-Loire, arr. Chalon-sur-Saône, c^on Sennecey. — Il n'est pas probable que l'archevêque de Vienne tirât son nom de cette localité. Le 16 août 1420, il date un acte : *in castro de Nanto, Bisuntine diocesis* (Arch. de l'Isère, B. 3028).

[2] *Chartularium Universitatis parisiensis*, publ. par Denifle et Châtelain, t. IV, p. 131, n° 1811.

[3] *Gallia Christiana*, t. XVI, col. 112.

[4] Arch. de Vienne, BB. 2, fol. 86 v°.

d'une nombreuse assemblée, il confirma les privilèges de Vienne [1].

Auparavant, il s'était occupé de se faire restituer le temporel de l'archevêché, confisqué, l'année précédente, à son prédécesseur. Il obtint pour cela des lettres patentes du roi, datées de Paris, le 23 mai [2]. Le Conseil delphinal refusa de les exécuter et de restituer le temporel, avant que l'archevêque eût relevé le gouverneur et les autres officiers delphinaux de l'excommunication dont Thibaud de Rougemont les avait frappés. Jean de Nant envoya Pierre de Clairvaux, licencié dans les deux droits, et Aymon de Dompra pour discuter les clauses d'un traité. Le 15 août, il donna pleins pouvoirs à Simon Breyssaud, chanoine de Chalon, official de Vienne, pour absoudre les officiers delphinaux [3].

Celui-ci, le 2 octobre, releva de l'excommunication le gouverneur Boucicaut et vingt-quatre officiers delphinaux, dont Jacques de Saint-Germain, avocat fiscal, Aubert Fabre, receveur général du Dauphiné, Jean Boyssel, bailli du Viennois-Terre-de-la-Tour, Gilles Copier, bailli du Viennois-Valentinois, Aymeric de Brisay, bailli du Graisivaudan. En échange, l'archevêque recouvra son temporel [4].

[1] Arch. de Vienne, AA. 2, 7.

[2] Arch. de l'Isère, B. 3151.

[3] Arch. de l'Isère, B. 3027 (original parchemin; reste d'un sceau rond, en cire rouge, sur simple queue); B. 3251, fol. 171-172.

[4] B. 3151. — Au dos de la pièce est mentionnée l'exécution de l'acte par le curé de la Côte-Saint-André, le dimanche 4 octobre. — Charvet (*Hist. de la Sainte Église de Vienne*, p. 495), Mermet (*Hist. de la ville de Vienne*, t. III, p. 195), le *Gallia Christiana* (t. XVI, col. 112) rapportent cette absolution à la date inexacte du 12 octobre.

Les années suivantes, Charles VI accorda des privilèges aux Viennois. Le 17 mai 1406, il autorisa les consuls à percevoir, pendant dix ans, pour réparer les ponts et les fortifications, diverses taxes : le vingtième denier sur tous les vins vendus au détail ; quatre deniers par livre sur tous les héritages vendus, deux sur l'acheteur et deux sur le vendeur ; un gros sur chaque charge de vin étranger apporté dans la ville ; deux tiers de gros pour chaque quintal de froment pesé et un demi-gros pour chaque quintal de seigle. Le même jour, il permit aux consuls et aux habitants de Vienne de nommer un ou plusieurs procureurs pour traiter les affaires de la ville[1]. Le 5 avril 1407, il ordonna au viguier de Sainte-Colombe de laisser les habitants de Vienne vendanger les vignes qu'ils avaient en ce lieu et emporter leur récolte[2]. Enfin, le 6 avril 1408, il permit aux Viennois de faire venir les matériaux nécessaires à la reconstruction du pont du Rhône, avec toute sorte de franchise et d'immunité[3].

Mais, s'il accordait des privilèges à la ville de Vienne, le roi voulait aussi y maintenir ses droits. Le 26 mai 1406, il annonce au gouverneur et au Conseil delphinal qu'il a fait faire un extrait de l'enquête dirigée à Vienne par Eustache de Laître et Jean André « par laquelle enqueste

[1] Arch. de l'Isère, B. 3417.

[2] Arch. de Vienne, AA. 1, 4.

[3] Chorier, *Recherches sur les antiquités de la ville de Vienne*, éd. 1828, p. 119-120. — Il donne la date du 6 avril 1407, qu'il faut, je crois, ramener à 1408 n. st. C'est en l'année 1408 que l'on ouvrit à Vienne des souscriptions pour la reconstruction du pont du Rhône. Elles sont contenues dans le registre BB. 9 des Archives communales de Vienne.

peut apparoir de noz diz droiz, prerogatives et libertéz et de la division et limitation d'iceulx et de ceulx dudit arcevesque[1] ».

Le 11 août, au Conseil delphinal, on donna lecture des lettres patentes du roi, scellées en pendant, de cire rouge, et d'un rouleau de parchemin, fermé et scellé du contre-sceau du roi. A cette séance solennelle assistaient des délégués de l'archevêque de Vienne, Simon Breyssaud, official, Antoine Grand, juge, et Hugues Perucet, procureur de la cour temporelle.

Les vingt-trois articles de l'extrait de l'enquête sont destinés à régler les droits respectifs de la cour commune des comtes et de la cour temporelle de l'archevêque[2].

Le dauphin et l'archevêque, en leur qualité de comtes, ont la juridiction haute, moyenne et basse à Vienne. Cette juridiction a son siège au palais delphinal, sauf à certains jours. Elle est exercée par un juge commun et un procureur commun (art. 1er). Le dauphin possède à Vienne un gardier et un courrier, chargés de percevoir ses revenus (art. 2 et 3). La juridiction sur la boucherie, l'écorcherie, le marché aux bœufs, la place de la Pierre-Bacon, les rues orbes, c'est-à-dire sans issue, appartient toute l'année à la cour commune des comtes, même pendant les foires de l'archevêque (art. 5, 11, 17). La cour commune a toute juridiction dans la ville pendant les foires des comtes, qui durent de la Saint-Martin

[1] Arch. de l'Isère, B. 3151.

[2] Original, B. 3151; copies, B. 2662, fol. 504-507; B. 3016, fol. 22 v°-26; B. 3153, fol. 22 v°-26; B. 3260, fol. 299-305. — Pièces justificatives, n° VI.

d'hiver au lendemain de la fête de sainte Catherine (art. 10). Les proclamations sont faites au nom de la cour des comtes et de la cour temporelle (art. 6). La garde des portes appartient au dauphin et à l'archevêque (art. 12). D'autres articles concernent les consuls, les bannerets, les pennoniers et les portiers (art. 7, 8, 9). L'official n'a pas de juridiction temporelle ; on n'a pas le droit d'en appeler devant lui des sentences de la cour des comtes (art. 14 et 19).

Cet accord n'établit pas la paix. Malgré l'extrait de l'enquête affiché par le gardier au palais delphinal, l'archevêque empiéta sur les droits et la juridiction du dauphin. Le roi donna l'ordre au gouverneur du Dauphiné de faire une enquête [1] (7 janvier 1407).

Vers cette époque, l'archevêque de Vienne s'absenta plusieurs fois pour s'occuper des affaires générales de l'Église. Il assista à la conférence réunie à Marseille, en avril 1407, pour mettre fin à la rivalité de Benoit XIII et de Grégoire XII [2]. Le 6 novembre 1408, il fut élu, en présence du chancelier de France, pour représenter, avec cinq personnes notables, la province de Vienne au concile de Pise [3]. Il assistait, en effet, à ce concile le 25 mars 1409 [4]. A son retour, il y eut à Vienne une sédition populaire dans laquelle il faillit périr ; des chaînes furent tendues dans les rues et les barricades poussées jusqu'à son palais [5].

Au mois de juin 1415, on apprit à Vienne que l'empe-

[1] Arch. de l'Isère, B. 3151.
[2] *Gallia Christiana*, t. XVI. col. 113.
[3] Martène et Durand, *Amplissima Collectio*, t. VII, col. 885.
[4] *Gallia Christiana*, t. XVI, col. 113.
[5] Charvet, *Histoire de la Sainte Église de Vienne*, p. 496.

reur Sigismond devait aller à Perpignan pour tenter de persuader le pape Benoit XIII de déposer la tiare. Le 16 juin, les consuls décident de le recevoir avec les honneurs qui lui sont dus. Seize commissaires sont adjoints aux consuls pour demander à l'Empereur la confirmation des privilèges de la ville [1].

Le vendredi 2 août 1415, Sigismond passe à Vienne. Aucun détail, dans les registres consulaires, sur son entrée. On y mentionne seulement un don de 300 florins, valant 200 écus, qui lui fut fait [2].

L'Empereur ne séjourne pas à Vienne. Il n'a pas le temps de répondre à la supplique qui lui est présentée. Pour avoir cette réponse, François Ysimbard le suit jusqu'au Pont-Saint-Esprit [3].

Sigismond ne la donna qu'à son retour. Le 21 janvier 1416, vers la troisième heure de la nuit, il entre heureusement dans Vienne, comme il l'écrit le lendemain à Louis de Bavière [4]. Hugues Perucet, François Ysimbard, Claude Blanc, Arthaud de L'Orme accompagnent l'Empereur à Lyon. Le 4 février, ils obtiennent la concession de trois actes importants.

Le premier est la confirmation des anciens privilèges de Vienne [5]. Quelques additions y sont faites. C'est ainsi

[1] Arch. de Vienne, BB. 4, fol. 31 r°.

[2] *Ibid.*, fol. 33 v°. — Texte publié par Giraud et Chevalier, *Le Mystère des Trois-Doms*, p. 881-882.

[3] Arch. de Vienne, BB. 4, fol. 34 v° « *pro habendo provisionem et conclusionem super supplicatione eidem presentata ex parte ville.* »

[4] Martène et Durand, *Thesaurus Anecdotorum*, t. II, col. 1659. — Cf. Giraud et Chevalier, *Mystère des Trois-Doms*, p. CXXXV.

[5] Copies aux Archives de l'Isère : B. 3015, fol. 276-283 (XV° s.);

que l'Empereur fixe la manière d'élire les consuls. Un autre article institue à Vienne un juge des appellations; aucun bourgeois ne pourra être cité en appel hors de la ville. Les juges, courriers et autres officiers, avant d'exercer leurs fonctions, devront jurer, entre les mains de l'Empereur ou de son vicaire, en présence des consuls ou de dix notables, de ne pas enfreindre ces franchises. Défense est faite de venir à l'encontre de ces articles sous peine d'une amende de cent marcs d'or. Le dauphin de Viennois, le comte de Savoie, le juge-mage du Viennois et Terre-de-la-Tour sont nommés conservateurs des libertés de Vienne.

Une autre charte, en douze articles, concède divers privilèges aux Viennois[1]. Ils pourront doubler l'impôt du commun du vin et faire payer trois gros à chaque charge de vin étranger. Ils pourront percevoir un impôt d'un dixième sur le pain. Ils auront le droit de pêcher

B. 3420, fol. 11-15 (xve siècle, incomplète) ; Bibl. de Grenoble, ms. 1436 (R. 80, t. XVIII), fol. 1-9 (xviie siècle).

Cf. W. Altmann, *Regesta Imperii, XI. Die Urkunden Kaisers Sigmunds*, n°s 1924 et 1925; et A. Leroux, *Nouvelles recherches critiques sur les relations politiques de la France avec l'Allemagne de 1378 à 1461*, p. 170-171. — Ces deux auteurs indiquent cet acte et les deux suivants à la date du 3 février. Les trois copies manuscrites, Chorier (*Histoire générale de Dauphiné*, t. II, p. 409), Giraud et Chevalier (*Mystère des Trois-Doms*, p. CXXXVI), donnent celle du 4 février.

[1] Copies : Arch. de l'Isère, B. 3015, fol. 282 v°-283 v° ; B. 3420, fol. 5-10 et 23-28; Bibl. de Grenoble, ms. 1436 (R. 80, t. XVIII), fol. 9 v°-14 r°; Arch. de Vienne, AA. 1, 4 *bis* (vidimus d'Henri II, 1547, mars, Fontainebleau ; de Louis XIV, 1670, décembre, Paris). Texte publié par F.-Z. Collombet, *Histoire de la Sainte Église de Vienne*, t. II, p. 433. — Cf. Mermet, *Ancienne Chronique de Vienne*, p. 159-162.

dans la Gère et le Rhône, de faire pâturer leurs bestiaux à une ou deux lieues autour de la ville et de chasser dans un rayon de six lieues.

Le troisième acte de l'Empereur accorde à la ville de Vienne deux foires franches, l'une le lendemain de l'Ascension, l'autre le jour de la fête de saint André apôtre. Chacune durera pendant huit jours. Défense est faite à tous de molester les marchands qui s'y rendront[1].

Quelques jours plus tard, le 9 février, à Chambéry, Sigismond confirma au doyen et à l'église de Vienne tous les privilèges accordés par les empereurs, notamment le péage de douze deniers par charge de marchandises, levé au profit du chapitre. Ce péage avait été concédé, en 1214, par Frédéric II[2].

Enfin « il dispensa les Viennois du payement des droits des péages établis à Auberives, Roussillon, Romans, Valence, Montélimart, Auzin, Mont-Dragon et Orange. Cette dernière bulle fut publiée à Auberives, le 19 février[3] ».

[1] Original : Arch. de Vienne : parchemin, scellé de cire jaune sur lacs de soie jaune et violette. Le sceau est celui décrit par Douet d'Arcq, *Collection de sceaux*, n° 10.904. — Copies : Arch. de l'Isère, B. 3420, fol. 17-18 ; Bibl. de Grenoble, ms. 1436 (R. 80, t. XVIII), fol. 14-15.

[2] Arch. de l'Isère, B. 2893, fol. 42 v°-44 (copie du XVII° siècle). — Cf. Dubois, *Floriacensis vetus Bibliotheca. Viennae antiquitates*, p. 96 ; et Giraud et Chevalier, *Mystère des Trois-Doms*, p. CXXXVI.

[3] Mermet, *Ancienne Chronique de Vienne*, p. 160. — Quoique donné sans indication de source, je tiens ce renseignement pour recevable. Chorier indique à peu près le même fait : « Michel Jals, baron en Hongrie, et Ottebon de Bellon, commissaires impériaux, firent défences aux propriétaires des péages de Rossillon, de Romans, de Valence et de Montélimar et des autres de plus rien exiger à l'avenir des habitants de Vienne. » (*Hist. de Dau-*

L'obtention de tous ces privilèges coûta très cher aux Viennois. D'abord des frais énormes de chancellerie : 1.000 écus d'or et 1.000 parpillolles[1], valant 1.555 florins six gros deux tiers, payés au chancelier de l'Empereur pour le sceau des lettres. Aux secrétaires, pour le parchemin et l'écriture des lettres, neuf écus et treize gros ; à messire Ottobon et à messire Michel, chevaliers de l'Empire, commissaires délégués pour l'exécution des privilèges impériaux, 100 écus et 100 parpillolles, valant 160 florins, six gros deux tiers. A Pierre Margant, Jean Ravanel, François Ysimbard, qui les accompagnèrent dans leurs missions, seize écus d'or, une première fois, douze écus huit gros, une autre fois. Puis, Armand Feuchier et Jean Chulin furent envoyés à Grenoble pour

phiné, t. II, p. 408.) Un registre consulaire (BB. 4, fol. 41 r°) nous apprend que ces deux personnages furent envoyés *ad partes inferiores contra pedagiatores :* l'expression *ad partes inferiores* désigne certainement des localités en aval de Vienne. Enfin, ces deux mêmes personnages sont mentionnés dans un registre des Archives de l'Isère (B. 3420, fol. 16 r°). Ils sont appelés Michel Jars, chevalier de la grande cour impériale, et Ottobon de Cologne (*de Colonis*), docteur dans les deux droits. Le 19 février 1416, à Roussillon, ils notifient qu'Antoine Moret, châtelain de ce lieu, ne consentit pas à exécuter les lettres impériales accordées aux habitants de Vienne, parce qu'il les jugeait contraires aux droits de sa dame, Isabelle d'Harcourt, femme d'Humbert, sire de Royre et de Villars. Il s'agissait probablement de cette exemption de péage. — Quant à la date indiquée par Mermet, il est évident que ce n'est pas celle de la concession du privilège. L'empereur Sigismond n'était sûrement pas à Auberives le 19 février ; mais il est très vraisemblable que, ce jour-là, ses deux commissaires publièrent ses ordres dans cette localité. Ils durent, en effet, la traverser pour se rendre à Roussillon, à six kilomètres environ plus au Sud.

[1] Monnaie provençale, qui, en 1343, avait cours en Dauphiné pour 15 deniers (Valbonnais, *Histoire de Dauphiné*, t. II, p. 556). Il en fallait 33 pour faire un écu (Du Cange, t. V, p. 104).

prendre conseil de gens habiles sur l'exécution des nouveaux privilèges accordés par l'Empereur : coût, quatre écus. François Ysimbard fut envoyé vers Sigismond, d'abord à Chambéry, seul, puis à Paris, en compagnie d'Étienne Arnaudet et de Hugues Perucet. Ce dernier voyage coûte à la ville 124 écus[1].

Les privilèges à peine obtenus, il fallut les défendre. Jean de Nant, mécontent des concessions de l'Empereur, s'efforça d'empêcher les Viennois d'en profiter. Averti du fait, Sigismond écrivit le 20 avril, de Beauvais, à Amédée, qu'il venait de créer duc de Savoie[2]. Il lui confie le soin de protéger les habitants de Vienne et de maintenir leurs privilèges. Le duc enverra dans cette ville un ou deux de ses fidèles, chargés de juger les conflits qui pourraient s'élever. Enfin, l'Empereur lui mande de citer l'archevêque Jean à comparaître devant la cour impériale, à Constance ou ailleurs.

Il n'est pas d'un médiocre intérêt de voir l'Empereur intervenir ainsi dans les querelles de l'archevêque de Vienne et des bourgeois. Jusqu'alors, en pareil cas, ceux-ci avaient recours au dauphin, au Conseil du roi, au Parlement de Paris. S'ils en appellent maintenant à l'Empereur, c'est que la royauté française a subi le désastre d'Azincourt. En août 1415, Sigismond n'a pas confirmé les privilèges de Vienne. En février 1416, pendant son séjour à Lyon, il multiplie ses actes de souveraineté. Il se souvient qu'une donation, vieille de près de

[1] Arch. de Vienne, BB. 4, fol. 39 v° et 41.

[2] Arch. de Vienne, AA. 1, 5. Pièces justificatives, n° VII. Cet acte n'est pas mentionné dans le *Regesta* d'Altmann, qui indique seulement le séjour de l'Empereur à Beauvais du 15 au 21 avril (n° 1953 *b*).

quatre siècles, a fait les empereurs souverains de la rive gauche du Rhône[1].

A Vienne, l'intervention de l'Empereur ne rétablit pas le calme. De nouveaux consuls furent élus le 1er novembre 1416[2]: parmi eux, Claude Blanc, François Ysimbard, Pierre Margant, qui avaient pris une part importante aux négociations avec l'Empereur. L'archevêque refusa de recevoir le serment des consuls[3]. Après deux et trois requêtes, ils entrèrent d'eux-mêmes en charge. C'est probablement pour cette raison que l'archevêque et son official leur adressèrent une monition, puis les excommunièrent. Les consuls protestèrent contre la monition le 19 novembre, contre l'excommunication le 10 décembre, et en appelèrent au concile de Constance et au pape. Le 15 et le 16 décembre, des conférences entre les consuls et l'archevêque demeurèrent sans résultat. Enfin, le 28 décembre, Odon, cardinal-diacre du titre de Saint-Georges au Vélabre[4], commissaire député par le concile de Constance, vint à Vienne et cita à comparaître devant lui l'archevêque et les ecclésiastiques de la ville[5].

Les négociations furent poursuivies au concile de Constance. Le 3 avril 1417, les consuls ordonnent de payer quatre florins à un messager envoyé à Constance pour savoir l'état de la cause pendante entre la ville et

[1] Cf. A. Leroux, *Nouvelles recherches critiques sur les relations politiques de la France et de l'Allemagne*, p. 173.

[2] Arch. de Vienne, BB. 4, fol. 45.

[3] *Ibid.*, fol. 49 r°.

[4] *Oddo de Columna*, protonotaire apostolique, créé cardinal par Innocent VII, le 12 juin 1405 ; élu pape à Constance, le 11 novembre 1417, il prit le nom de Martin V. — Eubel, *Hierarchia catholica medii aevi*, t. I, p. 25.

[5] Bibl. de Grenoble, ms. 1719 (R. 4744), fol. 88.

l'archevêque[1]. Hugues Perucet, Pierre Margant, Jean Ravanel allèrent y défendre les intérêts de la ville. Un jugement du 8 avril décida que les consuls et les habitants de Vienne devaient rendre hommage à l'archevêque, qu'ils avaient la liberté de faire le guet et de garder la ville. L'archevêque recevait l'ordre de lever l'excommunication et l'interdit[2]. Le 17 mai, on paya trois francs cinq gros aux bateliers qui avaient ramené les trois députés de Seyssel à Vienne, à leur retour de Constance[3]. Le 29 décembre, on paye dix florins d'or à Hugues Perucet et à Pierre Margant, envoyés à Constance pour faire lever l'interdit général mis à Vienne. Il s'agit probablement d'un reliquat de compte au sujet du même voyage[4].

L'archevêque de Vienne s'était aussi rendu au concile de Constance. Le Religieux de Saint-Denis[5] mentionne sa présence à l'assemblée générale des quatre nations tenue le dimanche 12 mai 1415. On l'y trouve encore le 18 et le 26 juin 1417[6]. Il est cité, avec le patriarche d'Antioche, les archevêques de Milan et de Besançon, parmi les plus chauds partisans de l'Empereur[7]. Aussi voyons-nous Sigismond devenir plus favorable à l'archevêque de Vienne. Le 8 février 1417, il lui avait donné l'ordre de faire publier, dans toute l'étendue de son archevêché, que tous ceux qui devaient hommage à

[1] Arch. de Vienne, BB. 4, fol. 48 r°.
[2] Chorier, *Histoire de Dauphiné*, t. II, p. 411.
[3] Arch. de Vienne, BB. 4, fol. 48 v°.
[4] *Ibid.*, f° 93 v°.
[5] Livre XXXVI, chap. XXX.
[6] Finke, *Forschungen und Quellen zur Geschichte des Konstanzer Konzils*, p. 206-207.
[7] Finke, *Forschungen und Quellen...*, p. 215.

l'Empereur étaient tenus d'aller le prêter à Constance, aux fêtes de la Pentecôte[1]. Le 9 janvier 1418, il lui accorde les droits régaliens, la dignité d'archichancelier en Bourgogne et dans le royaume d'Arles, et lui confirme tous ses privilèges et toutes ses possessions[2]. Le 16 janvier, il charge l'archevêque de Besançon et l'évêque de Bâle de faire une enquête sur la légitimité des privilèges, que les bourgeois de Vienne font valoir au détriment de l'archevêque et de rétablir celui-ci dans tous ses droits[3]. Enfin, le 16 février, il nomme Augustin Dellantes, de Pise, docteur en droit, vicaire impérial à Vienne avec pleins pouvoirs[4].

Que fit à Vienne cet envoyé impérial ? On ne sait. Sa mission a laissé peu de traces dans les registres de la ville. Le 22 mai 1418, on paye vingt-quatre florins à Nicolas Dubourg pour deux douzaines de peaux de chamois, données à Augustin de Pise, en raison des travaux exécutés à Constance pour l'intérêt commun[5]. Il dut

[1] U. Chevalier, *Ordonnances des rois de France... relatives au Dauphiné*, p. 7, n° 54. Cf. Charvet, *Hist. de la Sainte Église de Vienne*, p. 497. « L'Archevêque exécuta sa commission, mais personne pour cela ne vint rendre à l'Empereur les soumissions qu'il attendait. » Chorier, *Hist. de Dauphiné*, t. II, p. 413.

[2] Arch. de l'Isère, G. 11, original parchemin ; lacs de soie rose et bleue ; le sceau manque. *Datum Constancie, anno Domini millesimo quadringentesimo decimo octavo, nona die januarii.* W. Altmann, *Die Urkunden Kaiser Sigmunds*, n° 2796, et A. Leroux, *Nouvelles recherches critiques...*, p. 174, citent l'acte à la date du 8 janvier.

[3] Altmann, *o. c.*, n° 2819 ; A. Leroux, *o. c.*, p. 174. — Il est intéressant de rappeler que l'archevêque de Besançon était alors Thibaud de Rougemont, l'ancien archevêque de Vienne.

[4] Altmann, *o. c.*, n° 2912.

[5] Arch. de Vienne, BB. 4, fol. 88 r° « *pro nonnullis laboribus per ipsum sustentis Constancie pro facto communi.* »

être accueilli avec une certaine solennité : Guy Laurent et Arthaud de L'Orme allèrent à Lyon pour s'informer de la manière dont on devait se comporter à son arrivée. Quand il repartit, ce même Guy Laurent l'accompagna, pendant deux jours, jusqu'à Pont-de-Chéruy [1]. La présence d'un envoyé impérial à Vienne semble avoir ému les officiers royaux de Lyon : Guy Laurent y fit un voyage pour savoir ce que les gens du roi voulaient mander à Paris sur le fait dudit Augustin [2].

Vers le même temps, des périls extérieurs recommencèrent à menacer Vienne. Un registre des Archives de l'Isère nous a conservé « les aviz et memoyres que les cosses et bannares, ensemble les citiens et habitans de la ville de Vienne ont avisé sus les gardes, tuhicion et fortifficacion de ladite ville de Vienne [3]. » (17 juin 1418). Toutes les portes seront tenues closes. Elles seront garnies de « bombardes, pudres et pierres d'aubaleytes et de trait ». Dans la ville, on tiendra les chaînes tendues jour et nuit, sauf dans les grandes rues, où elles ne seront tendues que la nuit. Les portes seront gardées jour et nuit. « Tous ceux de la grant bannyère doyvent estre prest et en armes en la place de l'Orme et de la non partir sans licence du bannaret. »

Des comptes du 30 mai et du 7 juin 1419 mentionnent des payements faits par les consuls pour achats de bombardes [4]. C'était le prince d'Orange qui causait ces

[1] Isère, arr. Vienne, c^{on} Meyzieu.

[2] Arch. de Vienne, BB. 4, fol. 92 v° « *ad sciendum illa que gentes regie volebant mandare Parisius super facto dicti domini Augustini.* »

[3] Arch. de l'Isère, B. 3250, fol. 380-381.

[4] Arch. de Vienne, BB. 4, fol. 99 v° et 100 r°. Autres payements le 27 août (fol. 115 v°) et le 13 décembre (fol. 117 v°).

inquiétudes. Il avait assemblé des troupes à Auberive. Les Viennois refusèrent de lui donner passage dans leur ville. Il franchit le Rhône en aval, le remonta et surprit Sainte-Colombe[1]. Un compte du 5 septembre 1419 mentionne l'achat de quatre torches de cire, pour faire le guet, quand les gens d'armes du prince d'Orange vinrent à Sainte-Colombe, le vendredi-saint (14 avril)[2]. Jean Turin, apothicaire, qui avait fourni ces torches, livra aussi trente-sept livres de poudre à bombarde. On paya encore trois florins et trois gros à un certain Antoine de Marnantua, qui avait réparé les tours de Fuissin et élevé une palissade à l'angle de la vigne de Saint-Pierre, près du Rhône[3]. Mais, le prince d'Orange « n'aiant pas osé en venir à la force ouverte, fut contraint de se retirer sans avoir rien tenté qui répondît à la réputation de ses armes[4] ».

Au mois de février 1420, le dauphin Charles, qui se rendait en Languedoc, traversa Vienne. Le 8 février, les consuls décidèrent de lui offrir en présent 800 florins[5]. Ce même jour, le dauphin demanda au doyen et au chapitre de lui confier pour quatre ans la garde du château de Pipet. Le lendemain 9 février, le chapitre fit droit à cette demande[6]. Le château de Pipet fut remis par

[1] Chorier, *Histoire de Dauphiné*, t. II, p. 414.

[2] Arch. de Vienne. BB. 4, fol. 101 v° « *pro faciendo excubias pro civitate quando gentes armorum domini principis Aurayce fuerunt in loco Sancte Columbe, die veneris sancta, et dominus baillivus Lugduni venit Viennam.* »

[3] *Ibid.*, fol. 107 v°.

[4] Chorier, *Histoire de Dauphiné*, t. II, p. 415.

[5] Arch. de Vienne, BB. 4, fol. 110 v°.

[6] Arch. de l'Isère. B. 3028 ; original parchemin, scellé sur double queue de parchemin. Le sceau, dont le bas est malheureusement

Aymar Rivoire, préchantre, et Catherin Moyssard, chanoine, à Henri de Sassenage, gouverneur du Dauphiné. Celui-ci, en présence de Louis de Culant, conseiller et chambellan du dauphin, de Jean Girard, docteur en lois, conseiller et maître des Requêtes de l'Hôtel, de Jean Alaman, seigneur de Séchilienne, de Jean de La Barre, trésorier, d'Antoine de Lay, bailli du Viennois-Terre-de-la-Tour, confia la garde du château à Aymar de Beauvoir, seigneur de La Palud[1].

L'archevêque ne protesta pas. Quelques mois plus tard, le 13 juin, il donna l'ordre à ses châtelains de Saint-Chef, de La Bâtie, de Mantaille et de Seyssuel de recevoir dans ces châteaux le gouverneur et les gens du Conseil delphinal[2].

brisé, est d'un type intéressant, non décrit par Pilot de Thorey, dans son *Inventaire des sceaux relatifs au Dauphiné conservés dans les Archives départementales de l'Isère*, nos 206 à 211. Saint Maurice est vu de face ; sa tête, couronnée et nimbée, est sous un dais d'architecture ; il tient dans la main droite un sceptre qui se termine par une main de justice. La légende, dont les premières et les dernières lettres sont seules visibles, devait être SIG (*illum viennensis ecc*) LIE. On a employé comme contre-sceau l'ancien sceau représentant la tête de saint Maurice, de profil, avec la légende S. CAPITVLI VIENNENSIS. Ce sceau, dont beaucoup d'exemplaires existent aux Archives de l'Isère (Série G. Fonds du chapitre de Saint-Maurice) est encore appendu seul à un acte du 9 décembre 1361 (Arch. de Vienne, AA. 2, 4). — L'acte du 9 février 1420 est publié par U. Chevalier, *Choix de documents historiques inédits sur le Dauphiné*, p. 250.

[1] Arch. de l'Isère, B. 3028, parchemin. — L'acte fut passé dans le château de Pipet : *infra dictum castrum Pupeti juxta citernam solam, inter ipsam et locum in quo sunt ingenia dicti castri*. — Cf. Chorier, *Hist. de Dauphiné*, t. II, p. 415.

[2] Arch. de l'Isère, B. 3152. Vidimus par Henri de Sassenage, gouverneur du Dauphiné, 1420, 21 juin. Saint-Marcellin. — Cf. Charvet, *Histoire de la Sainte Église de Vienne*, p. 498.

C'est à cette époque qu'un conflit s'éleva entre Vienne et Lyon. La cause en fut le refus des Viennois d'observer les privilèges des Lyonnais. Dès le 3 mai 1416, les Lyonnais décident « que la première foiz que messire Geoffroy de Monchanu, doyen de Lion et vicaire de mons. de Vienne, sera a Lion, messire Jehan Le Viste et sire Claude de Pompierre lui prieront qu'il vueille comander aux official et prestres du diocèse de Vienne qu'ilz exequtent les privilèges de Lion, quant présentés leur seront, dont ilz ont esté et sont refusans[1] ». Le 14 septembre et le 5 novembre 1420, les consuls de Lyon décident de continuer le procès relatif aux privilèges de la ville contre les officiers de l'archevêque de Vienne. Ceux-ci avaient été excommuniés pour avoir fait prisonnier un nommé Quintellet, porteur des privilèges de Lyon[2]. Le 3 novembre 1421, nouvelle décision de poursuivre la défense des privilèges de la ville « contre les officiers de l'arcevesque de Vienne et Claude Blanc et sa mère qui ont fait adjourner messeigneurs les conseilliers, moy procureur et dame Fleurdeliz de Varey à court de Romme[3] ». Le 19 janvier 1422, on nomme des procureurs pour défendre la ville à la cour de Rome contre les officiers de Vienne[4]. Deux mois plus tard, les consuls de Vienne lèvent une taille de 800 francs, dont une partie doit être employée à poursuivre devant la cour de Rome la cause pendante avec les Lyonnais[5]. J'ignore quel fut le résultat de cette affaire.

[1] M.-C. Guigue, *Registres consulaires de la ville de Lyon*, p. 46.
[2] *Ibid.*, p. 257 et 263.
[3] *Ibid.*, p. 333.
[4] *Ibid.*, p. 354.
[5] 25 mars 1422. Arch. de Vienne, BB. 4, fol. 131 v° « *pro facto cuiusdam asserti per ipsos gladii spiritualis.* »

Vers cette époque, le roi Charles VII rappela à l'archevêque de Vienne une ancienne dette, qu'il pouvait croire oubliée. Il avait négligé de payer les amendes que l'arrêt du 18 décembre 1404 l'avait condamné à verser à Pierre Mortier et à l'abbé de Saint-André-le-Bas. Le 26 janvier 1423, Charles VII écrivit au gouverneur du Dauphiné de contraindre l'archevêque de Vienne à payer ces amendes, au besoin par la confiscation du temporel [1].

C'est peut-être pour se soustraire à la nécessité de les payer que Jean de Nant demanda à quitter Vienne. Le 25 juin 1423, en considération de ses mérites et de ses vertus, le pape Martin V le nomma évêque de Paris [2].

[1] Arch. de l'Isère, B. 3152.

[2] *Gallia Christiana*, t. XVI, col. 113, et t. VII, *Instrumenta*, col. 132-133.

CHAPITRE VII

Jean de Norry et Geoffroy Vassal (1423-1446).

A Jean de Nant succéda Jean de Norry[1]. Conseiller du roi, maître des requêtes de son Hôtel, trésorier de Cambrai, chanoine de Sens, il avait été présenté par Charles VI aux suffrages des chanoines de cette église, après la mort de Jean de Montaigu (1415). Il avait eu pour concurrent Henri de Savoisy, chanoine de Paris et de Sens, doyen de Langres, soutenu par le duc de Bourgogne. Les voix des chanoines se partagèrent entre les deux candidats, qui firent appel au pape. L'élection de Jean, d'abord confirmée, fut ensuite rejetée par Martin V, le 26 janvier 1418[2].

Jean de Norry continua cependant à prendre le titre d'archevêque de Sens. Conseiller du dauphin Charles, lieutenant général, puis régent du royaume, il fut employé par lui à des négociations avec les Anglais, à la fin de 1418. En 1420, il l'accompagna en Languedoc[3].

[1] Une source importante nous manque pour l'histoire de cet archevêque : le registre qui contenait les actes des consuls de 1422 à 1437 n'existe plus aux Archives de Vienne.

[2] *Gallia Christiana*, t. XII, col. 82-83.

[3] Bibl. Nat., Clairambault, t. LXXXI. — Quittances de gages des 4 novembre et 29 décembre 1418, des 31 mars et 15 juin 1420. — Cf. Du Fresne de Beaucourt, *Histoire de Charles VII*, t. I, p. 117. — Dans une lettre du gardier de Vienne, du 30 juin 1427, on lit : *dominus Johannes de Neuri pro tunc archiepiscopus de Sans fuit factus archiepiscopus Viennensis* (Arch. de l'Isère, B. 3252, fol. 177 r°).

La nomination de Jean de Norry à Vienne était une compensation pour le siège de Sens qu'il n'avait pas pu occuper. Charles VII espérait peut-être que la présence de son ancien conseiller à Vienne contribuerait à réunir cette ville au royaume de France. Nommé le 26 juin 1423, Jean de Norry donne quittance, le 30, d'une somme de deux mille livres, que le roi lui avait attribuée par ses lettres patentes du 10 juin [1].

Il fit son entrée à Vienne le 10 octobre. Il était accompagné par Randon de Joyeuse, gouverneur du Dauphiné, Amédée de Talaru, archevêque de Lyon, Jean de Polley, abbé de Saint-Antoine-en-Viennois, Humbert de Grolée, bailli de Mâcon et sénéchal de Lyon [2].

Quelque temps après, le 4 décembre, il demanda à Pierre de Tholon, président du Conseil delphinal, de faire exécuter, d'après les archives de la Chambre des Comptes, une copie du règlement sur les droits de l'archevêque et du dauphin à Vienne [3].

Une fois assuré de ses droits, Jean de Norry formula ses griefs contre le gardier de Vienne, Pierre Costaing, dit Mortier. Il se plaignait de faits vieux de trois ou quatre ans : usurpation par le gardier de ses droits de leyde et de sa juridiction temporelle [4].

Pierre Mortier répondit d'une manière vague aux accusations de l'archevêque. Sans se justifier des faits qu'on lui reprochait, il déplaça la question. Il demanda

[1] Bibl. Nat., Clairambault, t. LXXXI. — Cf. G. Demay, *Inventaire des sceaux de la collection Clairambault*, t. II, p. 299, n° 9424.

[2] Chorier, *Histoire de Dauphiné*, t. II, p. 421 ; — Drouet de Maupertuy, *Histoire de la Sainte Église de Vienne*, p. 262.

[3] Arch. de l'Isère, B. 3251, fol. 178.

[4] B. 3253, fol. 20-23 et 126-130.

quelle sanction l'archevêque comptait donner à la réclamation qu'il lui avait présentée, le 22 décembre 1423, contre la lettre exécutoire « de la tailhe qui fut faite pour donner à mons. de Vienne pour son premier advenement ; et ainsi come ledit gardier a dit a mons. de Vienne, il est bien raison que on lui donnast, mes que l'executoire se fist ainsi come elle se doit fere, car ladicte executoire fut faicte sans le consentement de mons. le daulphin et de ses officiers [1] ».

Une autre cause de conflit fut l'arrestation de Pierre Margant, lieutenant du gardier delphinal, par Philippe de La Chapelle, lieutenant du courrier de l'archevêque, et sur l'ordre de celui-ci. Il fut enfermé dans une petite chambre basse, où l'on avait coutume d'emprisonner les voleurs, assassins et autres malfaiteurs, puis relâché sous caution [2]. En réponse à deux lettres des 22 et 24 mars, Jean de Norry écrivit au Conseil delphinal, le 28 du même mois, qu'il acceptait une entrevue avec le gouverneur, à La Côte-Saint-André, pour le 1er juin, afin de régler les affaires de Vienne. Il annonçait l'envoi d'un mémoire explicatif sur l'arrestation de Pierre Margant. Il se déclarait très soucieux de sauvegarder les droits du dauphin. Mais il était de son devoir de défendre ceux de son église, lésés chaque jour [3].

Quelques mois après, un nouveau conflit, beaucoup

[1] Arch. de l'Isère, B. 3253, fol. 4-5 v°. — Les réponses du gardier remplissent les fol. 35 à 46. *Secuntur responsiones facte per dominum garderium Vienne, nomine domini nostri dalphini super articulis sibi traditis per dominum archiepiscopum Viennensem, qui fuerunt traditi die XIII mensis januarii anno Domini millesimo CCCC^mo XXIII°* (1424, n. st.).

[2] B. 3253, fol. 110-118.

[3] Arch. de l'Isère, B. 3421.

plus vif, éclata. Les consuls de Vienne avaient obtenu de l'archevêque la permission de doubler le commun du vin. Ils décidèrent, sans le consentement des officiers delphinaux, de lui offrir un présent de 500 florins. Ils levèrent une taille et, malgré la défense du gardier, contraignirent les sujets des comtes à en payer leur part. Pour cela, ils usèrent de tous les moyens : confiscation de gages, emprisonnement des personnes, apposition sur les maisons du sceau de la cour séculière, censures ecclésiastiques. Tels sont les faits qu'expose Pierre Mortier dans une lettre adressée, le 1er juillet 1424, au bailli de Mâcon, au sénéchal de Beaucaire, au bailli du Vivarais et au viguier de Sainte-Colombe [1]. Il leur demande d'empêcher les consuls de lever la taille sur les sujets des comtes, et d'obliger les officiers de l'archevêque à révoquer toutes les mesures prises contre eux.

L'official de Vienne riposta que les consuls avaient le droit de lever des tailles. Pierre Mortier agissait au préjudice de l'archevêque et des consuls. Il lui adressa une monition et lui ordonna, sous peine d'excommunication, de supprimer, dans les trois jours, tous les empêchements qu'il avait mis à la levée de l'impôt (4 juillet) [2].

Le 7 juillet, Simonet de La Chapelle, procureur de Pierre Mortier, comparut devant Jean de Monteil, juge de la cour temporelle, et lui demanda de révoquer cette monition [3]. Le gardier protesta aussi. Il prouva par des exemples que les consuls de Vienne n'avaient le droit ni de lever une taille, ni de doubler le commun du vin, sans

[1] Arch. de l'Isère, B. 3253, fol. 102 v°-105 r°.
[2] *Ibid.*, fol. 72-75.
[3] *Ibid.*, fol. 76 r°.

l'autorisation du dauphin ou de ses officiers. Ainsi, le 26 août 1366, Raoul de Louppy, gouverneur du Dauphiné, avait interdit de payer une taille décidée à l'occasion du voyage de l'empereur Charles IV. Le gardier n'a pas attenté aux libertés de Vienne ; il n'a pas mis d'empêchement à la juridiction ecclésiastique. C'est donc injustement que l'official lui adresse une monition [1].

Malgré ces protestations, l'official fit proclamer l'excommunication contre Pierre Mortier, le dimanche 9 juillet, dans toutes les paroisses de Vienne. Il défendit à Jean de Bénévent, desservant de la chapelle fondée par le gardier, en l'honneur de la Sainte-Trinité, dans l'église Notre-Dame-de-la-Vie, d'y célébrer l'office divin [2].

Le lendemain 10 juillet, le gardier cita à comparaître au palais delphinal Humbert Teste, official, Antoine Girardet, procureur fiscal de la cour ecclésiastique, Geoffroi de La Maladière, consul, et ses collègues. Ceux-ci n'étant pas venus, il les déclara contumaces, et leur infligea des amendes : à Geoffroi de La Maladière, soixante marcs d'argent, à Humbert Teste, soixante-dix, à Antoine Girardet, soixante [3].

Le bruit de ces querelles parvint au gouverneur Randon de Joyeuse. Le 10 juillet, il envoya Jean Dury, licencié en lois, conseiller delphinal, faire une enquête à Vienne [4]. Arrivé le mercredi 12 juillet, celui-ci expliqua les motifs de sa venue à l'official Humbert Teste. En l'absence de l'archevêque, il fut adressé à ses vicaires généraux, François d'Ampuis, abbé de Saint-André-

[1] Arch. de l'Isère, B. 3253, fol. 78-82.
[2] *Ibid.*, fol. 83.
[3] *Ibid.*, fol. 87-92.
[4] *Ibid.*, fol. 105 v°-106.

le-Bas, et Geoffroi de Montchenu, doyen de Lyon [1].

Le lendemain, ceux-ci exposèrent au commissaire les empiétements de Pierre Mortier sur la juridiction de l'archevêque. Jean Dury énuméra les griefs du gardier contre les officiers ecclésiastiques. Le doyen de Lyon promit d'y répondre. Il chargea Jean Dury de prévenir le gardier de réparer les torts faits à l'archevêque et de veiller au salut de son âme [2].

Le vendredi 14 juillet, le doyen de Lyon déclara que Pierre Mortier avait bien mérité son excommunication. Il avait usurpé la juridiction ecclésiastique, brisé des scellés apposés au temps des foires de l'archevêque, cité devant lui et condamné à l'amende des officiers ecclésiastiques, bien qu'il n'eût aucune juridiction, mais seulement le recouvrement des droits dus au dauphin, comte de Vienne. On lui donnerait cependant l'absolution, s'il la demandait [3].

Ce même jour, François d'Ampuis et Geoffroi de Montchenu lancèrent à nouveau l'excommunication contre Pierre Mortier, envahisseur des biens ecclésiastiques [4]. Leur lettre est adressée à tous les curés et vicaires perpétuels des églises de Vienne, aux abbés de Saint-Pierre-hors-la-porte et de Saint-André-le-Bas, au gardien des Frères Mineurs, aux curés de Sainte-Colombe et de Saint-Romain, aux prieurs des Frères Prêcheurs et des Carmes. « Vous commandons que tous

[1] Arch. de l'Isère, B. 3253, fol. 71.

[2] *Ibid.*, fol. 93.

[3] *Ibid.*, fol. 94-96.

[4] B. 3252, fol. 311-314 et 319-320. — Formule d'excommunication en français et en latin. En marge du second texte, on a mis cette remarque : *vide terribilem modum procedendi* (fol. 314 v°).

les jours, soit feste ou non, vous et chascun de vous, a hure de la grant messe, au commencement ou a la fin d'icelle, vestuz et aornez des vestemens d'esglise, avecques vous tous les prestres ou clers de vostre esglise, en sonnant vos plus grosses cloches, avecques la croix, une chandelle ardent et l'eaue benoiste, a la porte de chascune de voz esglises vous vous transportez et illec, en signe de maledicion eternelle, gettez troys pierres dehors ladite porte a l'encontre dudit Mortier et ses complices, en disant en romans : *ve, ve, ve, c'est a dire male aventure, male aventure, male aventure soit donnée audit Mortier.* En disant aussi en romans ses paroles en amortant la chandelle dedans l'eaue benoiste : *ainsi comme ceste chandelle se amorte et estaint dedens ceste eaue, ainsi soient les euvres dudit Mortier et ses complices, excommuniez et usurpateurs de la juridicion de l'esglise, mortes devant la face de Dieu le tout puissant.* En les maudissant de ceste manière : *maudit soient ilz et chascun d'eux et Dieu leur envoye sur eulx sa maledicion, et le dyable soit a leur dextre...* Sire Dieu, vuelliez les perdre et anéantir, ainsi comme est la petite buche devant le grant vent, et leur envoye ta tempeste sur eulx et soit leur face plaine de honte et reprouche tellement qu'ils soient perduz et confonduz a tousiours... Et ainsi comme la fumée se pert, ainsi puissent-ils faillir et estre perduz ; et ainsi comme la cire se font et gaste devant le feu, ainsi soient-ils gastez devant la face Nostre Seigneur... »

Pierre Mortier fit appel au pape de cette terrible sentence. Il avait déjà protesté contre la monition de l'official. Il affirma qu'on ne devait pas faire deux procès sur la même affaire [1].

[1] Arch. de l'Isère, B. 3253, fol. 84, « *de eadem materia non debet fieri duplex lis vel processus.* »

Le gouverneur du Dauphiné s'efforça de faire absoudre Pierre Mortier. Il écrivit à l'archevêque de Vienne pour se plaindre de l'excommunication lancée contre lui par l'official [1]. Le 24 août, il fit porter des lettres aux vicaires généraux de Vienne par Jean Guiffred, clerc des comptes delphinaux. Le doyen de Lyon répondit qu'il était prêt à accorder l'absolution à Pierre Mortier, si celui-ci la demandait humblement, en forme de droit. Mécontent de cette réponse, le gouverneur vint en personne à Vienne, le 2 septembre. Il convoqua les vicaires généraux, l'official, le juge et les procureurs, et les requit de suspendre au moins l'excommunication. Il offrit de réparer les torts du gardier [2].

Les vicaires généraux ne voulaient relever Pierre Mortier de l'excommunication qu'à certaines conditions. D'abord, il devait révoquer les condamnations portées contre l'official et Antoine Girardet, clerc marié. Il devait avouer qu'il avait eu tort de briser les scellés apposés par le juge séculier pendant les foires de l'archevêque. Il devait reconnaître aux consuls le droit de lever des tailles sans aucune autorisation, ni de l'archevêque, ni des comtes, et, par suite, le droit d'obtenir une monition contre ceux qui ne voudraient pas les payer. A ces conditions, ils se déclaraient prêts à l'absoudre et à ôter l'interdit mis dans l'église Notre-Dame-de-la-Vie. Ce qu'ils firent par leur lettre du 9 octobre [3].

Les gens du roi-dauphin obtenaient donc finalement gain de cause. En cette affaire, il est difficile de discerner

[1] Arch. de l'Isère, B. 3251, fol. 173 ; lettre sans date.
[2] B. 3252, fol. 69-70.
[3] B. 3251, fol. 37 et 39.

de quel côté étaient les torts. Dans la ville de Vienne, inégalement partagée entre deux seigneurs, chacun accusait l'autre d'empiéter sur son domaine. L'affaire de Pierre Mortier n'est qu'un épisode dans la lutte entreprise alors par l'archevêque et le chapitre de Vienne pour augmenter leur pouvoir. En avril ou mai 1424, une taille est décidée du consentement de l'archevêque seul. Au même moment, il prend les clefs de la ville (1er avril)[1]. Le 14 février 1424, Charles VII avait demandé à garder encore pendant deux années le château de Pipet qui lui avait été confié pour quatre ans, le 9 février 1420. Le 27 janvier 1425, les chanoines de Vienne nommèrent Catherin Moyssard leur procureur et le chargèrent de demander à Randon de Joyeuse, gouverneur du Dauphiné, la restitution de Pipet[2]. Or, c'est le temps où Charles VII, le roi de Bourges, est aux prises avec les plus graves difficultés. La bataille de Verneuil (17 août 1424) fut un désastre aussi terrible que celui d'Azincourt. Le pouvoir royal faiblit; la puissance de l'église de Vienne s'accroît. Le gouverneur du Dauphiné, le Conseil delphinal, le gardier du dauphin à Vienne surtout, firent obstacle, tant qu'ils purent, à ses progrès. Le gardier outrepassa même ses droits; il s'arrogea sur les clercs une juridiction qu'il n'avait pas, condamna à l'amende l'official et le procureur de la cour ecclésiastique, fut excommunié pour ce fait.

Quel fut le rôle de Jean de Norry dans toutes ces affaires? Il est absent de Vienne en juillet et en octobre 1424. Ce sont ses vicaires généraux qui excommunient

[1] Arch. de l'Isère, B. 3251, fol. 165.
[2] B. 3152.

et qui absolvent Pierre Mortier. Un texte indique que l'archevêque était en France[1]. Il y travaille aussi à rendre à l'église de Vienne toute son ancienne puissance. Il vient auprès de Charles VII ; il lui parle de l'affaire de Sainte-Colombe, vieille de près d'un siècle ; il se plaint des officiers royaux qui ont pris toute la juridiction et la seigneurie de ce lieu, contrairement à la teneur de l'accord conclu entre Bertrand de La Chapelle et Philippe VI de Valois. Le 24 septembre, Charles VII écrit d'Angers à Jean Girard, conseiller et maître des requêtes de l'Hôtel, au bailli de Mâcon, sénéchal de Lyon, et au juge du ressort de Lyon, et leur mande de s'informer de la vérité de ces faits « et aussi a quel droit et tiltre nous tenons et possedons ledit lieu de Sainte-Colombe et appartenances, et se aucune recompensacion a esté faite et baillée a ladicte esglise et aux arcevesques d'icelle[2] ».

Quelques mois plus tard, pendant son séjour au Puy, le 5 janvier 1425, le roi ordonne à Jean Tudert, doyen de Paris, et à Jean Girard, maître des requêtes de son Hôtel, de faire une enquête sur ses droits à Vienne[3].

Ces commissaires arrivèrent à Vienne au mois de février. Ils tinrent des conférences avec Pierre de Tholon, président du Conseil delphinal, Louis Portier,

[1] Une somme de 100 florins est payée à l'archevêque par les consuls, avant le 1er juillet 1424, *in suo presenti recessu Francie* (Arch. de l'Isère, B. 3253, fol. 103 r°).

[2] Arch. de l'Isère, G. 16.

[3] Arch. de l'Isère, B. 3153, fol. 36 v°-38 ; B. 3252, fol. 124-125. — Charles VII séjourna, du 14 décembre 1424 au 10 janvier 1425, au château d'Espaly, résidence de l'évêque du Puy, à un quart de lieue de cette ville, où avaient été convoqués les États de Languedoc. (De Beaucourt, *Hist. de Charles VII*, t. II, p. 70.)

conseiller et auditeur des comptes, Mathieu Thomassin, procureur fiscal du Dauphiné, représentants du dauphin, et avec les défenseurs des droits de l'archevêque de Vienne, Geoffroi de Montchenu, doyen de Lyon, Catherin Moyssard, chanoine de Vienne, et Jocerand Ducros, procureur de la cour séculière de l'archevêque [1]. Ceux-ci exposèrent les droits de l'archevêque [2]. Puis les commissaires se transportèrent à Romans [3]. Aucune conclusion ne put être adoptée. Jean Girard dut partir pour Rome avec d'autres ambassadeurs royaux. Le 25 février 1425, on décida, d'un commun accord, de se réunir de nouveau à Vienne le 16 août [4].

L'archevêque continuait à commettre des abus de pouvoir. En sus de l'impôt dû chaque année aux comtes par les tanneurs et les forgerons, il exigea d'eux un tribut annuel de quatre blancs royaux, moins un denier, valant dix-neuf deniers tournois [5]. Les officiers de l'archevêque, surtout les procureurs de la cour ecclésiastique et de la cour temporelle, ne manquaient pas une occasion de témoigner leur mépris aux officiers delphinaux. Dans un procès devant la cour des comtes, Jocerand

[1] Arch. de l'Isère, B. 3153, fol. 36.

[2] *Ibid.*, fol. 38 v°-48 v°. *Sequntur dicti articuli et advisamenta pro parte archiepiscopali producta.*

[3] *Ibid.*, fol. 49. *Sequntur illa que facta fuerunt et advisata Romanis per dictos dominos commissarios super dictis articulis et advisamentis.*

[4] *Ibid.*, fol. 53-54. — Sur l'ambassade envoyée à Martin V par Charles VII, en 1425, cf. de Beaucourt, *Hist. de Charles VII*, t. II, p. 343, et N. Valois, *Concordats antérieurs à celui de François Ier* (*Revue des Questions historiques*, t. LXXVII, 1905, p. 410-412).

[5] B. 3252, fol. 135. Une enquête sur cet acte fut faite par Pierre de La Rouvraie (*de Roverea*), notaire delphinal, le 31 octobre 1425. (B. 3253, fol. 47-50.)

Ducros, procureur de la cour temporelle, déclara à Simon de La Chapelle, courrier du dauphin, qu'il ne le respectait pas plus qu'un petit enfant, et, en signe de grand mépris, il lui fit le geste vulgairement appelé « la figue [1] ».

Jacques Costaing, bourgeois de Vienne, sujet des comtes et vice-gardier delphinal, fut cité devant la cour de l'official. Jean de Pérouse, notaire de la cour des comtes pour le dauphin, fut emprisonné et ses écritures furent confisquées [2]. Le mercredi 11 juillet 1425, Laurent de L'Église, procureur fiscal de la cour des comtes, réclama le prisonnier à l'official Humbert Teste. Celui-ci déclara qu'il devait être jugé par l'archevêque parce qu'il était clerc [3].

Au mois d'octobre, les commissaires royaux revinrent à Vienne. Ils se réunirent dans l'abbaye de Saint-André avec l'archevêque, l'abbé de Saint-André et Hugues Perucet, juge de la cour séculière de Vienne [4].

Si l'on néglige les détails, les griefs réciproques des

[1] *Et hoc dixit levando manum suam et in signum maioris vilipendii ponendo et ostendendo sibi pollicem inter indicem et medium digitos dicte monus, quod signum maximi villipendii ficus vulgaliter appellatur.* (B. 3252, fol. 138.)

[2] Arch. de l'Isère, B. 3252, fol. 136-137.

[3] B. 3253, fol. 101. « *Actento eciam quod dictus de Perosa est clericus solutus cum unica virgine conjugatus.* » Cette expression : « *clericus solutus* » se retrouve fréquemment dans les conflits de juridiction entre l'archevêque et le dauphin. Quel en est le sens ? M. de Beaucourt (*Hist. de Charles VII*, t. V, p. 124, note 2) dit que « c'était ainsi qu'on appelait non seulement ceux qui n'avaient point contracté mariage, mais ceux qui avaient perdu leur femme ». Une autre supposition est qu'on aurait appelé de ce nom des clercs non attachés à une église, jouissant de ce qu'on nomme en droit ecclésiastique le privilège d'excorporation.

[4] B. 3153, fol. 55.

gens du dauphin et des officiers de l'archevêque, on voit que le débat roulait sur la souveraineté de la ville de Vienne. L'archevêque affirmait que lui seul en était souverain. Pour le prouver, il produisit, le 9 novembre, toute une série d'actes [1]. Il citait les lettres des empereurs Conrad III, Frédéric Ier, Henri VI, qui lui confiaient toute l'administration et la garde de la ville de Vienne et de son territoire. Il rappelait que Hugues de Pagny, en vendant à l'archevêque Jean de Bernin le comté de Vienne (21 janvier 1263 n. st.), avait écrit au dauphin Guigues de faire hommage à l'archevêque. Le dauphin n'a donc dans Vienne qu'un pouvoir inférieur qu'il tient en fief de l'archevêque [2]. Il ne doit pas être déclaré coseigneur de Vienne. Il faut repousser l'addition que les gens du dauphin proposent au premier article des concordances : « *et condomini Viennenses* ». Pour soutenir leurs prétentions, ceux-ci firent apporter des archives de la Chambre des Comptes, le 12 novembre, par Guillaume de Laval, huissier du Conseil delphinal, quatre-vingt-un documents [3].

Sur le vu de toutes ces pièces, Jean Tudert et Jean Girard remirent à l'archevêque et aux gens du dauphin, le 30 novembre, en manière d'avis, quarante-quatre articles, afin que les parties vissent sur lesquels elles pourraient s'accorder [4]. L'archevêque de Vienne avait

[1] Arch. de l'Isère, B. 3153, fol. 59-60 ; B. 3252, fol. 133, 141-143, 148 ; B. 3253, fol. 132-146.

[2] *Pars comitatus quam tenet dominus dalphinus tenetur in feudum a domino archiepiscopo comite.* (B. 3153, fol. 60 v°.)

[3] Arch. de l'Isère, B. 3250, fol. 395-401.

[4] B. 3153, fol. 79-88. *Articuli supra designati et scripti in numero quadraginta quatuor fuerunt per nos Johannem Tuderti et Johannem Girardi, commissarios supra scriptos, traditi*

gain de cause sur le point essentiel. L'article premier déclare que l'archevêque et le dauphin sont comtes de Vienne par indivis [1].

Les délégués du dauphin furent très mécontents. Ils déclarèrent que cet article était défectueux parce que les comtes de Vienne n'étaient pas appelés *coseigneurs* [2]. Ils présentèrent des réclamations sur plusieurs autres articles, notamment l'article 7, qui réduisait les pouvoirs du gardier à ceux d'un simple receveur. Les délégués disaient qu'il devait être le représentant du dauphin dans toutes les circonstances [3].

Les commissaires du roi quittèrent Vienne sans faire droit à aucune des réclamations présentées dans l'intérêt du dauphin.

Les affaires de Vienne furent réglées par une lettre du roi au gouverneur du Dauphiné (Montluçon, 10 avril 1426) [4]. Il se plaint des agissements de l'archevêque, qui oblige les ouvriers à lui payer tribut, confisque la garde des clefs de la ville, impose des tailles et fait faire des proclamations en son propre nom. Il rappelle que la garde de Vienne appartient aux deux comtes, qu'aucune taille ne peut être levée, aucune proclamation faite, sans

dicto archiepiscopo Vienne et gentibus dalphinalibus per modum advisamenti ut videant ipse partes in quibus possunt concordare.

[1] B. 3153, fol. 79. *Domini archiepiscopus Vienne et dalphinus sunt et esse dicuntur, tenti et reputati fuerunt domini comites Vienne pro indiviso.*

[2] ... *quod non nominat dictos dominos comites condominos Vienne.* (B. 3153, fol. 90.)

[3] Les propositions des délégués du dauphin sont aux folios 90-100 du registre B. 3153.

[4] Arch. de l'Isère, original, B. 3152; copies, B. 3153, fol. 128-130; B. 3252, fol. 158-160.

le consentement du dauphin, comte de Vienne, sauf au temps des foires de l'archevêque. Il ordonne au gouverneur de maintenir ses droits par tous les moyens, même par les armes, si cela est nécessaire.

Béraud, dauphin d'Auvergne, alors gouverneur du Dauphiné, mourut la même année. Le roi renouvela ces instructions à son successeur, Mathieu de Foix, comte de Comminges, le 7 janvier 1427[1].

En somme, l'archevêque de Vienne sortait vainqueur de ces longs débats. Il était reconnu, une fois de plus, seigneur de Vienne. Les efforts des gens du roi pour faire associer leur maître à la souveraineté de cette ville avaient été inutiles.

Il serait fastidieux d'énumérer tous les conflits qui surgirent encore à Vienne, pendant le pontificat de Jean de Norry, entre les gens de l'archevêque et ceux du dauphin. La cause en est toujours la même : une querelle entre la cour des comtes et la cour temporelle de l'archevêque.

En 1427, Gaucher Lamblot, lieutenant du courrier de la cour des comtes pour le dauphin, est arrêté sur l'ordre d'Antoine Girardet, procureur de la cour ecclésiastique, et enfermé dans les prisons de l'archevêque. Pierre Mortier proteste ; Laurent de L'Église, procureur de la cour des comtes, réclame le prisonnier à l'official. Celui-ci répond qu'il ignore cette arrestation. Antoine Girardet déclare qu'il en est l'auteur, que l'inculpé est clerc, que l'official a le droit de le punir[2]. Le cas est embarrassant :

[1] Arch. de l'Isère, B. 3152 ; B. 3153, fol. 132-135.

[2] B. 3252, fol. 183-184, « *tanquam clericus solutus cum habitu et tonsura clericalibus* ».

l'inculpé peut être légalement revendiqué par deux juridictions ; en sa qualité d'officier delphinal, il est justiciable de la cour des comtes ; en sa qualité de clerc, de la cour de l'officialité.

Autre affaire : Jean Chulin, notaire de la cour des comtes pendant plus de trente-trois ans, vient à mourir. Le 22 juin 1432, Jean Ducroset, juge de la cour séculière, fait apposer les scellés de cette cour dans sa maison, sur certaines chambres et sur certains coffres. André Barbillion, juge, et Simon de La Chapelle, courrier de la cour des comtes, protestent contre cet abus de pouvoir. Ils mettent les scellés de la cour commune sur les biens de Jean Chulin. Humbert Rolland, official, leur adresse une monition et leur ordonne de les enlever dans les trois jours, sous peine d'excommunication [1]. Saisi de l'affaire, le Conseil delphinal déclare à l'archevêque, le 24 juillet, que la cour séculière a mal agi. Elle ne devait mettre les scellés sur les biens de Jean Chulin, ni en raison du lieu, parce que la maison était allodiale ; ni en raison des biens, parce que Chulin gardait plusieurs registres de la cour des comtes : ni en raison de la personne, puisque le défunt avait été officier du dauphin [2]. Jean de Norry répondit, le 11 août, à ces raisons : la première ne vaut rien, car les officiers de l'archevêque ont juridiction sur les maisons franches pendant les foires de la cour temporelle (15 jours après la Fête-Dieu ; or, en 1432, Pâques tombant le 20 avril, la Fête-Dieu était le 19 juin). Si Chulin était officier des comtes, son privilège a expiré à sa mort ; raison spécieuse, après une

[1] Arch. de l'Isère. B. 3253, fol. 199-201.
[2] B. 3250, fol. 152.

raison excellente. Quant aux biens, l'archevêque révèle un fait ignoré : Pierre Mortier avait un litige avec Chulin; c'est pour amener sa veuve à un accord qu'il voulait mettre ses biens sous la main de la cour des comtes [1].

Des conflits de ce genre sont fréquents. Avec de la patience et de la bonne volonté, on en eût évité beaucoup; mais de ces deux qualités, les officiers de l'archevêque et ceux du dauphin étaient également dépourvus. Jusqu'au départ de Jean de Norry, les querelles ne cessèrent pas. En 1438, les officiers de la cour temporelle se plaignent encore de ceux de la cour des comtes, et ceux-ci formulent les mêmes griefs contre les premiers [2].

Très bien renseignés sur toutes ces querelles intérieures, nous le sommes moins sur le rôle joué par la ville de Vienne, à cette époque, dans l'histoire générale du Dauphiné.

Cette province était menacée par les entreprises de Louis de Chalon, prince d'Orange. Chorier nous apprend que, en avril 1426, la ville de Vienne fut mise en état de défense. On fit un emprunt de 1.000 francs d'or pour réparer les murailles [3]. Vers le même temps, l'église rurale de Saint-Symphorien-d'Arpod fut brûlée et détruite, au cours des guerres qui ravageaient le Dauphiné : nous le savons par une supplique adressée par l'archevêque de Vienne au pape Martin V, le 24 novembre 1426. Un autre acte, du 5 mai 1436, nous apprend que

[1] Arch. de l'Isère, B. 3250, fol. 150.
[2] B. 3253, fol. 204-205 ; 264-267 ; 278-282 ; 284-289.
[3] *Histoire générale de Dauphiné*, t. II, p. 424.

la chapelle Saint-Maxime, à une demi-lieue de Vienne, était aussi en ruines [1].

Chorier nous dit encore que Charles VII demanda des troupes au gouverneur du Dauphiné et à l'archevêque de Vienne quand il voulut se faire sacrer à Reims. « L'archevêque était homme de cœur et zélé pour le roi; il voulut être lui-même le conducteur du secours qu'il arma et porta les habitants de sa ville à lui fournir vingt-cinq marcs d'argent pour subvenir à cette dépense [2]. »

Il est regrettable que le registre consulaire de cette époque soit perdu. Nous y aurions probablement trouvé quelques détails sur le passage de Rodrigue de Villandrando et de ses troupes à Vienne, dans la nuit du 26 mai 1430 [3]. Raoul de Gaucourt, gouverneur du Dauphiné, et Imbert de Grôlée, sénéchal de Lyon, les conduisaient contre le prince d'Orange. Ils attaquèrent d'abord Auberive. Il est permis de croire que les Viennois prirent part à cette attaque, car le voisinage de la garnison ennemie devait leur être fort désagréable. Peut-être quelques contingents viennois prirent-ils part à la bataille livrée à Anthon, le 11 juin suivant.

Au mois d'avril 1434, Charles VII vint à Vienne pour y tenir une réunion d'États [4]. Un nombreux cortège de seigneurs et de princes du sang l'accompagnait. On vit arriver à Vienne le connétable de Richemont, en compagnie de Charles d'Anjou; les cardinaux de Chypre et

[1] Denifle, *La Désolation des églises, monastères, hôpitaux en France vers le milieu du XVe siècle*, t. I, n°s 831 et 832.

[2] *Histoire générale de Dauphiné*, t. II, p. 425.

[3] Quicherat, *Vie de Rodrigue de Villandrando*, p. 42.

[4] De Beaucourt, *Histoire de Charles VII*, t. II, p. 303-305.

d'Arles, députés par le concile de Bâle. Charles VII eut aussi la visite de la jeune reine de Sicile, Marguerite de Savoie, nouvellement mariée par procuration et qui allait rejoindre son époux à Naples. On vit encore reparaître un vieux serviteur du roi, le maréchal des guerres du dauphin, le grand maître d'hôtel du roi pendant les premières années de son règne, Tanguy du Chastel.

Nous n'avons pas de document viennois sur le séjour de Charles VII et de sa cour à Vienne. Chorier nous apprend que la ville offrit au roi une coupe d'or de trois marcs et quatre onces [1]. Les dépenses furent si considérables que les Viennois durent demander au gouverneur la permission de lever de nouveaux impôts [2]. Pour remercier les Viennois de ce qu'ils avaient fait pour lui, Charles VII accorda aux marchands de cette ville qu'ils payeraient seulement, pour les draps achetés aux foires de Languedoc, le tribut de quatre deniers par livre, dû par tous les habitants du royaume. Auparavant, on exigeait d'eux, en plus de ce tribut, un autre impôt de douze deniers (23 avril 1434) [3].

Charles VII revint à Vienne au printemps de 1437. Son fils Louis l'accompagnait et reçut des Viennois une coupe d'or qui coûta 188 florins [4].

Cette même année, un nouveau conflit survint. Jean de Norry mit la ville de Vienne en interdit. Humbert

[1] *Hist. de Dauphiné*, t. II, p. 429.

[2] Arch. de l'Isère, B. 2966, fol. 447-452.

[3] Arch. de Vienne, AA. 1, 9. — En novembre 1433, Charles VII avait vidimé des lettres de Charles V exemptant les Viennois de tout droit pour le transport des produits de leurs terres de Sainte-Colombe à Vienne. (AA. 1, 8.)

[4] Chorier, *Histoire de Dauphiné*, t. II, p. 429.

Rolland, official, excommunia les habitants, même ceux qui avaient porté leur habitation en Dauphiné. Des conférences furent tenues à Romans, le 11 décembre 1437, en présence de Guillaume Juvénal des Ursins, lieutenant du gouverneur du Dauphiné. « Les censures furent révoquées à l'égard des citoyens de Vienne qui s'étaient retirés dans le Dauphiné, comme le fut aussi tout ce qui avait été fait injustement au préjudice de la juridiction ecclésiastique [1]. »

C'est probablement cet incident qui détermina Jean de Norry à quitter Vienne. Nommé au siège d'Embrun, le 2 décembre 1433 [2], il l'avait refusé. Il accepta celui de Besançon, envoya ses procureurs en prendre possession le 17 avril 1438 [3]. Il mourut le 15 octobre 1438 [4].

Geoffroy Vassal, son successeur, fut nommé au début de l'année 1439 [5]. Il tirait son origine d'une famille noble d'Angoulême, et avait été, selon Charvet [6], président, d'après le *Gallia Christiana* [7], conseiller clerc au Parlement de Paris.

Le 15 mars 1439, les consuls avaient décidé de lever une taille pour offrir un présent à l'archevêque à son arrivée [8]. Mais le nouvel élu différa son entrée jusqu'au

[1] Chorier, *Histoire de Dauphiné*, t. II p. 431.

[2] Dans l'acte précité du 23 avril 1434, on trouve cette mention : *Per regem, archiepiscopo Viennensi electo Ebredunensi pluribusque aliis presentibus. J. Le Picart.*

[3] *Gallia Christiana*, t. XV, col. 94.

[4] Eubel, *Hierarchia catholica medii aevi*, t. II, p. 293.

[5] La date du 16 mars, indiquée par Eubel (*loc. cit.*), me paraît douteuse, en raison de la délibération consulaire indiquée ci-dessous.

[6] *Hist. de la Sainte Église de Vienne*, p. 504.

[7] T. XVI, col. 114.

[8] Arch. de Vienne, BB. 5, fol. 28 v°.

16 octobre 1440 [1]. Ce jour-là, dans l'église Saint-Sévère, devant le grand autel, il confirma les privilèges de la ville. De nombreux témoins furent présents à cet acte : Amédée de Talaru, archevêque de Lyon ; Jean de Poitiers, évêque de Valence ; l'abbé de Saint-Antoine ; Geoffroi de Montchenu, doyen de Lyon ; Pierre Charpin, doyen de Vienne; Jean Chatard, Lancelot Lyatard, Catherin de Bocsozel, Guigues Combe, chanoines de Vienne ; Jean Copier, bailli du Valentinois, et plusieurs seigneurs dauphinois. Le 18 octobre, les consuls firent don à l'archevêque de 200 écus d'or[2].

Geoffroy Vassal se conduisit comme ses prédécesseurs. Des conflits survinrent entre ses officiers et ceux du dauphin.

Un de ces conflits montre l'application de la Pragmatique Sanction de Charles VII. Un certain Nicolas Véry, chapelain incorporé de l'église de Vienne, avait un débat avec Antoine Piochet et Vital Dubreuil (*de Brolio*), au sujet de deux petits bénéfices de cette église. Il s'adressa à Rome et obtint des sentences contre ses adversaires. Ceux-ci ne voulurent pas s'y soumettre et furent excommuniés. Ils portèrent leur cause devant le Conseil delphinal. Le 20 octobre 1441, Raoul de Gaucourt, gouverneur du Dauphiné, écrivit au gardier de Vienne d'empêcher toute atteinte à la Pragmatique Sanction à l'occasion de cette affaire [3]. Cet acte interdisait, en effet, à la cour

[1] Arch. de Vienne, BB. 5, fol. 65 v°-66 r°. Charvet (p. 504), le *Gallia Christiana* (XVI, 114), U. Chevalier (*Notice chronologico-historique sur les archevêques de Vienne*) ont indiqué à tort cette entrée à la date du 20 octobre. La date exacte avait pourtant été donnée par Jean Lelièvre, *Histoire de l'antiquité et sainctete de Vienne*, p. 406.

[2] Arch. de Vienne, BB. 5, fol. 67 r°.

[3] Arch. de l'Isère, B. 3252, fol. 45 v°-47.

de Rome de s'occuper de la collation des bénéfices. Aussi Vital Dubreuil obtint-il des lettres du roi contre Nicolas Véry. Il requit Jean d'Auxerre, lieutenant du gardier Pierre Mortier, de les exécuter en la personne de l'archevêque. Le dimanche 3 décembre, Jean d'Auxerre rencontra Geoffroy Vassal dans la ville. Il lui exposa l'affaire, respectueusement, tout en marchant [1]. Arrivé à la porte du cloître, l'archevêque porta la main sur lui et dit à ses serviteurs : « Tenez et prenez ce ribaulz et le menez en prison. » On lui arracha des mains les lettres qu'il tenait. On le brutalisa : son vêtement fut déchiré, son chaperon tomba dans la boue ; un certain Ansermet de Rougemont le frappa du genou « *in parte posteriori sue persone* ». Aux cris poussés par Jean d'Auxerre, Vital Dubreuil accourut pour reprendre ses lettres. L'archevêque le saisit par son vêtement et l'empêcha d'approcher. Jean d'Auxerre fut conduit en prison. Le lendemain, vers une heure de l'après-midi, on le relâcha avec ces paroles: « Va-t-en de par le diable, que jamais ne te voye. »

Jean de Veurey, secrétaire delphinal et procureur fiscal du Graisivaudan, chargé de faire une enquête, vint à Vienne le vendredi 8 décembre. Descendu à l'auberge de l'Épée, il y manda Pierre Mortier. Celui-ci, retenu par la goutte, ne put venir. Jean de Veurey se rendit auprès de lui, fit citer le juge, le courrier et le procureur des comtes. Jean d'Auxerre fut aussi convoqué et narra son aventure. Plusieurs témoins confirmèrent son récit [2].

Le samedi 9 décembre, Jean de Veurey, accompagné

[1] *Reverenter, capucio remoto*, dit un témoin.
[2] Arch. de l'Isère, B. 3252, fol. 29-33 ; 40 v°-42.

des officiers delphinaux, se présenta devant l'archevêque, protesta contre l'arrestation de Jean d'Auxerre, placé sous la sauvegarde delphinale, et réclama les lettres qu'on lui avait confisquées. Geoffroy Vassal répondit que Pierre Costaing avait déjà son neveu Jacques pour lieutenant, et qu'il ne pouvait en nommer un second. Jean d'Auxerre avait voulu exécuter des lettres que l'archevêque ne connaissait pas; on l'avait arrêté parce qu'il parlait mal à l'archevêque. Il avait commis des crimes dans la ville, et, en sa qualité de clerc (*clericus solutus*), il était soumis à la juridiction de l'archevêque. Au reste, celui-ci se déclarait prêt à rendre les lettres confisquées et affirmait que ses officiers n'usurpaient pas la juridiction du dauphin [1].

Cette justification verbale ne suffit pas à l'archevêque. Le 15 janvier 1442, Pierre Palmier, envoyé par lui, remit un mémoire au Conseil delphinal. En même temps, Aymar Rivoire, préchantre, et Formond Blanc, docteur en décrets, chevalier de l'église de Vienne, en remettaient un au nom du doyen et du chapitre.

Le mémoire de l'archevêque [2] débute par un récit de la fondation de la ville et de l'église de Vienne et un résumé de l'histoire du Dauphiné, destinés à prouver que l'archevêque est le seigneur de sa ville. Le temporel et la suzeraineté (*dominium summum*) de la cité de Vienne appartiennent à l'archevêque et à l'église. Le dauphin n'y a aucune autorité, en raison du Dauphiné. L'archevêque expose ensuite l'affaire de Dubreuil et de Piochet. Il ne proteste pas contre l'appel qu'ils ont fait à la Pragmatique Sanction. Mais le Conseil delphinal

[1] Arch. de l'Isère, B. 3252, fol. 38 v°-40.
[2] B. 3153, fol. 153-158.

n'avait pas le droit de leur donner des lettres d'inhibition, ni de les faire exécuter par un officier delphinal, hors de la juridiction du dauphin, en la personne de l'archevêque. Au dire de celui-ci, ce fait n'est rien moins qu'un crime de lèse-majesté. La publication de la Pragmatique Sanction, faite par le même officier delphinal, sans l'autorisation de la juridiction temporelle, ne constitue pas un moindre crime. En conséquence, l'archevêque demande au Conseil delphinal de révoquer tout ce qui a été fait.

Le doyen et le chapitre font aussi entendre une énergique protestation d'indépendance[1]. Ils déclarent qu'ils veulent bien observer les décrets du concile de Bâle, modifiés par l'assemblée de Bourges. Mais ils dénient au dauphin toute juridiction dans l'église, le cloître, les maisons des chanoines et des incorporés. Cette juridiction appartient au doyen et au chapitre, qui ont pour l'exercer des juges, des procureurs fiscaux, des greffiers et des sergents. Piochet et Dubreuil ont eu tort de recourir au Conseil delphinal en matière de bénéfices. Ils auraient dû en appeler au doyen et au chapitre, et les lettres qu'ils ont obtenues doivent être révoquées.

On ne sait comment se termina cette affaire. C'est peut-être pour la régler que le gouverneur Raoul de Gaucourt demanda, le 19 janvier 1442, à Barthélemy de Nyèvre, juge de la cour des comtes, un vidimus des libertés et franchises de Vienne[2]. Mais il est intéressant de voir l'archevêque et le chapitre de Vienne affirmer

[1] Arch. de l'Isère, B. 3153, fol. 163-171... *cum dicta ecclesia nec illius claustrum nec decanus et capitulum incorporatique eiusdem ecclesie non subiciantur seu non sint subditi dicte excellencie dalphinali neque regie majestati* (fol. 166 r°).

[2] B. 3015, fol. 253-272.

ainsi leur indépendance, car le temps est proche où ils vont la perdre.

En cette année 1442, un vieux serviteur du dauphin, qui défendait ses droits depuis près d'un demi-siècle, put enfin jouir d'un repos bien gagné. Pierre Costaing, dit Mortier, ne pouvait plus exercer son office de gardier « pour le grant age et ancienneté qu'il a et plusieurs maladies dont il est detenu en plusieurs parties de son corps ». Le dauphin Louis confia sa charge à son neveu Guigues Costaing (20 septembre 1442)[1]. Celui-ci ne fut pas mis immédiatement en possession de son office. Le dauphin dut récrire à ce sujet au gouverneur du Dauphiné, le 21 mars 1443. Le 7 juin, Raoul de Gaucourt reçut le serment de Guigues Costaing et manda au juge de la cour des comtes de Vienne et au châtelain de Falavier de le mettre en possession de son office.

Nous n'avons pas de renseignements sur les derniers actes de Geoffroy Vassal. Charvet se plaignait déjà de ce fait : « Il est fâcheux, dit-il, que le détail de la vie d'un prélat si respectable n'ait pu parvenir jusqu'à nous[2]. » Nous savons seulement qu'il fut nommé à l'archevêché de Lyon, le 20 avril 1444, et qu'il mourut à Tours, le 16 octobre 1446[3].

A une date inconnue, le chapitre de Vienne lui donna pour successeur Louis de Poitiers, neveu de Jean de Poitiers. Mais le nouvel archevêque élu ne prit jamais possession de son siège. Nous allons voir quelles circonstances l'obligèrent à l'échanger contre celui de Valence, occupé par son oncle.

[1] Arch. de l'Isère, B. 3225, fol. 36-41. — Pilot de Thorey, *Catalogue des actes du dauphin Louis II*, n° 49.
[2] *Histoire de la Sainte Église de Vienne*, p. 504.
[3] *Gallia Christiana*, t. XVI, col. 114.

CHAPITRE VIII

Le Dauphin Louis et Vienne (1447-1454).

C'est au commencement de l'année 1447 que le fils de Charles VII vint prendre possession du Dauphiné.

Il arriva à Vienne le 23 janvier. Un registre consulaire nous a transmis le récit de son entrée. « L'an du Seigneur 1446 (1447 n. st.), le lundi 23 janvier, à quatre heures après midi, monseigneur le dauphin de Viennois entra dans la ville de Vienne avec une belle escorte de chevaliers et d'écuyers. Les bourgeois et les citoyens de ladite ville de Vienne allèrent à sa rencontre, à cheval, jusqu'à la Motte de Mirflaut, qui est au delà de Mont-Rosier, et là noble Ozias Janin, courrier de ladite cité pour monseigneur Louis de Poitiers, archevêque élu de Vienne, présenta à monseigneur le dauphin lesdits bourgeois et citoyens qui lui firent leur révérence. Ensuite, monseigneur le dauphin étant logé dans la maison archiépiscopale, l'an et le jour dessus dits, après les *Ave Maria*, ledit courrier présenta les consuls de ladite cité au dauphin. Les consuls étaient accompagnés de certains bourgeois. Et, dans ladite maison archiépiscopale de Vienne, dans la chambre basse qui est au-dessus de l'auditoire de la cour de l'officialité de Vienne, ils offrirent et présentèrent à notre seigneur le dauphin et lui donnèrent, au nom de ladite cité, quatre douzaines de torches à bâton, trois douzaines de boîtes de confitures et deux queues de vin, l'une de vin blanc et l'autre de vin clairet, car il en avait été ainsi décidé par les consuls, du consentement de la plus saine partie de ladite cité[1]. »

Ces présents coûtèrent cher. Le 14 mars, on paya à Humbert Mutin, pour trois douzaines de torches et deux douzaines de boîtes de confitures, 27 florins ; à Janin de La Porte, pour une douzaine de torches et une douzaine de boîtes de confitures, 9 florins 6 gros ; 11 francs à Jean et Antoine Combe pour une queue de vin clairet contenant cinq sommées, et 10 francs à Guillaume Brion pour la queue de vin blanc qui contenait aussi cinq sommées[2].

Le dauphin séjourna peu de temps à Vienne[3]. Mais il ne perdit pas de vue les affaires de cette ville. Il engagea des négociations avec Louis de Poitiers, archevêque élu de Vienne, pour qu'il cédât ce siège à son oncle, Jean de Poitiers, en échange des évêchés de Valence et de Die. Cette permutation fut autorisée par une bulle de Nicolas V, du 1er août 1447. Une autre bulle, du même jour, permit à Jean de Poitiers de percevoir, sa vie durant, des deux églises qu'il venait de quitter, une pension de mille florins d'or[4].

[1] Arch. de Vienne, BB. 5, fol. 180 r°. — Texte publié par Giraud et Chevalier, *Le Mystère des Trois-Doms*, p. 882. Mermet (*Ancienne Chronique de Vienne*, p. 163) raconte, peu exactement, cette entrée sous la date fausse du 3 janvier 1446.

[2] Arch. de Vienne, BB. 5, fol. 191 v°.

[3] Il était à Romans, le 28 janvier (Pilot de Thorey, *Catalogue des actes du dauphin Louis II*..., t. II, p. 453).

[4] Jules Chevalier, *Essai historique sur l'église et la ville de Die*, t. II, p. 368-369.

C'était un vieillard de près de quatre-vingts ans qui montait sur le siège de Vienne[1]. Le dauphin présumait avec raison qu'il opposerait peu de résistance aux entreprises contre sa puissance temporelle.

Le nouvel archevêque chargea son neveu Louis de Poitiers de prendre possession de l'archevêché de Vienne. Celui-ci le fit le 21 décembre 1447 et jura les libertés de la ville. Le lendemain, les consuls ordonnèrent à Jean de Malay, receveur de la taille, de lui payer 400 florins, le présent habituel offert aux nouveaux archevêques. Ils lui firent un don personnel de 200 florins, pour certains travaux exécutés au nom de la ville[2].

Le dauphin Louis ne semble pas s'être occupé des affaires de Vienne pendant les premiers mois de l'année 1448. Mais, le 22 août, à La Tour-du-Pin, il promulgua trois actes importants.

Dans le premier[3], il se plaint des usurpations faites sur ses droits par l'archevêque de Vienne et l'évêque de Valence, son vicaire. Il énumère tous ces droits d'après le résumé fait en 1406 et enregistré à la Chambre des Comptes. Il nomme des commissaires pour les maintenir et les défendre. Ces commissaires étaient Bermond de Brion, chevalier, seigneur d'Argental, son chambellan, Aymar de Poisieu, dit Capdorat, maître de son hôtel, Mathieu Thomassin, conseiller delphinal, Jean de Mareuil, auditeur des Comptes.

[1] Jean de Poitiers avait 22 ans, en 1390, quand il fut promu aux évêchés de Valence et de Die. J. Chevalier, *o. c.*, p. 306; Pilot de Thorey, *Catalogue*..., p. 287, note 1.

[2] Arch. de Vienne, BB. 6, fol. 10 r°.

[3] Arch. de l'Isère, B. 3428. Pilot de Thorey, *Catalogue*..., n° 647.

Aux mêmes personnages, il confia, par une autre lettre[1], le soin de défendre sa juridiction temporelle contre les empiétements de l'official. Les dauphins avaient toujours protesté contre la prétention de l'official à recevoir les appels interjetés de la cour commune des comtes. Le dauphin Louis affirma que cela était contraire au droit commun, aux libertés et franchises de Vienne. Il ordonna aux commissaires de se rendre à Vienne et de sommer l'archevêque, son vicaire et son official de ne plus recevoir ces appels. Ils devaient aussi assembler les habitants et leur défendre, sous peine d'une amende de cent marcs d'argent, de faire appel à l'official des sentences du juge laïque des comtes.

Enfin, par un troisième acte[2], il donna commission à Aymar de Poisieu et à Mathieu Thomassin de se transporter à Vienne et d'obliger les habitants à lui prêter hommage, ainsi qu'ils l'avaient fait autrefois au dauphin Humbert.

De ces actes, les deux premiers ne sont qu'une affirmation nouvelle de droits anciens et toujours contestés. Le troisième est plus intéressant. Il montre que le dauphin Louis ne se contentait pas de maintenir ses positions, de défendre ses droits ; il voulait aller de l'avant et s'en créer de nouveaux.

Les habitants de Vienne, en effet, n'avaient prêté qu'une seule fois un serment de fidélité au dauphin. C'était au mois d'août 1338, lorsque Humbert II s'était emparé de la ville et en avait chassé l'archevêque. Deux ans après, Benoît XII les avait déliés de ce serment.

[1] Arch. de l'Isère, B. 3291. Pilot de Thorey, *Catalogue...*, n° 649.
[2] Pilot de Thorey, n° 648.

Cent dix ans après cet événement, un autre dauphin allait reprendre cette politique. Plus heureux que Humbert II, il devait mener son entreprise à bonne fin et anéantir la puissance temporelle des archevêques de Vienne.

Le jeudi 31 octobre 1448, à Chabeuil[1], entre les mains d'Yves de Scépeaux, chancelier du dauphin, François de L'Église et Claude Archimbaud[2], consuls de Vienne, mandataires des autres consuls et des bourgeois de la ville, avec le consentement de Barthélemy de Nyèvre, docteur en lois, de Guigues Costaing, de Jean Combe le jeune et de maître Guillaume Durot, notaire de la cité, déclarèrent prêter serment de fidélité, en leur propre nom et en celui de tous les bourgeois, au dauphin en tant que comte de Vienne[3]. En ce faisant, ils protestèrent que le serment prêté jadis à Humbert II, d'ailleurs cassé par le souverain pontife, ne constituait pas un précédent, comme le disait le dauphin Louis. C'était un hommage tout personnel. Le dauphin déclara que ni lui, ni ses officiers ne pourraient contraindre les Viennois à payer des tailles, tributs et autres subsides, pour quelque cause que ce fût. Il promit de n'exiger d'eux aucun secours, aucune chevauchée, sinon dans le territoire de la ville et pour la défense de ses habi-

[1] Drôme, arr. de Valence, ch.-l. de canton.

[2] Le 17 décembre, Claude Archimbaud reçut trente francs pour les soixante-quatre jours qu'il avait passés auprès du dauphin, envoyé par la ville, à cause du serment de fidélité qu'il demandait « *ad causam fidelitatis sacramenti per dictum dominum nostrum dalphinum per eosdem cives sibi prestari petiti* ». Arch. de Vienne, BB. 6, fol. 70 r°.

[3] Pièces justificatives, n° VIII.

tants. Il déclara encore que ni lui, ni ses successeurs, ni ses officiers ne pourraient obliger les Viennois à venir aux assemblées des Trois-États et à contribuer aux dons, tributs et subsides qu'ils pourraient concéder à l'avenir.

En somme, la ville de Vienne gardait son autonomie. Elle avait seulement prêté, par la bouche de deux de ses consuls, un hommage personnel au dauphin Louis, en sa qualité de comte de Vienne.

En échange de ce serment de fidélité, le dauphin confirma les libertés et privilèges des habitants de Vienne[1].

Les bienfaits du dauphin n'étaient pas gratuits : les bourgeois de Vienne s'engagèrent à lui payer une somme de 1.000 écus d'or, à condition d'être à l'abri de toute violence. Pour accomplir la promesse de leurs mandataires, les consuls, les bannerets, les pennoniers et soixante-quatorze bourgeois, convoqués par Guillon Neveu, sergent et mandeur du consulat, s'assemblèrent le 7 novembre. Ils décidèrent de lever une taille de 1.500 écus d'or. C'est qu'aux 1.000 écus promis au

[1] Original : Arch. de Vienne, AA. 1, 12 ; copie : Arch. de l'Isère, B. 2968, fol. 612-620. — Cet acte fut vidimé par Charles VIII en novembre 1483 et par François Ier en août 1539 (B. 2968, fol. 629-655). — Le vidimus de Charles VIII est transcrit aux Archives de Vienne dans le *Livre de la Chaîne* (fol. 4 r°-10 v°). On a résumé en marge la teneur des articles. C'est ce résumé que Mermet a publié (*Hist. de Vienne*, t. III, p. 205-208) comme « un projet de code municipal ». L'auteur de ces notes, peu versé en géographie, a traduit la date : *Datum in villa nostra Cabeoli...*, par « Donné à Chalon-sur-Saône le dernier octobre 1448 ». Erreur reproduite par Mermet, *o. c.*, p. 209. — Cf. Pilot de Thorey, n° 664.

dauphin s'ajoutaient quelques petits cadeaux à son entourage : 130 écus au gouverneur Louis de Laval, 100 au chancelier, 100 à Gabriel de Bernez, 50 au seigneur d'Estissac, 50 à Regnier de Bouligny. Il fallait aussi rembourser à François de L'Église les 50 écus qu'il avait prêtés pour les sceaux apposés à la confirmation des libertés [1]. Guigues Costaing, nommé receveur général de cette taille, promit de payer toutes ces sommes avant Noël.

Le dauphin fut probablement satisfait de l'empressement des Viennois à tenir leur promesse. Le 24 novembre, il déclara qu'il voulait que les consuls et les habitants de Vienne jouissent de leurs privilèges, non seulement dans le Dauphiné proprement dit, mais encore dans les comtés de Valentinois et de Diois et dans toutes les autres terres soumises à son autorité [2].

Le dauphin Louis avait pour lui les consuls et les bourgeois. Il pouvait engager la lutte contre l'archevêque.

Aucun document ne nous apprend si elle fut commencée en 1449. Si des négociations furent, dès lors, entamées, elles n'ont pas laissé de traces. Il faut venir jusqu'au début de l'année 1450 pour en trouver.

Nous avons conservé un récit sommaire d'une série de conférences tenues à Vienne, du 21 février au 23 mars 1450, entre les commissaires du dauphin et les repré-

[1] Arch. de Vienne, BB. 6, fol. 32 r°.

[2] Original : Arch. de Vienne, AA. 1, 13 ; copies : Arch. de l'Isère, B. 2968, fol. 621-623 ; 646 v°-650 ; Bibl. de Grenoble, ms. 1436 (R. 80, t. XVIII), fol. 16-17 (copie du XVII° siècle). — Pilot de Thorey, *Catalogue des actes du dauphin Louis...*, n° 667.

sentants de l'archevêque [1]. Les deux principaux délégués du dauphin étaient encore Aymar de Poisieu et Mathieu Thomassin. L'archevêque était représenté par l'abbé de Saint-André, Pierre Charpin, doyen, Bertrand Merlet, official, Barthélemy de Nyèvre, docteur en lois, noble Pierre Silve, maître de son hôtel, Pierre de Besset, procureur, Jean de Barry et Antoine Vial. Nous retrouverons ces mêmes personnages dans toutes les négociations suivantes.

Le lundi 23 février, ils viennent trouver les délégués du dauphin à l'hôtel de la Coupe, et « aprez plusieurs paroles honorablement dictes par ledict doyen dient qu'ils estoient prez de besoigner ». Les commissaires répondirent qu'il fallait examiner d'abord les usurpations des gens de l'archevêque sur les droits du dauphin. Mais les représentants de l'archevêque ne voulurent pas considérer comme abus les faits allégués. Ils refusèrent d'accorder créance à l'arrêt du Parlement du 18 décembre 1404. Ils disaient que le temporel de l'archevêché avait été mis indûment sous la main du dauphin. On échangea des lettres et des mémoires, sans parvenir à s'entendre. Les gens de l'archevêque n'ajoutaient pas foi à l'extrait de l'enquête de 1404, fait en 1406 et envoyé à la Chambre des Comptes du Dauphiné : or, c'était le principal fondement des droits du dauphin. Aussi les commissaires quittèrent-ils Vienne, après avoir nommé comme juge des appeaux de la cour des comtes, Claude d'Aurillac, licencié en lois, et reçu son serment. Ils allèrent rendre compte de leur mission au dauphin.

[1] Arch. de l'Isère, B. 3429.

C'est probablement à la suite de ces conférences que l'archevêque proposa au dauphin un projet de traité en vingt-sept articles « pour céder et pacifier les débaz, controverses et questions que sont a présent[1] ».

Pour supprimer tous les conflits entre la juridiction des comtes et la juridiction temporelle de l'archevêque, celui-ci déclarait associer le dauphin à la juridiction haute, moyenne et basse de la cité. La cour des comtes et la cour temporelle seront remplacées par une cour unique, appelée cour commune temporelle de Vienne, et régie par un juge et des officiers communs, « en telle manière que mondit seigneur le daulphin par soy, ne aussi ledit arcevesque par soy ne puissent excercer juridicion temporelle en ladicte cité de Vienne » (art. 6). A la Nativité de saint Jean-Baptiste, l'archevêque nommera le juge commun pour deux ans ; puis la nomination sera faite par le dauphin ; et ainsi de suite, de deux en deux ans (art. 7). L'archevêque et le dauphin nommeront chacun un courrier, un procureur, un greffier et un receveur (art. 8 et 9). Les courriers présenteront au juge commun des sergents communs, et le juge en recevra autant qu'il lui semblera bon (art. 10). De la Nativité de saint Jean-Baptiste à Noël, la cour se tiendra dans le palais de l'archevêque ; de Noël à la Saint-Jean, dans celui du dauphin ; chacun aura une prison (art. 12).

Tout cela était fort sage. Il était sage aussi de maintenir les libertés et privilèges des habitants de Vienne : ils ne seront pas tenus d'aller aux États du Dauphiné ;

[1] Bibl. de Grenoble, ms. 1432 (R. 80, t. XIV), fol. 185-191. Copie non datée.

on ne pourra leur imposer ni tailles, ni subsides, ni gabelles ; ils ne rendront point d'hommage, mais les consuls prêteront chaque année un serment de fidélité aux deux seigneurs, entre les mains du juge commun (art. 16, 17, 18).

On garantissait à chacun ses propriétés particulières. A l'archevêque « son chastel de la Bastie, la maison archiepiscopal et son palays assis emprès l'eglise de Saint-Pierre-entre-les-Vignes, laquelle maintenant l'on appelle Saint-Blaise. Et pareillement appartiendra a mondit seigneur le daulphin pour le tout son palais assis emprès l'eglise Notre-Dame la Viel » (art. 4). Le chapitre conserverait le château de Pipet, la maison des Canaux et toutes ses autres possessions (art. 5).

Mais, sur d'autres points, l'archevêque émettait des prétentions inacceptables. Il accordait que les premières appellations seraient jugées par un juge d'appeaux, nommé par lui et le dauphin. Mais il revendiquait les secondes pour lui seul (art. 13 et 14). Il voulait maintenir l'official en possession de la juridiction temporelle : il pourrait connaître de « quelxconques causes, reales, civiles et prophanes » dans la cité et le diocèse de Vienne ; tous ceux qui le voudraient « tant en agissant que en défendant » pourraient avoir recours à lui (art. 22). Les dauphins avaient toujours protesté contre cette prétention. « L'official de l'arcevesque de ladicte ville n'a aucune juridicion temporele en icelle », disait l'article 14 de l'extrait de 1406, et le dauphin Louis venait précisément, le 22 août 1448, de présenter des réclamations sur ce point.

Puis, l'archevêque demandait au dauphin de lui rendre Sainte-Colombe, dont la juridiction leur serait commune, et de lui donner Bourgoin[1] et Châteauvilain[2] ou deux autres places près de Vienne. Il en avait été décidé ainsi, vingt-huit ans auparavant, dans un projet de traité entre le roi Charles VI et l'archevêque d'alors.

Enfin, l'archevêque voulait conserver la suzeraineté de la ville et du comté de Vienne, qui, depuis plus de trois cents ans (il aurait pu dire plus de quatre cents) appartenait à l'archevêque et à l'église de Vienne. « Et pour ce que l'on doit rendre a Dieu et a saincte Esglise honneur et ses droiz, et pour révérence d'iceulx, mondict seigneur le daulphin recognoistra et ses successeurs recognoistront de tenir en fieu et hommaige dudict arcevesque et de l'esglise de Vienne la moytié de la dicte cité et juridicion temporelle de Vienne » (art. 19). Cet article surtout ne pouvait pas convenir à l'esprit dominateur du dauphin Louis.

Les négociations durent continuer pendant les mois suivants; aucune trace n'en est restée. Il faut venir jusqu'au 21 septembre 1450 pour trouver un acte d'une importance capitale dans l'histoire de Vienne. C'est l'hommage de l'archevêque au dauphin, qui mit fin à l'indépendance, quatre fois séculaire, de l'église de Vienne[3].

Ce jour-là, à Moras[4], dans la maison de François de Bellecombe, seigneur de Murinais, les représentants du dauphin, Yves de Scépeaux, seigneur de Landeny,

[1] Isère, arr. La Tour-du-Pin, ch.-l. de canton.

[2] Isère, arr. La Tour-du-Pin, canton Bourgoin.

[3] Pièces justificatives, n° IX. — Pilot de Thorey, *Catalogue...*, n°s 786 et 786 *bis*.

[4] Drôme, arr. Valence, canton Le Grand-Serre.

son chancelier, Louis de Laval, seigneur de Châtillon, gouverneur du Dauphiné, Amaury, seigneur d'Estissac, premier chambellan, Jean, bâtard d'Armagnac, sénéchal du Valentinois et Diois, Antoine Bolomier, général de toutes les finances, Jean de Villaines, bailli des Montagnes de Dauphiné, Aymar de Poisieu, dit Capdorat, maître d'hôtel du dauphin, Guillaume Becey, conseiller, et Jean Bochetel, contrôleur des finances, conclurent un traité avec les délégués de l'archevêque de Vienne, Charles de Poitiers, chevalier, seigneur de Saint-Vallier, et Guillaume, bâtard de Poitiers, seigneur de Barry[1].

L'archevêque reconnaît le dauphin pour son suzerain, lui fait hommage lige et lui prête serment de fidélité. Toute la juridiction de la ville de Vienne est déclarée commune entre le dauphin et l'archevêque. La juridiction d'appel appartiendra au dauphin. Tous les vassaux et sujets de l'archevêque, les nobles en personne, les communautés par leurs syndics et procureurs, jureront d'être fidèles au dauphin. Celui-ci s'engageait à donner des compensations à l'archevêque, en échange des revenus que lui faisait perdre le traité de pariage.

Le lendemain, 22 septembre, à Valence, Jean de Poitiers approuva la transaction passée par ses procureurs. Il jura de l'observer toujours et ratifia le serment de fidélité qu'ils avaient prêté [2].

Ce même jour, Jean de Villaines, Aymar de Poisieu et Jean Bochetel arrivèrent à Vienne [3]. Ils firent venir à

[1] Leur procuration est en date de la veille, 20 septembre (Arch. de l'Isère, B. 2651 ; B. 2966, fol. 704 r°-706 v°).

[2] Arch. de l'Isère, B. 2651 (original) ; B. 2966, fol. 702 v°-703 v°.

[3] Le compte rendu de leur mission est au registre B. 2966, fol. 682-688.

l'auberge de l'Épée Guillaume Durot, procureur des habitants, Guillaume Blanc, Guichard de La Maladière, Geoffroy Chapuis et Pierre Chevalet, syndics. Ils leur annoncèrent que l'archevêque de Vienne avait fait hommage de son temporel au dauphin et leur demandèrent de lui prêter serment de fidélité. Les consuls répondirent que « la pluspart des gens de ladite ville estoient dehors pour leurs vendanges ou autres affaires, et fault affin qu'ilz aient puissance expresse a ce faire qu'ilz assemblent tout le commun de ladicte ville, ce qu'ilz feront demain le matin et après viendront et feront la response qu'ilz devront faire ».

Les commissaires firent alors proclamer les événements de la veille « es six plus principaulx quarrefours de ladicte cité de Vienne ». Puis, ils allèrent à la maison de Pierre Charpin, doyen du chapitre, et lui demandèrent de prêter hommage au dauphin. Le doyen n'avait auprès de lui que Jean Rivoire, préchantre, Lancelot Lyatard, chantre, et quelques chanoines. Il fit remettre l'affaire au lendemain.

Le mercredi 23 septembre, les commissaires vinrent au chapitre. Six chanoines seulement y étaient présents, avec le doyen, le préchantre et le chantre. Jean Bochetel exposa « que le Roy de France et son ainsné fils ne reconnaissent point de souverain, ains ont acoustumé d'estre souverains de et sur tous ceulx qui tiennent aucunes terres dedens leurs pays et seigneuries ». L'archevêque de Vienne, l'évêque de Valence et de Die ont prêté serment au dauphin. Celui-ci ne veut pas souffrir « que aucun tiegne en ses pays aucunes terres, juridicions ou seigneuries qui ne soient recogneues de ses souverenneté et ressort ». Les chanoines dirent que plusieurs des plus anciens et des plus notables d'entre eux étaient absents. Ils promirent de répondre le plus tôt possible.

Ce même jour, Guillaume Blanc, Geoffroy Chapuis, Anselme de La Tour, Guichard de La Maladière, Pierre Chivallet, Jacques de La Monnaie, Guigues de Fayes, consuls de Vienne, et Guillaume Durot, procureur des habitants de cette ville, vinrent auprès de Jean de Villaines, d'Aymar de Poisieu et de Jean Bochetel, à l'hôtel de l'Épée. Ils reconnurent le dauphin pour leur suzerain, lui firent hommage et lui prêtèrent serment de fidélité[1].

Ce même mercredi, on vit arriver à Vienne Louis de Laval, gouverneur du Dauphiné, Jean, bâtard d'Armagnac, sénéchal du Valentinois et Diois, Antoine Bolomier, général conseiller sur le fait des finances. Ils sommèrent de nouveau le chapitre de faire hommage au dauphin. Les chanoines prièrent le gouverneur de prendre patience encore un jour.

En effet, le vendredi 25 septembre, dans l'auberge de François de L'Église, à l'enseigne de l'Épée, Louis de Laval reçut l'hommage du chapitre de Saint-Maurice[2]. Il fut prêté par Pierre Charpin, licencié en les deux droits, doyen, Jean Rivoire, préchantre, Lancelot Lyatard, chantre, Catherin de Bocsozel, Antelme Peyrolier, Aimon Rivoire, Formond Vulchard, docteur en décrets, Antoine Costaing, Jean Pape, chanoines, et Michel Chapuis, chevalier de l'église cathédrale de Vienne. Ils

[1] Arch. de l'Isère, B. 2651 ; B. 2966, fol. 707-714. — Pilot de Thorey, *Catalogue*..., n° 1899.

[2] Arch. de l'Isère, B. 2651 ; B. 2966, fol. 715-719. — Pilot de Thorey, n° 786 *ter*.

reconnurent tenir en fief du dauphin les territoires de Saint-Clair, de Mont-Salomon, de Communay et la moitié de Reventin.

Ce même jour, les consuls, bannerets et pennoniers décidèrent un emprunt de trente florins pour acheter des confitures au gouverneur, afin de gagner sa bienveillance [1].

On apposa les armes du dauphin sur les portes de la ville, en signe de souveraineté. L'exercice de la juridiction commune fut confié à Jean Ducroset, docteur en lois, et celui de la juridiction d'appel à maître Étienne Bertal, licencié en lois [2].

Le 20 octobre 1450, à la Tour-du-Pin, Antoine de Poisieu, abbé de Saint-Pierre de Vienne, fit hommage au dauphin [3]. Il reconnut tenir de lui en fief et hommage lige le lieu de Serre [4] et celui appelé Les Biars, près de Vienne, ainsi que tous les biens et droits temporels de son abbaye, tant dans la ville de Vienne que dans tout le Dauphiné. Il stipula que les appels de ses juges ressortiraient aux officiers delphinaux, et que les sujets de l'abbaye, nobles et roturiers, prêteraient serment de fidélité au dauphin.

Deux questions importantes restaient à régler ; l'administration de Vienne et les compensations à donner par le dauphin à l'archevêque.

Le dauphin choisit pour procureurs en cette affaire

[1] Arch. de Vienne, BB. 6, fol. 88 v° « *ad finem quod ipse dominus gubernator habeat dictam civitatem pro recommandata* ».

[2] Arch. de l'Isère, B. 2966, fol. 688 r°.

[3] Arch. de l'Isère, B. 2651 (original) ; B. 2966, fol. 741-746. — Pilot de Thorey, *Catalogue...*, n° 807.

[4] Le Grand-Serre, Drôme, arr. Valence, ch.-l. de canton.

Aymar de Poisieu, dit Capdorat, maître de son hôtel, Mathieu Thomassin, conseiller en la cour souveraine de Grenoble, et Guillaume Becey, maître des requêtes de son hôtel (Morestel, 8 octobre) [1].

Jean de Poitiers délégua ses pouvoirs à François Martel, abbé de Saint-André, à Pierre Charpin, doyen, à Bertrand Merlet, official, à Barthélemy de Nyèvre, docteur en lois, juge, à Pierre Silve, maître de son hôtel, et à Pierre de Besse, licencié en lois et en décrets, procureur (Valence, 19 octobre) [2].

Ces délégués se réunirent à Vienne et rédigèrent un règlement en trente-neuf articles sur la souveraineté de Vienne et la juridiction temporelle de la ville et de son territoire (31 octobre 1450) [3].

Le dauphin et l'archevêque sont déclarés comtes et co-seigneurs de la ville de Vienne et de son territoire (art. 1). Tous les habitants sont leurs sujets (art. 3). C'est la suppression de l'antique distinction entre les sujets des comtes et ceux de l'archevêque, cause de tant de conflits.

Par suite, on supprime la cour des comtes et la cour temporelle. Il n'y a plus qu'une seule cour temporelle, régie par un juge unique, appelé juge commun de Vienne. Il connait de toutes les causes civiles et criminelles, il a juridiction sur toutes les personnes séculières (art. 13 et 15). Ce juge est nommé, chaque année, à la

[1] Arch. de l'Isère, B. 2966, fol. 765 ; Bibl. de Grenoble, ms. 1436 (R. 80, t. XVIII), fol. 101-103. — Pilot de Thorey, *Catalogue...*, n° 796.

[2] Arch. de l'Isère, B. 2966, fol. 767 v°-769 v° ; B. 3152 ; Bibl. de Grenoble, ms. 1436 (R. 80, t. XVIII), fol. 103-104.

[3] Pièces justificatives, n° X.

Toussaint, par un des co-seigneurs, d'abord par le dauphin, puis par l'archevêque (art. 16). Un courrier est nommé de la même manière (art. 17). Il est chargé de faire exécuter les sentences du juge, de rechercher les malfaiteurs dans la ville et sur son territoire. Il fait faire le guet, la nuit, par les sergents de la cour. Il fait arrêter les personnes qui circulent dans la ville sans lumière, après que la cloche de la Charité a sonné (art. 19).

La cour possède un sceau, marqué d'un dauphin et d'une crosse (art. 20). Elle se tient au palais delphinal, quand le juge et le courrier sont nommés par le dauphin, au palais archiépiscopal, quand ils le sont par l'archevêque (art. 21). Les co-seigneurs nomment un procureur fiscal, chargé de maintenir leurs droits. Chacun d'eux crée un notaire (art. 22 et 23).

Le courrier nomme des sergents, au nombre de six ou de huit, pour faire les citations et autres exécutions dans la ville (art. 24). Au juge appartient la nomination d'un crieur public (art. 25) ; au courrier, celle du bourreau. Les attributions et les gages de cet exécuteur de la haute justice sont minutieusement réglés. Bien que son office soit nécessaire, sa personne étant abominable à la nature humaine, il devra porter un signe distinctif, une échelle ou autre chose. Il touche des gages de huit florins par an ; il a en plus une indemnité variable pour chaque exécution : pour fouetter, six gros ; pour couper l'oreille, le pied ou la main, un florin ; pour pendre, deux florins ; pour couper une tête, écarteler, noyer ou brûler quelqu'un, trois florins (art. 26).

Comme l'archevêque a reconnu tenir du dauphin tout son temporel, lui a fait hommage et prêté serment de fidélité, l'appel des sentences du juge commun sera porté devant le bailli du Viennois-Terre-de-la-Tour. Celui-ci tiendra sa cour au palais delphinal (art. 30 et 31). Un receveur percevra les amendes et autres droits provenant de cette cour d'appel (art. 32). On établira un procureur fiscal, un notaire, un sous-viguier et des sergents en nombre fixe (art. 33). Les officiers de la cour commune n'auront pas à intervenir dans l'exécution des sentences de cette cour.

L'official tiendra sa cour au lieu accoutumé ; il exercera la juridiction sur les clercs et autres personnes, en ce qui concerne la spiritualité (art. 35).

Les secondes appellations appartiendront au Conseil delphinal résidant à Grenoble (art. 37).

Enfin, il était stipulé que chacun des co-seigneurs conserverait ses propriétés : palais, châteaux, maisons, vignes, prés, dîmes, banvins, corvées, leydes, étangs, pensions, lods et ventes. Chacun nommerait un receveur pour percevoir ses revenus particuliers (art. 38).

Le dauphin approuva ce règlement le 2 mars 1451 [1] et l'archevêque le 1er avril de la même année [2].

Ce traité mettait fin à l'indépendance de l'archevêque de Vienne et établissait la suprématie du dauphin dans cette ville.

Quelles furent, pour les habitants de Vienne, les consé-

[1] Arch. de l'Isère, B. 2966, fol. 769 v°. — Pilot de Thorey, n° 862.

[2] Bibl. de Grenoble, ms. 1436 (R. 80, t. XVIII), fol. 106. *Datum in domo episcopali Valentie, sub nostro sigillo rotundo, die prima mensis aprilis, anno Domini 1450.* — Date singulière, puisqu'on suivait en Valentinois et Diois le style de l'Incarnation. Peut-être y a-t-il une faute de copie ?

quences de ce fait ? Ce fut d'abord la révocation implicite de l'acte du 31 octobre 1448. Ce jour-là, le dauphin Louis avait donné aux Viennois sa parole de prince (*promisit et convenit in verbo et fide principis*) qu'il observerait leurs franchises, qu'il ne les obligerait pas à contribuer aux dépenses décidées par les Trois-États du Dauphiné. Ces promesses ne furent pas tenues. L'établissement de la suzeraineté delphinale à Vienne se traduisit immédiatement par une augmentation d'impôts. Les revenus de la boucherie, les droits d'entrée sur diverses denrées, le trezain du pain, qui étaient des impôts extraordinaires, sont régulièrement adjugés en 1451, 1452, 1453. En outre, on lève des tailles : le 20 avril 1451, taille de 2.000 florins, pour payer la somme attribuée à la ville par les Trois-États de Romans et pour offrir un présent de 600 écus d'or à la dauphine Charlotte de Savoie[1]. Le 4 mai 1452, on lève, sur l'ordre du dauphin, une taille de 900 florins[2]. Le 18 juillet 1452, on offre 200 florins à Guillaume de Coursillon, bailli du Bas-Pays du Dauphiné[3]. Le 11 février 1453, autre taille de 1.000 florins : la ville de Vienne avait été taxée par les Trois-États à 624 florins[4].

Ces sommes sont pourtant moins considérables qu'elles auraient pu l'être. Une enquête fut faite à Vienne, après l'accord entre le dauphin et l'archevêque, pour fixer le

[1] Arch. de Vienne, BB. 6, fol. 100 v°. 550 florins furent payés le 7 septembre 1451 (*ibid.*, fol. 117 v°). — Voir dans le *Catalogue* de Pilot de Thorey (n° 885) les dons faits par diverses villes à la dauphine.

[2] Arch. de Vienne, BB. 6, fol. 132 r°-144 v°.

[3] *Ibid.*, fol. 149 r°.

[4] *Ibid.*, fol. 170 v°.

nombre des feux de la ville. On déclara comme solvables aux commissaires delphinaux plusieurs familles qui avaient à peine de quoi vivre. Le 12 février 1452, le dauphin consentit à réduire le nombre des feux solvables de 80 à 52, « considéré que c'est la première bonne ville et la clef de notre Daulphiné[1] ». L'expédition et l'entérinement de ces lettres coûtèrent aux Viennois 39 florins et 6 gros[2].

En même temps, le dauphin accorde des faveurs à ses amis. Le 17 mai 1452, il exempte de la taille deux Viennois, Jean Combe l'aîné, son valet de chambre, et Guillaume Blanc, son écuyer de cuisine[3]. A ce dernier, il donne, le 20 septembre suivant, le greffe de la cour de Vienne et lui permet de prendre 25 livres par an sur les émoluments de ce greffe[4].

Du séjour que le dauphin Louis fit à Vienne de septembre à novembre 1452, de l'armée qu'il y réunit, pour s'opposer au passage à travers le Dauphiné des troupes de Charles VII, qui venait de déclarer la guerre au duc de Savoie[5], les registres consulaires ne disent absolument rien. Si l'on songe au récit détaillé qu'ils font de l'entrée de Louis à Vienne, le 23 janvier 1447, ce silence paraît étrange. Est-il téméraire de l'interpréter comme une preuve du mécontentement que causaient aux Viennois

[1] Arch. de l'Isère, B. 2722, fol. 37 v°-38 v°; B. 2747, fol. 469. — Pilot de Thorey, *Catalogue...*, n° 846.

[2] Arch. de Vienne, BB. 6, fol. 99 r°.

[3] *Ibid.*, fol. 147-148. Ces deux lettres, datées de Saint-Genix-d'Aoste, ne sont pas mentionnées par Pilot de Thorey.

[4] Arch. de l'Isère, B. 2966, fol. 800-801. — Pilot de Thorey, n° 976.

[5] Pilot de Thorey, n° 970.

les actes du dauphin? Peut-être trouvaient-ils qu'il leur avait vendu un peu trop cher le bienfait de la paix ?

Ce séjour de Louis XI et de ses troupes fut très onéreux aux Viennois. En partant, le prince leur ordonna de faire un certain nombre de réparations urgentes aux fortifications de la ville. Le 11 janvier 1453, il leur fit abandon, pour une période de sept ans, de toutes les sommes auxquelles ils pourraient être imposés par les États du Dauphiné [1].

En même temps, il implantait à Vienne une industrie nouvelle : la fabrication des armures. Il décida Huguet de Montagu, son valet de chambre et sommelier de ses armures, à quitter Angers et à se fixer à Vienne avec sa famille et ses ouvriers, pour fournir d'armes et d'armures les gens de son hôtel et tous les sujets du Dauphiné. Il l'autorisa à établir une prise d'eau sur la Gère et à construire « une molière pour esmouldre lesdicts harnois [2] ». Deux mineurs, Jean et Armand Alard, à qui les consuls de Vienne, sur l'ordre de Mathieu de Condé, maître de l'artillerie du dauphin, payèrent 20 francs par mois, étaient peut-être parmi les ouvriers de cet Huguet de Montagu [3].

Une autre question qui occupa le dauphin Louis fut celle des compensations à donner à l'archevêque de Vienne pour sa juridiction temporelle.

Le vieil archevêque, Jean de Poitiers, résigna son

[1] Arch. de l'Isère, B. 2721, fol. 325. — Pilot de Thorey, n° 1003.

[2] B. 2966, fol. 802. — Pilot de Thorey, n° 1005.

[3] Arch. de Vienne, BB. 6, fol. 187 v° ; somme payée le 21 juin 1453 *duobus minator*[*ibus*] *per dictum dominum nostrum dalphinum locat*[*is*] *Vienne*.

archevêché et mourut le 8 ou le 9 novembre 1451[1]. La nomination de son successeur donna lieu à un conflit entre le dauphin Louis et son père. Le 28 janvier 1452[2], Charles VII fit donner par le pape l'archevêché de Vienne à Jean du Châtel, frère de Tanguy du Châtel. Le dauphin l'empêcha de prendre possession de son siège. Le 29 juin, il écrivit de Romans aux consuls de Vienne de s'opposer aux entreprises de Jean du Châtel sur des biens situés au delà du Rhône et appartenant à l'archevêché de Vienne[3].

Charles VII, irrité de la conduite de son fils, lui envoya en ambassade le seigneur de Torcy, maître des arbalétriers de France, et Jehan de Jambes, seigneur de Montsoreau, son premier maître d'hôtel. Ils devaient lui exprimer le mécontentement du roi. « *Item*, lui diront que le Roy a esté adverti que combien que maistre Jehan du Chastel ait esté pourveu a l'archevesqué de Vienne par nostre saint Père, apprez la resignacion d'icellui archevesqué faicte par feu le derrenier archevesque de ladicte eglise et par ce y ait bon droit et n'y ait point de compediteur, néantmoins, icellui du Chastel n'a peu joyr

[1] Pilot de Thorey, p. 287, note 1 ; J. Chevalier, *Essai sur l'église de Die*, t. II, p. 393-395.

[2] Eubel, *Hierarchia catholica*, t. II, p. 293.

[3] Bibl. Nat., fr. 20.491, fol. 43. — Charavay, *Lettres de Louis XI*, t. I, p. 51, sous la date du 29 juin 1451, qu'il faut corriger en 1452. Pilot de Thorey ne mentionne pas cette lettre. Le registre BB. 6 des Archives de Vienne fait allusion à des monitions de l'archevêque ; le 21 juin 1453, on paye 18 gros à Jean Ravier « *pro appellacione per dictos consules seu eorum procuratores nuper interposita ad causam certarum monicionum et expletorum per dominum Johannem de Castro, assertum archiepiscopum Viennensem, in preiudicium civium Viennensium factorum* (fol. 187 r°.)

d'icellui archevesquié par l'empeschement qui lui a esté fait et donné par l'ordonnance de mondit seigneur le Daulphin ; mais qui plus est, il en a prins et fait prendre les leveez, ufruis et revenues, et d'iceulx dispozé a son plaisir, qui est tres mal fait. Et pour ce lui diront que le Roy veult qu'il face tout reparer par maniere que ledit du Chastel n'ait cause de s'en doloire[1]. »

Le 14 octobre 1452, le dauphin envoya en ambassade vers son père, pour traiter cette affaire, l'archevêque d'Embrun, Guillaume de Coursillon, chevalier, bailli du Bas-Pays du Dauphiné, Gabriel de Bernez, seigneur de Targe, et maître Jean Fautrier[2]. « Et ad ce qui touche l'arcevesqué de Vienne, ou l'en dit qu'il n'y a pas de compéditeur, le Roy est mal informé, car avant la resignacion de quoy on parle, qui se trouvera inutille, monseigneur, par bulle et brevet du Pape, en avoit expresse reservacion[3]. »

En conséquence, le 22 janvier 1453, il fit élire archevêque par les chanoines du chapitre de l'église cathédrale Antoine de Poisieu, abbé de Saint-Pierre de Vienne[4]. C'était le frère d'Aymar de Poisieu, dit Capdorat, maître d'hôtel du dauphin.

C'est avec lui que fut réglée la question des compensations. Le 23 février 1454, le nouvel archevêque créa

[1] *Chronique de Mathieu d'Escouchy*, éd. du Fresne de Beaucourt (Soc. Hist. de France), t. I, p. 431-432 ; — *Documents historiques inédits*, publiés par M. Champollion-Figeac (Coll. des Doc. inédits), t. II, p. 191.

[2] Pilot de Thorey, n° 979. — *Lettres de Louis XI*, t. I, p. 55.

[3] *Chronique de Mathieu d'Escouchy*, t. I, p. 436-437 ; — *Documents historiques inédits*, t. II, p. 189.

[4] Pilot de Thorey, *Catalogue...*, p. 297, note 1.

comme procureurs Antoine Vital, procureur fiscal de la cour temporelle de Vienne, et Antoine Rolland, porte-scel et cellerier de Romans [1]. Le dauphin fut représenté par Jean de Kaérrion, procureur fiscal général du Dauphiné. Le 28 mars 1454, à Valence [2], les procureurs de l'archevêque reconnurent la suzeraineté du dauphin sur Vienne et reçurent en échange les châteaux de Revel en Viennois [3] et d'Azieu en Velin [4]. Le dauphin ratifia cet acte par ses lettres du même jour, qui furent enregistrées à Grenoble, le 12 avril 1454 [5]. L'archevêque de Vienne approuva, le 4 avril, la transaction passée avec le dauphin et accepta la compensation offerte [6].

Le règlement des affaires de Vienne était achevé.

Un ancien historien de la ville de Vienne s'est posé cette question : « Les Viennois virent-ils avec peine, avec plaisir ou avec indifférence leur réunion au surplus du Dauphiné [7] ? »

Il y a répondu d'une manière énigmatique. Après avoir décrit, en une vingtaine de pages, les institutions gouvernementales de Vienne, il conclut ainsi : « Au reste, les personnes instruites, qui auront lu avec quelque attention nos précédents articles, pourront

[1] Arch. de l'Isère, B. 3152.

[2] Arch. de l'Isère, B. 3431. — Pilot de Thorey, n° 1072.

[3] Revel-Tourdan, Isère, arr. Vienne, c^on Beaurepaire.

[4] Isère, arr. Vienne, c^on Meyzieu, c^ne Genas.

[5] Arch. de l'Isère, B. 3015, fol. 339-343. — Pilot de Thorey, n° 1073.

[6] B. 2651. — Pilot de Thorey, t. I, p. 419, note 3.

[7] Mermet, *Ancienne Chronique de Vienne*, p. 65.

décider si nos aïeux durent voir *avec peine, avec plaisir ou avec indifférence leur réunion au surplus du Dauphiné*[1].

Au terme de ce travail, convient-il de nous poser la même question? Je ne le crois pas. Les Viennois ne nous ont pas dit s'ils étaient satisfaits ou mécontents des actes du dauphin Louis. Résignons-nous à l'ignorer. Il faut exposer les faits du passé. Il est dangereux d'imaginer les sentiments inspirés par ces faits aux gens d'autrefois.

En somme, Vienne acheta sa tranquillité au prix de son indépendance. La reconnaissance de la suzeraineté delphinale mit fin aux perpétuelles querelles de l'archevêque et du dauphin. Mais celui-ci fit payer cher aux Viennois le bienfait de la paix. Forcés de contribuer aux impôts généraux du Dauphiné, ils virent aussitôt augmenter leurs dépenses. En même temps, le dauphin accorde des faveurs à de riches bourgeois, et, pour augmenter la prospérité de la ville, il y introduit une industrie nouvelle.

Mâter les seigneurs, favoriser la bourgeoisie, protéger l'industrie : telle sera la politique du roi Louis XI. Il n'est pas d'un médiocre intérêt de le voir, encore dauphin, agir à Vienne, comme il agira plus tard dans tout le royaume.

[1] Mermet, *Ancienne Chronique de Vienne*, p. 88.

PIÈCES JUSTIFICATIVES

I

Les consuls de Vienne de 1386 à 1454.

1386.
(Arch. comm. de Vienne, BB. 1, fol. 4 v°.)

Aymarus de Versay, Petrus Rodulphi, Michaletus de Cuveria, Hugo Garnerii, Perononus de Preyssino, Bartholemeus Ravanelli, Johannes Albi.

1387.
(BB. 1, fol. 1 v°.)

Johannes de Saliceto, Johannes de Cuveria, Symondus de Gumyo, Johannes Jays, Johannes de Cruce, Domenionus Tiranni, Johannes Provensalis, Soffredus Revolli.

1388, 3 février.
(BB. 1, fol. 6 r°.)

Guillelmus de Opere, Jacerandus Laurencii, Henricus Ysimbardi, Franciscus Costagni, Laurencius de Balone, Petrus Pistor, Guichardus Coste, Guichardonus Mignioti.

1389, 3 février.
(BB. 1, fol. 15 v°.)

Berthetus Peyrollerii, mercerius, Petrus Rodulphi, Vincencius Ramberti, Armandus Feucherii (paroisse de l'Orme); Johannes Veyssellerii (Saint-André-le-Haut), Guilletus Neyrodi (Saint-Sévère); Stephanus Raffornerii (Saint-Martin); Jacerandus Chomardi (Saint-Georges).

1390, 3 février.
(BB. 1, fol. 26 r°.)

Petrus Clementis, Michael Mathonis, Stephanus Ravanelli, Johannes Severi, *alias* Tupini, Guilletus Castaneti, Johannes Panelli, *alias* Jaylliet, Petrus de Villa, Anthonius Garini.

1391, 12 février.
(BB. 1, fol. 46 v°.)

Riguetus Chamoys, Johannes de Lograz, Jacerandus de Sancto Georgio, Arthaudus de Ulmo, Johannes de Turre, Guillelmus Moqueti, Jacerandus Grossi, Franciscus Columbi, *remplacé par* Jacerandus Laurencii.

1392, 15 février.
(BB. 1, fol. 53 r°.)

Aymarus de Versay, Bartholomeus Ravanelli, Reynaudus Morelli, Petrus Bars, Johannes de Cruce, Franciscus Novelli, Johannes Coponis, Girardus de Balone.

1393, 3 février.
Dans la maison forte des Canaux. (BB. 1, fol. 59 v°.)

Bartholomeus Combe, Andreas Chambre, Berardus de Burgo, Hugoninus Garnerii (paroisse de l'Orme); Johannes Bosonis (Saint-Martin); Gononus Chataney (Saint-Georges); Johannes Albi (Saint-Sévère); Stephanus Reynodi (Saint-André-le-Haut).

1394. [*Manque.*]

1395. (Pas de date de mois.)
Dans la maison forte des Canaux. (BB. 1, fol. 72 r°.)

Gononus Escofferii, Andreas Barbillonis, Guillelmus de Columberia, Anthonius Fornerii (paroisse de l'Orme); Guillelmus Neyrodi (Saint-Sévère); Johannes ex Parte-Dei (Saint-Martin); Petrus Gardelli (Saint-André-le-Haut); Johannes Chomardi (Saint-Georges).

1396, 13 février.
(BB. 1, fol. 102 v°.)

Stephanus Raffornerii, Armandus Feucherii, Johannes Blancheti, *alias* Aquilini, Nycolaus Paysselli (paroisse de l'Orme); Bartholomeus Arbrelle, *alias* Pitar (Saint-Sévère); Johannes Salamonis, *alias* Banneres (Saint-André); Anthonius Naquini (Saint-Georges); Johannes Mantilorii (Saint-Martin).

1397, 1398. [*Ces années manquent.*]

1399.
(BB. 2, fol. 1 r°.)

Petrus Pistor, Symondus de Gumio, Reynaudus Morelli, Hugo Crestini, Johannes Moydes, Thomas Bissonis....

1400, 3 février.
(BB. 2, fol. 1 r°.)

Bartholomeus Ravanelli, Franciscus de Alamenco, Nycolaus de Burgo, Janinus de Chairres (paroisse de l'Orme); Guillelmus Castaneti (Saint-Sévère); Johannes Panuelli (Saint-Martin); Johannes Salamonis (Saint-André); Jacquemonus Espinardi (Fuissin).

1401, dimanche 6 février.
(BB. 2, fol. 18 r°.)

Bartholomeus Combe, Andreas Barbillionis, Riguetus Chamoys, Stephanetus Vayri (paroisse de l'Orme); Gauffredus de Maladeria (Saint-André); Johannes Nantoys (Saint-Sévère); Guido Laurencii (Saint-Martin); Johannes Bugnonis (Fuissin).

1402, dimanche 12 février.
(BB. 2, fol. 38 v°.)

Magister Guillelmus de Champellis, phisicus, Mag. Hugo Peruceti, baccalarius in legibus, Anthonius Rodulphi, Janinus de Ecclesia (paroisse de l'Orme); Petrus Boni Temporis (Saint-Sévère); Johannes de Ausa, junior (Saint-Martin); Petrus Gardelli (Saint-André); Johannes de Sancto Georgio, *alias* Surdi (Saint-Georges).

1403, dimanche 11 février.
Dans la cour du palais archiépiscopal. (BB. 2, fol. 59 r°.)

Riguetus Payrollerii, Albertus de Dingiaco, Goninus Guolati, Jacerandus Grossi (paroisse de l'Orme) ; Guillelmus Castaneti (Saint-Sévère) ; Bartholomeus Arbrelle (Saint-Martin); Stephanus Reynodi (Saint-André); Guillelmus Mergeti (Saint-Georges).

1404, dimanche 2 mars.
(BB. 2, fol. 70 v°.)

Gononus Escofferii, Glaudius Albi, Simondus de Gummio, Johannes Chulini (paroisse de l'Orme); Johannes Morin (Saint-Martin); Johannes Ponneti (Saint-Sévère) ; Johannes Coponis (Saint-Georges) ; Anthonius de Geria (Saint-André).

1405, lundi 9 mars.
(BB. 2, fol. 84 v°.)

Hugo Peruceti, in legibus baqualarius, Guigo Costagni, Stephanus Ravanelli, Riguetus Peyrollerii (paroisse de l'Orme); Hugo Cristini (Saint-Sévère) ; Johannes Panuelli (Saint-Martin); Reynaudus Porterati (Saint-André); Johannes Rigaudi (Saint-Georges).

1406, dimanche 28 février.
Dans le chapitre de l'église Saint-Maurice.
(BB. 2, fol. 89 r° et v°.)

Jacobus Ysimbardi, Armandus Feucherii, Franciscus Ysimbardi, Petrus Fillionis (paroisse de l'Orme) ; Girardus de Petra Vienna (Saint-André); Janinus de Monte Sancto (Saint-Sévère), Johannes de Chastagner (Saint-Martin) ; Guillemetus Faverionis, *aut loco suo* Stephanus Faverionis, *ejus filius* (Fuissin).

1407, 8 mars.
Dans le chapitre de l'église de Vienne.
(BB. 2, fol. 102 v°-103 r°.)

Arthaudus de Ulmo, Petrus Margariti, Johanninus Muchillians, Johannes Coyreti (paroisse de l'Orme) ; Gononus

Bobati (Fuissin); Stephanus Bonerii (Saint-André); Guillelmus de Pusigniaco (Saint-Sévère); Anthonius Reynaudi (Saint-Martin).

1408, dimanche 4 mars.
Dans le cloître des Frères Prêcheurs. (BB. 2, fol. 107 v°.)

Jacobus Costagni, Gononus Escofferii, Petrus Marganti, Andreas Barbillionis, Stephanus Bugnionis, Thomas Bissonis, Johannes Laurencii, Guillelmus Neyrodi.

1409, 16 juin.
Saint-Pierre-entre-Juifs. (BB. 2, fol. 120 r°.)

Glaudius Albi, Andreas Chambrerii, Nycolaus de Burgo, Stephanetus Vayri, Johannes de Turre *remplacé par* Arthaudus Chivalerii, Johannes de Silva, *alias* Balmat, Cametus Zaquarie, Franciscus Milo.

1410, dimanche 13 juillet.
Dans le chapitre des Frères Prêcheurs. (BB. 2, fol. 129 v°.)

Riguetus Peyrollerii, Johannes Turini, Janinus de Ecclesia, Johannes Blancheti, Guido Laurencii, Petrus de Monte Lupello, Jacquemonus Espinardi, Laurencius de Ecclesia, *remplacé le 28 juillet par* Bartholomeus Falqueti.

1411, dimanche 23 août.
Dans la chapelle Saint-Sauveur. (BB. 2, fol. 137 r°.).

Mag. Hugo Peruceti, Mag. Guillelmus de Champellis, Bartholomeus Ravanelli, Thibaudus le Blonde, Johannes de Cuveria, *remplacé par* Petrus Maliani, Symondus Bonselli, Petrus Naqueni, Gauffredus de Maladera.

1412, dimanche 18 septembre.
Dans la maison de l'archevêque. (BB. 2, fol. 140 r°.)

Henricus Ysimbardi, Franciscus Ysimbardi, Jacobus Bergerii, Anthonius Barbotonis, Johannes Ragnielli, Stephanus Chalonis, Johannes Alix, Andreas Burgodonis.

1413, 17 septembre.
Dans la chapelle Saint-Sauveur, au monastère de Saint-André-le-Bas. (BB. 2, fol. 144 v°, et BB. 4, fol. 6 v°-7 r° et v°.)

Guigo Constani, Johannes Chulini, Berthonus Vilete, Guillelmus Eyguetani (paroisse de l'Orme); Bartholomeus de Furno (Saint-Sévère); Stephanus Poterii (Saint-André); Johannes Veyvini (Saint-Martin); Jacerandus Bertrandi (Saint-Georges).

1414, dimanche 30 septembre.
(BB. 4, fol. 21 r°.)

Armandus Feucherii, Laurencius de Ecclesia, Petrus Garini, *alias* de Claustro, Bartholomeus Froionis, Anthonius Sybelini, Henricus de Preyssino, Guillonus Piperii, *alias* Trolart, Gononus Mistralis, *alias* Brocherii.

1415, dimanche 27 octobre.
Dans la chapelle Saint-Sauveur. (BB. 4, fol. 36 r°.)

Arthaudus de Ulmo, Petrus de Virenco, Johannes Peronerii, Johannes Ravanelli (paroisse de l'Orme); Johannes Chapuysii (Saint-Martin); Berthetus Barral (Saint-Sévère); Johannes Bergognonis (Saint-André); Petrus Neyreti (Saint-Georges).

1416, 1er novembre.
Dans le chapitre des Frères Prêcheurs. (BB. 4, fol. 45 r° et v°.)

Gononus Escofferii, Glaudius Albi, Franciscus Ysimbardi, Petrus Marganti (paroisse de l'Orme); Johannes Radicis (Saint-Sévère); Johannes de Castaneto (Saint-Martin); Petrus Gardelli (Saint-André); Jaquemonus Mayensacti (Fuissin).

1418, dimanche 2 janvier.
Dans la chapelle Saint-Sauveur. (BB. 4, fol. 52 r° et v°.)

Jacobus Ysimbardi, Riguetus Peyrollerii, Anthonius Girardeti, Anthonius Rodulphi (paroisse de l'Orme); Johannes Penneti (Saint-Sévère); Joffredus Navodi (Saint-Georges); Petrus Roybonis del Cero (Saint-André); Johannes Bornay (Saint-Martin).

1419, dimanche 8 janvier.
Dans la chapelle Saint-Sauveur. (BB. 4, fol. 95 r°.)

Mag. Guillelmus de Champellis, Petrus Fillionis, Stephanus Vayri, Johannes de Ecclesia, Gauffredus de Maladeria, Bartholomeus Laurencii, Thomas de Pusigniaco, Stephanus Bugnonis.

1420, 2 janvier.
Dans la chapelle Saint-Sauveur. (BB. 4, fol. 108 v°.)

Johannes Chulini, Girardus de Vitello, Giletus Hueti, Jaquemetus de Preyssino, Johannes Moinis, Michaletus Chomardi, Franciscus Mignoti, *alias* Guichardonis, Stephanus de la Manna.

1421, 2 janvier.
Dans la chapelle Saint-Sauveur. (BB. 4, fol. 119 r°.)

Gononus Escofferii, Jacobus Costagni, Petrus Bennotti, Humbertus Perin Johannis (grande paroisse); Humbertus Rosseti (Saint-André); Petrus Maliani (Saint-Martin); Arthaudus Chivallerii (Saint-Sévère); Petrus Chalamelli (Saint-Georges).

1422, 1er janvier.
Dans la chapelle Saint-Sauveur. (BB. 4, fol. 128 r° et v°.)

Glaudius Albi, Arthaudus de Ulmo, Petrus Marganti, Franciscus Ravanelli (grande paroisse); Guido Laurencii (Saint-Martin); Johannes Ruffi (Saint-André); Jaquemonus Aleti (Saint-Sévère); Jaquemonus Espinardi (Saint-Georges).

1423-1436.

Le registre, qui contenait les actes des consuls de ces années, n'existe plus aux archives de Vienne.

1437.
(BB. 5, fol. 1 r°.)

Guillelmus Albi, Jacobus Peyrolerii, Bartholomeus Froionis, Berthetus Jaffronis, Marinus Merini, Franciscus Mignioti, Martinus de Terceria, Johannes Perose.

1438, 1er janvier.
Dans la chapelle Saint-Sauveur. (BB. 5, fol. 2 v°-3 r°.)

Anthonius Combe, Anthonius Fantherii, Armandus Coyrati, Humbertus Mutini, Johannes Frisonis, Nicolaus de Pusigniaco, Guichardus de Maladeria, Laurentius Vachonis.

1439, 1er janvier.
Dans la chapelle Saint-Sauveur. (BB. 5, fol. 24 v°-25 r°.)

Magister Gononus Grandi, Franciscus de Ecclesia, Henricus de Preyssino, Bartholomeus Gardelli (grande paroisse); Berthetus Barralis (Saint-Sévère); Johannes Pellapra (Saint-Martin); Goninus Colliardi (Saint-André); Matheus Espinardi (Fuissin).

1440, 1er janvier.
Dans la chapelle Saint-Sauveur. (BB. 5, fol. 53 v°-54 r°.)

Guigo Costagni, Petrus Bennocti, Johannes Guiche, Guillelmus Eguetani (grande paroisse); Guillelmus Druocti (Saint-Martin); Johannes de Malay (Saint-Sévère); Petrus de Balma (Saint-André); Stephanus Piqueyre (Fuissin).

1441, 1er janvier.
Dans la chapelle Saint-Sauveur. (BB. 5, fol. 78.)

Magister Stephanus Bertalis, licenciatus in legibus, Petrus Thuirerii, Johannes Peyrolerii, Anthonius Turini (grande paroisse); Anthonius Savoy (Saint-Martin); Johannes Vulliamerii (Saint-Sévère); Johannes de Leffayes (Saint-André); Bartholomeus Marquisii (Fuissin).

1442, 1er janvier.
Dans la chapelle Saint-Sauveur. (BB. 5, fol. 100.)

Ludovicus Albi, Johannes Combe senior, Laurencius de Ecclesia, Anthonius Cofferii (grande paroisse); Johannes Blampey (Saint-Martin); Johannes Mura (Saint-Sévère); Maronus Bonerii (Saint-André); Johannes Neyreti (Saint-Georges).

1443, mardi 1er janvier.

Dans la chapelle Saint-Sauveur. (BB. 5, fol. 116 v°-117 r°.)

Nobilis Guillelmus Albi, Guigo Costagni, Magister Anthonius Girardeti, Franciscus de Ecclesia (grande paroisse); Marcus Columbi (Saint-Martin); Johannes Porterii (Saint-Sévère); Johannes Ruffi (Saint-André); Petrus de Saxo (Saint-Georges).

1444, mercredi 1er janvier.

Dans la chapelle Saint-Sauveur. (BB. 5, fol. 136.)

Johannes Combe junior, Bartholomeus de Geria, Johannes Meyssonerii, Magister Andreas de Davel (grande paroisse); Stephanus Morini (Saint-Martin); Ansermus de Turre (Saint-Sévère); Guichardus de Maladeria (Saint-André); Jacobus Taquelli (Saint-Georges).

1445, 1er janvier.

Dans la chapelle Saint-Sauveur. (BB. 5, fol. 147.)

Jacobus Peyrolerii, Gononus de Preyssino, Franciscus Andreveti, Petrus Perreti (grande paroisse); Nicolaus Serementis (Saint-Martin); Johannes de Burgo (Saint-Sévère); Petrus de Balma (Saint-André); Johannes Castellani (Fuissin).

1446, samedi 1er janvier.

Dans la chapelle Saint-Sauveur. (BB. 5, fol. 167 v°-168 r°.)

Nobilis Ludovicus Albi, Anthonius Combe, Guillelmus Eguetani, Armandus Coyrati (grande paroisse); Guilliermus Druocti (Saint-Martin); Johannes Vuilliamerii (Saint-Sévère); Johannes de Albrela (Saint-André); Stephanus Magna (Saint-Georges).

1447, dimanche 1er janvier.

Dans la chapelle Saint-Sauveur. (BB. 5, fol. 178 v°-179 r°.)

Dominus Jullianus Vulgarinus, legum doctor, Magister Stephanus Bertalis, Nobilis Johannes de Sancto Eugendo, Stephanetus Oliverii (grande paroisse); Johannes Pelapra (Saint-Martin); Henricus Boloffa (Saint-Sévère); Henricus de Villa (Saint-André); Georgius Melliani (Saint-Georges).

1448, lundi 1er janvier.

Dans la chapelle Saint-Sauveur. (BB. 6, fol. 16.)

Magister Laurencius Sapientis, doctor in medicina, Franciscus de Ecclesia, Glaudius Archimbaudi, Guillelmus Massonis, chapellerius (grande paroisse); Humbertus Bocy (Saint-Martin); Drevonus Nantoes (Saint-Sévère); Johannes Freyno (Saint-André); Johannes Talichonis (Saint-Georges).

1449, mercredi 1er janvier.

Dans la chapelle Saint-Sauveur. (BB. 6, fol. 52 v°-53 r°.)

B. de Nyevro, legum doctor, Nobilis Jacobus Costagni, Jacobus Peyrolerii, Bartholomeus de Geria (grande paroisse); Jacerandus Charnodi (Saint-Martin); Henricus Michaelis (Saint-Sévère); Stephanus Sarfodi (Saint-André); Matheus Burgondii (Saint-Georges).

1450, jeudi 1er janvier.

Dans la chapelle Saint-Sauveur. (BB. 6, fol. 78.)

Nobilis Ludovicus Albi, Nobilis Guillelmus Albi, Nobilis Petrus Chivalleti, Jacobus de Moneta (grande paroisse); Gauffridus Chapuysii (Saint-Martin); Ansermus de Turre (Saint-Sévère); Guichardus de Maladeria (Saint-André); Guigo de Fayis (Fuissin).

1451, vendredi 1er janvier.

Dans la chapelle Saint-Sauveur. (BB. 6, fol. 93.)

Johannes Combe senior, Armandus Coyrati, Gononus de Preyssino, Franciscus Andreveti (grande paroisse); Anthonius Grassi (Saint-Martin); Johannes de Malay (Saint-Sévère); Johannes de Fayis (Saint-André); Petrus Naquini (Saint-Georges).

1452, samedi 1er janvier.

Dans la chapelle Saint-Sauveur. (BB. 6, fol. 119 v°-120 r°.)

Guigo Costagni, Johannes Meyssonerii, Johannes Guiche, Stephanus Pistoris (grande paroisse); Johannes Bosonardis senior (Saint-Martin); Petrus Bonerii (Saint-Sévère); Petrus Chavasii (Saint-André); Johannes de Burges, *alias* Briacti (Saint-Georges).

1453, lundi 1er janvier.
Dans la chapelle Saint-Sauveur. (BB. 6, fol. 164 r°.)

Ludovicus Albi, Johannes Combe junior, Anthonius Vitalis, Jacobus Garneyronis (grande paroisse); Johannes Julliani, *alias* Patergandi (Saint-Martin); Symonetus Raveti (Saint-Sévère); Johannes Guichardi (Saint-André); Bartholomeus Marquisii (Saint-Georges).

1454.

Le registre BB. 7, qui contient les actes consulaires de cette année et des années suivantes, atteint par l'eau lors de l'incendie de la Bibliothèque de Vienne, est presque complètement effacé et mangé des vers.

Des documents conservés aux Archives départementales de l'Isère permettent de combler quelques lacunes dans cette liste.

Consuls de 1338.
(B. 3403, fol. 79 r°.)

Nicholaus Albi, Hugo Laurencii (Fuissin); Johannetus Joys, Johannetus Daurerii (Saint-Sévère); Johannes de Rubeomonte, Johannes Gronopolis, faber (Saint-André-le-Haut); Johannetus de Cuveria, Bartholomeus Pellicerii (Saint-Martin).

Consuls de 1424.
(B. 3253, fol. 311 v°.)

Ludovicus Albi, Girardus de Vitello, Gauffredus de Maladeria, Anthonius Faucherii, Guillelmus Civini, Petrus Bessonis, Zaquarias Bonerii, Anthonius Pellapra.

1429.

Nomina illorum qui fuerunt consules civitatis Vienne anno proxime lapso currente Domini millesimo quatercentesimo vicesimo octavo. (B. 3253, fol. 246 r°.)

Riguetus de Logias, Laurencius Andreveti, Franciscus Guichardonis, Guilliermus Druocti, Michaletus Grossi, Johannes Pererii, Johannes Gigniosi, Petrus Jassionis, *alias* de Manso.

1430.

Sequuntur nomina aliorum modernorum sindicorum dicte civitatis anno presenti currente Domini millesimo CCCC^mo XXIX^mo in dicta civitate Vienne creatorum et constitutorum. (B. 3253, fol. 248 v°.)

Et primo honorabiles viri Jacobus Perolerii, mercator; Ludovicus Lucrati, notarius; Matheus Garitoni, notarius; Jaquemetus de Preyssino, mercator; Johannes de Loverio, affanator; Johannes Porterii, affanator; Guillemetus Fabri, affanator; Joffredus Navodi, affanator.

Cf. *Inventaire-sommaire des Archives de l'Isère.* — Série B, t. II, p. 236. — M. Prudhomme a bien voulu reconnaître l'exactitude de certaines lectures.

II

1333, juin. — A l'abbaye du Gard, près de Melun.

Charte de Philippe VI de Valois portant conclusion d'un traité de pariage avec Bertrand de La Chapelle, archevêque de Vienne, sur la ville de Sainte-Colombe, réglant l'administration de la justice en cette ville et stipulant que l'archevêque de Vienne fera hommage au roi de France pour la moitié qu'il en possède.

Archives Nationales, JJ. 66, fol. 523-524 et 528 v°-530 r°.
Archives de l'Isère, G. 16 (vidimus de l'official de Vienne, 17 août 1353).

LITTERE DE PARIAGIO FACTO DOMINO REGI.. AB ARCHIEPISCOPO VIENNENSI.. DE VILLA SANCTE COLUMBE.

Philippus Dei gracia Francorum rex. Notum facimus universis tam presentibus quam futuris, quod cum hactenus, in dyocesi Viennensi, citra flumen Rodani, propter defectum justicie, qui defectus proveniebat ex eo quod officiales nostri in remotis locis a dicta patria morabantur, in itineribus publicis et aliis locis, homicidia, aggressiones, itinerum raubarie, tam in personis prelatorum quam aliarum ecclesiasticarum personarum, mercatorum et aliorum per dictam patriam transeuntium, maxime ad sedem apostolicam accedentium, et potissime in villa Sancte Columbe, sitam in rippa fluminis Rodani, ex opposito civitatis Viennensis, et in circumvicinis locis, multe et graves inobediencie et rebelliones gentibus et officiariis nostris facte sint, temporibus predecessorum nostrorum, et quia de eisdem criminibus et similibus tarde aut nunquam fiebat justicie complementum, propter quod nonnulli, impunitatem sperantes, Dei timore postposito, incitabantur ad similia perpetranda, ita quod patria illa facta erat quasi quedam spelunca latronum, nos nolentes predicta sub dissimulatione transire, ut paci et transquilitati tocius illius patrie et securitati incolarum ipsius provideremus imposterum, et ut maleficia et scelera conquiescant, et justicia et pax in ipsa vigeant in futurum, et ut gentes illius patrie, que, retroactis temporibus, inexperte jugum justicie, tanquam indomite vagabantur, ad obedianciam et colendam justiciam reducantur, disposuissemus et ordinavissemus, cum magna et matura deliberatione consilii, de nostra potestate regia, prout nobis ex jure nostro regio competebat, datis sufficientibus escambiis, ad manum nostram ponere dictam villam Sancte Columbe, et in eodem loco, ut melius popularetur et augmentaretur, construere et ordinare unam villam francham, in qua officiales nostri sedem tenerent pro justicia exhibenda, cumque per gentes nostras predicta disponerentur et ordinarentur, ad presenciam nostram accessit dilectus fidelis noster Bertrandus, archiepiscopus Viennensis, volens in hoc futuris obviare periculis et utilitati ecclesie sue Viennensis salubriter providere, gentibus nostris pro nobis obtulit sub competentibus et racionabilibus modis, formis et condicionibus, nos associare et nobiscum pariagium facere de dicta villa et eius pertinenciis, ne dicta villa quam dicebat se et predecessores suos archiepiscopos Viennenses pacifice possedisse a se tota abdicaretur; nos vero, desiderantes ecclesie Viennensis et dicti archiepiscopi indempnitatibus, quantum possumus, providere, iniunximus dilectis fidelibus magistro Raymundo Saqueti, clerico, thesaurario Remensi, Guillelmo Flote, domino de Revello, Egidio Aycelini, domino Montisacuti, et Guidoni Caprarii, militibus et consiliariis nostris, status patrie plenam noticiam habentibus, quod super perficiendis dicto pariagio et associacione inter nos et dictum archiepiscopum, de predicta villa et eius pertinenciis, tractarent et providerent, modis, formis quibus predicta melius possent adimplere et bonum sortiri effectum; qui tandem cum dicto archiepiscopo et eius gentibus, concordaverunt, tractaverunt et ordinaverunt, nosque concordamus, ordinamus et volumus quod dicta pariagium et associatio perficiantur sub modis et condicionibus infrascriptis. In primis, quod pro justicia in patria conservanda, et ad reprimendas rebelliones, homicidia, incendia, raubarias, que hactenus tam temporibus predecessorum nostrorum passim et cotidie comittebantur in patria, de quibus parva aut nulla est secuta justicia, et ut, futuris temporibus, gentes illius patrie, que, usque nunc, quasi fuerunt indomite, ad obedienciam reducantur et maleficia per limen justicie reprimantur, ac malefactores sic debite corrigantur quod ceteri metu pene a similibus arceantur, et boni et obedientes sub nostro regimine in transquillitate et pace valeant commorari, et plena securitate gaudere, pro utilitate eciam rei publice, tocius illius patrie, regni nostri, archiepiscopi et ecclesie Viennensis, considerantes quod per aliam viam non potest predictis aliter commode et salubriter provideri, ordinamus quod apud Sanctam Columbam, sitam ex opposito civitatis Viennensis, construatur et ediffïcetur una villa francha comunis nobis et dicto archiepiscopo, que villa regalis Sancte Columbe vocabitur, et ut ipsa villa, ad utilitatem comunem nostram et dicti archiepiscopi, et securitatem tocius patrie valeat augmentari, archiepiscopus ipse associavit nos et successores nostros reges Francorum in omni juridictione alta et bassa, mero et mixto imperio, et in omni dominatione et potestate temporali et in omnibus dominationibus, potestatibus temporalibus, pertinentibus vel pertinere valentibus ad eumdem quoquomodo, in dicta villa Sancte Columbe et eius territorio, mandamento et pertinenciis universis, quantum se extendunt in circuitu dicte ville, ita quod omnimoda juridictio, merum et mixtum imperium sint comunia nobis et dicto archiepiscopo; transtulit etiam in nos dictus archiepiscopus medietatem pro indiviso omnium proprietatum quas habet et quacunque causa in dicta villa et eius suburbiis dumtaxat, sive consistant in feudis, retrofeudis, censibus, emphiteotis, vel aliis juribus aut servitutibus quibuscunque; ementur autem vel titulo permuttationis acquirentur, ad arbitrium proborum virorum, ad hoc deputandorum per nos, et expensis nostris, pro augmento dicte ville, et ut inhabitantes in ea pluribus dominis non subsint, nec coram pluribus dominis fatigentur, et sic securius et quietius, sub nostro et dicti archiepiscopi immediato dominio vivere valeant, omnes census et dominium domorum, terre, vinee, et generaliter omnia predia rustica vel urbana, feuda, retrofeuda, census, canones et servicia, quorumcunque sint, infra dictam villam et eius territorium limitandum, quantum dumtaxat opus vel utile fuerit, ad augmentum dicte ville et suburbiorum; que, licet emantur de nostro proprio, erunt tamen comunia nobis et dicto archiepiscopo pro indiviso, fructusque proventus, obventiones et emolumenta quomodocunque ex ipsis proveniencia inter nos et ipsum archiepiscopum equaliter dividantur. Et ut dictus archiepiscopus et ecclesia Viennensis ex associatione predicta manifestam utilitatem et maiora emolumenta et lucrum evidens consequantur, dictaque regalis villa melius et cicius valeat augmentari, in eadem volumus, statuimus et concedimus fieri nundinas bis in anno, et incipient prime nundine anno quolibet die lune post mediam quadragesime, et durabunt per sex dies continue sequentes; secunde vero incipient in die festi Sancti Dionisii, et durabunt per sex dies continuos. Fiet etiam forum in dicta villa qualibet ebdomada sub modis, conditionibus et privilegiis per dictum archiepiscopum et baillivum nostrum Matisconensem ordinandis, prout utilitati nostre et dicti archiepiscopi viderint expedire. Que cum per ipsos fuerint ordinata et declarata, ipsa confirmabimus sub nostro magno sigillo in cera viridi, de verbo ad verbum et ex certa sciencia. Quarum nundinarum et fori leude. fructus et proventus et obventiones nobis et dicto archiepiscopo erunt communia; et expensis nostris, videlicet de marchis argenti, que debebuntur a juratis non ediffficantibus in dicta villa, quas marchas recipiemus vel recipi faciemus, acquiretur, ordinabitur et ediffficabitur competenter certus et ydoneus locus pro ipsis nundinis faciendis. Quarum marcharum argenti medietas, deductis expensis pro dictis halis faciendis et pro necessitate constituendi et edificandi domos et edificia communia infrascripta, et claudendi dictam villam, si qua superfuerit, ad archiepiscopum pertinebit; limitabuntur autem certi termini pro constructione dicte ville et suburbiorum, ad cognitionem et arbitrium certarum personarum comuniter deputandarum. Juridictio eciam omnimoda, alta, media et bassa, merum et mixtum imperium, ipsorum cognitio et executio, fructus, proventus, incursus, commoda, emolumenta quecunque ex predictis juridictione alta, bassa, mero et mixto imperio ex quibuscunque causis, criminibus vel delictis publicis vel privatis proveniencia, exceptis crimine lese maiestatis in personam nostram vel coronam regni Francie commisso, et crimine falsi sigilli nostri regii vel fabricationis false monete nostre, etiam si in stratis publicis, aut sacris locis, vel alibi ubilibet, infra dictos terminos, etiam si in presencia baillivorum nostrorum, vel in assissiis eorum committantur, imperpetuum erunt communia nobis et dicto archiepiscopo; et nos vel dictus archiepiscopus infra dictam villam vel eius territorium, pro necessitate ville et suburbiorum construendorum, nichil habere vel acquirere poterimus, ex quocunque titulo sive causa, quod ad nos vel ad archiepiscopum proveniat, quin sit et commune remaneat utrique parti, nec unus alterum ad divisionem poterit provocare, sed semper remanebunt communia insolidum et indivisibilia penes ambos, nec poterunt modis aliquibus separari a corona regni Francie nec ab ecclesia Viennensi. In dicta vero regali villa Sancte Columbe, et eius territorio et mandamento, ad exercitium omnium predictorum, deputabuntur unus castellanus et unus judex ordinarius, qui erit assessor dicti castellani, per nos seu per baillivum nostrum Matisconensem, et per dictum archiepiscopum, seu per alios deputandos a nobis et ab ipso. Et si predicti baillivus et archiepiscopus, vel deputandi a nobis et ab eo, non possint concordare, primo anno instituentur per nos vel per baillivum nostrum Matisconensem, nostro et dicti archiepiscopi nominibus, alio anno per archiepiscopum, vel per deputandos ab eo, nostro nomine et suo, et sic imperpetuum observabitur. Dicti autem castellanus et judex juridictionem communem, communi nostro nomine et dicti archiepiscopi, excercebunt. Per baillivum Matisconensem, pro nobis, et per archiepiscopum, pro se, creabuntur, communi nomine, notarii in dicta villa, et per eosdem deputabuntur in curia communi tot quot fuerint necessarii, qui non sint in sacris ordinibus constituti. Dictus vero castellanus creabit servientes, geolerios, ceterosque ministros inferiores, necessarios pro exercicio jurisdictionis predicte, recepta ab eis ydonea cautione de emendendo nobis et dicto archiepiscopo et partibus, si reperiantur in eorum officiis deliquisse ; qui portabunt baculos signis nostris et signis dicti archiepiscopi signatos ; et si in suis officiis delinquerint, punicio et correctio ad dictum castellanum in solidum pertinebit. Non poterunt eciam dicti castellanus et judex habere substitutum vel locumtenentem generalem, quamdiu fuerint personaliter in dicta villa, neque dictus castellanus habere poterit aliquod officium regium nec officium archiepiscopale, quod si assumpserit eo ipso sit communi privatus. Per dictum autem archiepiscopum, pro se, et per baillivum Matisconensem pro nobis, annis singulis, si in unum potuerunt concordare, alioquin alternis annis, creabitur unus judex appellationum, ad quem prime appellationes et ceteri casus ressorti, qui emittentur vel venient a dictis castellano et judice ordinario, devolventur. Secunde vero appellationes ad baillivum nostrum Matisconensem in solidum pertinebunt. Ut autem dicta villa amplietur et nobilitetur per maiorem concursum bonarum gentium, ad eamdem ordinamus exnunc et volumus quod ipsa villa habeat ressortum ; quodquidem ressortum extendetur quantum protenditur castrum de Givorcio et Domus Albe et eius territoria, terra tota de Riviriaco et de Castro Novo, villa Ripegerii, villa Sancti Pauli in Geresio, Doysiacum, Comyndriacum, Viriacum et Chavanaiacum, ac eciam castrum de Amputeo, cum ipsorum territoriis et mandamentis et quicquid infra ipsos fines continetur. Quod ressortum regetur et gubernabitur, nostro nomine et pro nobis et successoribus nostris, per castellanum dicte ville, qui castellanus, in hiis que pertinebunt ad casus ressorti predicti, vocabitur prepositus ville regie Sancte Columbe, et tali nomine utetur in hiis que ad dictum ressortum spectabunt ; audiet etiam pro nobis in dicta villa et terminabit causas dicti ressorti. Et ut utilitas evidens archiepiscopo et ecclesie Viennensi ex presenti associatione imperpetuum augmentetur et proveniat, volumus et de gracia speciali concedimus quod, pro latis sententiis vel composicionibus factis, de quibus remittere et gracias facere nos et successores nostri dumtaxat poterimus, si et quando nobis vel ipsis successoribus nostris placuerit, medietatem emolumenti provenientis ex dicto ressorto, expensis deductis, habeat et percipiat per manum dicti prepositi vel receptoris nostri dicte ville archiepiscopus predictus, exceptis criminibus lese maiestatis et aliis superius nobis specialiter reservatis. Executiones tamen corporales, si faciende fuerint, ratione dicti ressorti, fieri faciet idem prepositus extra jurisdictionem communem dicte ville et eius territorii supradicti, et eidem taxabitur competens salarium, tam pro officio dicte preposituro, quam pro officio castellanie supradicte. Nos vero, pro delictis quibuscunque, publicis vel privatis, commissis infra dictam villam et eius mandamentum, non remittemus nec faciemus gratiam de parte emende ipsum archiepiscopum contingente. Jurabunt etiam dicti castellanus, judex ordinarius, et judex appellationum in manibus baillivi Matisconensis et archiepiscopi, vel deputandorum ab eis, servientes vero et ceteri ministri inferiores, deputati ad exercicium dicte jurisdictionis, in manibus dicti castellani, in principio officiorum suorum, jura nostra et dicti archiepiscopi fideliter conservare, et eorum officia legaliter exercere ; consules etiam, si sint, et habitatores dicte ville jurabunt in manibus baillivi nostri et archiepiscopi predicti, seu deputandorum ab eis, quod erunt fideles nobis et archiepiscopo memorato ; et si castellanus et judices, tam ordinarius quam appellationum, et cancellarius seu receptor essent suis demeritis amovendi, communi consensu, cognitione precedente, amoveantur, et si essent propter eorum demerita aliter puniendi, emende et emolumenta sint communia et communiter dividentur. Fiet autem unum commune sigillum dicte communis curie, sub signis regalibus et archiepiscopi Viennensis, quo solo utentur officiales dicte communis curie, tam in contractibus quam etiam in judiciis, nec in dicta villa recipientur aliqui contractus seu obligationes quecunque sub alio sigillo quam sub sigillo communi predicto, sed propter hoc dictus archiepiscopus non impedietur quin uti possit sigillo sue ecclesiastice jurisdictionis, in hiis que tangunt jurisdictionem suam ecclesiasticam, sicut de jure vel de antiqua et approbata consuetudine, in dicta villa et in aliis villis et locis sue dyocesis, existentibus citra Rodanum, hoc facere consuevit. Deputabitur etiam per baillivum Matisconensem et per archiepiscopum Viennensem unus notarius bone fame, qui custodiet dictum sigillum et vocabitur cancellarius ville regalis. Recipiet enim omnia emolumenta, tam dicti sigilli quam alia quecunque emolumenta communia nobis et dicto archiepiscopo, ratione dicte communitatis, de quibus, annis singulis, bis in anno, fideliter reddet compotum et rationem baillivo Matisconensi et dicto archiepiscopo, vel deputandis ab eis, et cuilibet nostrum tradet partem dimidiam reliquorum. Solvet etiam de predictis emolumentis communibus salaria officiorum dicte ville et ressorti, et alia incombencia ratione jurisdictionis predicte. Et de omnibus legaliter et fideliter exercendis prestabit corporale ad sancta Dei evangelia juramentum. Bannum quoque vini vendendi, eodem tempore quo esse consuevit et quod erit in civitati Viennensi, sit et remaneat in dicta villa regali Sancte Columbe, ita quod eadem die in ipsa regali villa et in Viennensi incipient et finient banna ipsa; emolumenta vero banni dicte regalis ville Sancte Columbe nobis et dicto archiepiscopo communia semper erunt. Predictus autem castellanus nostro et dicti archiepiscopi nominibus habebit custodiam portarum dicte ville et clavium earumdem. Que villa claudetur et firmabitur, prout nobis placuerit, paulatim et successive, de marchis supradictis, cum adiutorio incolarum et habitantium eiusdem, absque eo quod dictus archiepiscopus, vel sui successores, missionibus et expensis propter hoc faciendis contribuere aliqualiter teneantur. Jurisdictio etiam dicte ville, vel eius pertinentiarum, seu eorum emolumenta, vendi vel ad firmam tradi non poterunt, sed regantur per probos viros, prout supra dictum est, eligendos. Baillivus Matisconensis vel eius locumtenens assisias suas tenebit in dicta villa quociens sibi videbitur expedire. Quarum assisiarum emolumenta, nisi quantum provenient de dicta villa et eius territorio, mandamento et ressorto, ad nos in solidum pertinebunt;

non licebit etiam ceteris officialibus vel castellanis nostris dicte baillivie inferioribus sedem judicialiter vel jurisdictionem aliquam exercere in dicta villa, vel eius pertinentiis aut mandamento. Nec erunt officiales dicte curie communis subdicti, nisi solum baillivo Matisconensi et dicto archiepiscopo et nulli alii officiario regio subiacebunt, nisi in casibus secundarum appellationum ressorti et superioritatis regiorum. Dictus vero baillivus, seu alius quivis officiarius regius, nullum hominem habitatorem dicte ville Sancte Columbe ac territorii eiusdem, nec aliquem hominem vel subditum archiepiscopi vel capituli Viennensis poterunt capere vel arrestare, saisire, citare vel incarcerare infra dictam villam vel eius territorium, nisi per viam appellationis secunde vel alias ad dictum baillivum negocium fuerit devolutum, vel nisi in casibus nobis specialiter reservatis; sed si dicti homines ibidem delinquerint, vel contraxerint in dicta villa vel eius territorio, fiet de eis per dictum castellanum justicie complementum, et si de jure remittendi fuerint, ratione alicuius delicti extra dictam villam vel eius territorii commissi, dicto baillivo vel officiario regio, per dictum castellanum, prout justicia suadebit, fiet remissio. Ceteros vero delinquentes, extra dictam villam et eius territorium repertos, ibidem poterunt dictus baillivus et ceteri officiarii nostri capere, arrestare et saisire et in carcere communi ipsos captos detinere, nostris tamen sumptibus et expensis, nisi essent de mandamento vel ressorto, et de delictis ibidem cognoscere, executione tamen facienda extra territorium commune, prout superius continetur. Et fiat remissio dicto archiepiscopo per castellanum communem, in casu occurrente, sicut facienda baillivo superius est expressum. Si vero castellanus vel judices, tam ordinarius quam appellationum, dicte communis curie circa officia eorum delinquerint, per baillivum Matisconensem pro nobis et per dictum archiepiscopum, vel deputandos ab eis, communiter punientur. Preconizationes autem in dicta villa fient mandato castellani vel judicis ordinarii dicti loci ex parte nostra et ex parte archiepiscopi supradicti, preter preconizationes que fient in casibus nobis specialiter reservatis, et in aliis casibus nostram superioritatem tangentibus, dum occurrent. Et ne dictus archiepiscopus gravetur, sumptibus et expensis emetur et conservetur, expensis nostris propriis, una domus in una platea, ubicunque nobis vel gentibus nostris placuerit, et in ipsa edificabimus, vel edificari faciemus, parva vel magna edificia, prout nostre placuerit voluntati, de nostro et de marchis predictis, sicut superius est expressum, nec tenebitur archiepiscopus, vel eius successores, in edifficando, restaurando, vel alias reparando dictam domum, aliquid de suo contribuere. Eritque communis ipsa domus pro indiviso nobis et dicto archiepiscopo, nostris et suis successoribus, et in ea morabitur castellanus communis predictus, qui tenebit ibidem curiam suam, fientque in eadem domo carceres competentes, in quibús ponentur et custodientur expensis communibus carcerati, capti pro justicia communi, necnon et carcerati nostri proprii, videlicet de extra ressortum et mandamentum, nostris propriis sumptibus et expensis. Ex delictis autem et negligenciis castellani communis, vel aliorum officiariorum communium dicte ville, in officiis suis vel aliter perpetratis vel omissis, dicto archiepiscopo vel eius successoribus nichil debebit vel poterit imputari, nec eorum pretextu poterunt ipse et futuri archiepiscopi aliqualiter molestari. Garda vero omnium monasteriorum, ecclesiarum et ecclesiasticarum personarum, rerum et bonorum eorumdem infra dictam villam et eius territorium terminandum dumtaxat, nobis et dicto archiepiscopo erit communis, et si quis ipsam gardam infringerit, infra ipsam villam vel eius territorium punietur per castellanum communem dicte ville, nec nos vel successores nostri aliquem de habitatoribus dicte ville vel territorii in nostra recipiemus garda in aliquo casu contra dictum archiepiscopum vel eius successores nec contra ecclesiam Viennensem. Ut autem imperpetuum vinculum connexitatis, fidelitatis et amoris contrahatur inter nos et successores nostros, ex una parte, et archiepiscopum, qui nunc est, et eius successores et ecclesiam Viennensem ex altera, et nos et successores nostri reges Francorum, predictis archiepiscopo et successoribus et ecclesie, quasi ex quodam debito correlativo amoris et begnivolentie vinculo perpetuo astringantur, prefatus archiepiscopus recognoscet, et ex nunc recognoscit, se tenere in feudum, et successores sui recognoscent imperpetuum, in mutatione domini vel vassalli, se tenere et tenere debere a nobis et a successoribus nostris Francorum regibus partem dimidiam, quam habet in villa Sancte Columbe, et omnia que habet, vel habebunt eius successores, aut habituri sunt in dicta villa et eius mandamento ac pertinenciis universis, nec non et in emolumento per nos in dicto ressorto sibi donato; et, ut parcamus eiusdem archiepiscopi et successorum suorum laboribus et expensis, concedimus eidem, de gracia speciali, quod recognicionem dicti feudi et fidelitatem possit baillivus Matisconensis, qui pro tempore fuerit, in prima assisia, quam tenebit personaliter apud Sanctam Columbam, regio nomine, recipere, nec, propter recognicionem et fidelitatem predictas, tenebitur Viennensis archiepiscopus ad nos vel successores nostros venire, nisi nos vel successores nostri personaliter declinaremus et moram aliquamdiu contraheremus in diocesi Lugdunensi aut Matisconensi vel etiam Viennensi, quo casu dictus archiepiscopus et eius successores, non obstante quod baillivo Matisconensi sacramentum fidelitatis prestiterint, ad nos et successores nostros, infra dictas dioceses existentes, pro prestando fidelitatis juramento venire personaliter tenebuntur. Si autem generaliter vocaremus prelatos fideles et vassallos nostros, etiam si specialiter ipsum archiepiscopum vocaremus, non teneatur venire, nisi voluntarius veniret, ultra Viennensem, Lugdunensem et Matisconensem dioceses, sed nec ad illas, nisi nobis tunc existentibus in eis, vel in altera earumdem. Precipimus etiam quod baillivus noster Matisconensis, judex maior ipsius baillivie, judex ressorti Lugdunensis et castellanus Sancti Simphoriani, infra mensem postquam fuerunt requisiti, castellanus vero dicte ville Sancte Columbe, judex ordinarius et judex appellationum, cancellarius, notarius et servientes, ceterique ministri, deputati ad exercicium seu pro exercicio jurisdictionis dicte regalis ville Sancte Columbe, in principio officiorum suorum, antequam se de suis officiis intromittent, jurent ad sancta Dei evangelia, corporali prestito juramento, predictam composicionem et omnia universa et singula contenta in ea, quantum ad cuiuslibet officium spectat vel spectare poterit, in futurum attendere, observare, et contra non facere vel venire, per se vel per alium, aliquo quesito colore; super prestacione quorum juramentorum concedentur dicto archiepiscopo, vel eius procuratori, sub sigillis nostris, littere testimoniales per publica instrumenta. Volumus insuper quod contra predicta vel aliquid predictorum nulla prescriptio, nullus usus vel possessio, quantocunque longo vel longissimo tempore, etiam cuius contrarii memoria non existeret, sibi locum valeat vendicare, nec una pars contra aliam aliqualiter se juvare quominus omnia predicta et singula pro utraque parte in sua remaneat firmitate. Nos autem predicta omnia et singula servare et tenere promittimus dicto archiepiscopo et successoribus suis, pro nobis et pro successoribus nostris, salvo in aliis jure nostro et in omnibus quolibet alieno ; et vice versa, dictus archiepiscopus, pro se, suo capitulo et successoribus suis, idem nobis promisit, salvo similiter in aliis jure suo et in omnibus quolibet alieno. Quod ut ratum et stabile permaneat in futurum, presentibus litteris nostrum fecimus apponi sigillum. Actum in abbatia de Gardo prope Meledunum, anno Domini M°. CCC°. tricesimo tercio, mense junii.

Per dominum regem, vobis et dominis Egidio Aycelini et Guidone Caprarii presentibus in suo consilio [1].

R. de Molinis.

[1] Au fol. 530 r°, ces trois mots *in suo consilio* viennent immédiatement après *Per dominum regem*.

III

1335 (n. st.), 18 mars. — Fontainebleau.

Mandement de Philippe VI de Valois à Guy Chevrier, Hugues Quieret et Guillaume de Cassin d'annexer au royaume la ville de Sainte-Colombe, située sur le Rhône, en face de Vienne.

Archives de l'Isère, G. 16.

Philippe par la grace de Dieu Roy de France a noz amez et feaux chevaliers et conseillers Guy Chevrier, Hue Quieret et Guillaume de Cassen, salut et dilection. Comme il soit venu a notre cognoissance que es temps ca en arrieres en la diocese de Vienne, de la partie de notre royaume, environ la riviere de Rone, pour defaut de justice, lequel defaut vient de ce que noz officiers demeurent loing d'icelles parties, es chemins publiques et es autres lieus ont esté faiz plusieurs homicides, murtres, aggressions de chemins, roberies et autres malefices, tant en persones de prelaz comme d'autres personnes d'eglises, marchanz et autres trespassanz par celles parties, mesmement venanz a la corte de Rome, et especialement en la ville de Sainte Colombe, assise sur la riviere de Rone, de l'opposite de la cité de Vienne et es lieus voisins mantes gries, desobeissances et rebellions ont esté foites aus genz et officiaus royaus es temps de noz predecesseurs Rois de France, desquels crimes et malefices petite ou nulle justice est ensuie. pour laquele chose plusieurs mauvais, qui de leur sauvement n'ont nulle memoire, esperanz a passer sans punicion, ne doubtent point a cometre et fere teles choses, si que celles parties sont a present faites recez et refuges de murtriers et de larrons, et pour ce nous, qui telles choses ne peons ne devons soustenir ne souffrir, desiranz que justice et droiture soit gardée et facte es diz lieus, si que notre peuple et les trespassanz par celles parties soient seurs et en paiz et transquillité, ainsi comme ils sont es autres parties de notre royaume, avons eue grant et meure deliberacion en notre grant conseil de la manière et comment il soit convenablement obvié et pourveu a eschevir a si grans malefices, et finablement, par la deliberacion de notre dit conseil, pour la sèurté de notre royaume et pour la paiz et la transquillité de nos subgiez et des trespassanz par celles parties, de notre poissance et auctorité royal, si comme a nous appartiens, et fere le poons de notre droit en tel cas, avons pris et prenons, retenu, consolidé et encorporé, retenons, consolidons en notre main et au patrimoine de notre royaume perpetuellement la dicte ville de Saincte Colomba et toute la justice, seugneurie haute moinne et basse d'icelle et des appartenances, pour y fere et tenir siege de par nous et faire et garder droiture et justice par noz officiers, parmy recompensacion convenable de tant comme ycelle ville, justice et seigneurie avec les appartenances pevent valoir au seigneur ou au seigneurs de qui ils sont, laquele value nous asseons et assignons des maintenant sur et en noz rentes et revenues de noz villes et chastellanies de Chasteau Nuef et de Saincte Marie du Bois, et des appartenances d'icelles, a prandre et a recevoir dudit seigneur ou seigneurs jusques nous leur aions fait asseoir autant de rente autre part en lieu convenable. Pour quoy nous aianz plene fiance de votre loyalte, discretion et diligence, vous mandons, commandons et commectons et a chacun de vous pour le tout, que vous, sanz aucun delay, vous transportez en votre personne aus parties de Vienne et notre dite ordennance notifiez a l'arcevesque, aus doyen et chapitre et aus borgois de Vienne, et la dicte ville de Saincte Colombe et la justice et seigneurie haute et moienne et basse d'icelle et des appartenances, prenez de fait et tenez en notre main et appliquez au patrimoine de notre royaume, et faites par bonnes gens savoir la value d'icelle et de ses dictes appartenances, de laquele vous baillez et delivrez au seigneur ou aus seigneurs de qui il sont la recompensacion par la maniere dessus dicte, jusques a tant que nous leur aions fait asseoir autre part, si comme dit est. Et oudit lieu de Saincte Colombe metez et establissez en nom de nous et de par nous gardes, gouverneurs, viguiers, prevos, consuls, sergenz et autres officiers tant et tielx comme vous verrez que mestier sera. Et nous donnons en mandament a notre senechal de Belcayre et a noz bailli et receveur de Mascon et a tous noz autres justiciers, feaus et subgiez et a chacun d'aux et requerons touz autres noz amis que en tutes et chacune des choses dessus dictes et en tute ce qui en depent et puet dependre il obeissent a vous et a chacun de vous et vous prestent et donnent conseil, confort et ayde. Donné à Fontaine Bliaut, le XVIII jour de mars, l'an de grace mil. CCC. trante et quatre, souz notre petit seel en absence du grant.

IV

1385, 17 avril.

Copie d'un accord entre le Dauphin et l'archevêque de Vienne.

Arch. Nat., J. 286, n° 11.
Arch. de l'Isère, B. 3250, fol. 347-348.

Cum questio seu controversia mote fuissent inter excellentem principem dominum dalphinum Viennensem ex parte una, et reverendum in Christo patrem dominum H[umbertum], archiepiscopum Viennensem, ex parte altera, ratione juridictionis omnimode ac meri et mixti imperii civitatis et mandamenti Vienne, quas juridictionem et imperium quelibet dictarum parcium, certis causis et mediis, asserebat ad se pertinere, tamdem tractante reverendissimo in Christo patre ac domino P. sacro sancte romane ecclesie cardinali Laudunensi, inter partes predictas ac consiliarios eorundem pro bono pacis et concordie, retenta voluntate summi pontificis, prout inferius est expressum, tractatum, compositum et concordatum extitit in hunc modum.

[1] Videlicet quod omnimoda jurisdictio temporalis ac merum et mixtum imperium ipsius civitatis Vienne et territorii ac mandamenti ejusdem sunt communia dominis archiepiscopo et dalphino, non obstante quod acthenus archiepiscopi, prout fertur, juridictionem habuerint et tenuerint, et quod per officiarios communes eorumdem teneatur, regatur et gubernetur modis et formis inferius designatis et exceptis inferius expressatis et emolumentum inde proveniens inter eos equaliter dividatur.

[2] Item, quod omnia alia que preter juridictionem predictam dicti domini archiepiscopus et dalphinus habent et consueverunt habere et tenere et sui predecessores habuerunt in dicta civitate divisim et separatim, ut sunt domus, palacia, redditus, possessiones, decime, lede, banna, corruate, eisdem dominis et eorum cuilibet salva et praecipua permaneant, prout acthenus tenere et possidere consueverunt.

[3] Item, quod comitatus Vienne, qui fuit et est communis dictis dominis archiepiscopo et dalphino, cum sua juridictione et emolumentis et juribus remaneat in suo statu, prout acthenus fuit et esse consuevit.

[4] Item, quod prefati domini archiepiscopus et dalphinus non possint nec debeant in dicta civitate per se seu officiarios proprios uti aliqua juridictione temporali, sed omnia que pertinent ad juridictionem temporalem debeant regi et gubernari in dicta civitate Vienne per officiarios communes per ipsos dominos ponendos et instituendos, modis infra designandis, salvo comitatu qui gubernabitur prout acthenus est fieri consuetum.

[5] Item, quod debeant habere in dicta civitate aliquam domum communem, in qua teneatur curia communis temporalis juridictionis predicte, et in qua incarcerati ponantur et custodiantur per officiarios communes et communibus expensis.

[6] Item, quod officiarii communes ponantur et instituantur per dictos dominos seu eorum vicarios et gubernatores modo et forma prout fit et est fieri consuetum in villa de Romanis, videlicet quod uno anno unus ipsorum condominorum instituat judicem et eodem anno alter ponat conrearium, et vice versa idem fiat singulis annis. Per quos judicem et conrearium dicta juridictio communis regatur et gubernetur communiter nomine predictorum dominorum.

[7] Item, quod prefati judex et conrearius in sua nova creatione, a quocumque dictorum dominorum creati

fuerint, priusquam aliquam juridictionem exerceant, teneantur jurare in manibus dictorum amborum dominorum seu vicariorum vel gubernatorum aut aliorum deputatorum ab eisdem, quod sua officia bene et fideliter ad commodum et honorem dictorum dominorum exercebunt, et quod justiciam facient et ministrabunt, subditos non gravabunt, et alia que consueverunt per tales officiarios jurari, et specialiter quod presentem communicationem observabunt.

[8] Item, quod de notariis, servientibus et aliis officiariis necessariis pro dicta juridictione communi exercenda, secundum quod erunt necessarii pro ipsa juridictione exercenda, ponentur unus vel plures per ipsos dominos aut eorum vicarios vel gubernatores, dum tamen servetur equalitas vel communitas inter ipsos.

[9] Item, quod instituatur unus communiter per ipsos dominos qui custodiat sigillum dicte curie aut ad firmam nomine dictorum dominorum tradatur, et unus qui recipiat emolumenta dicte curie, qui eciam teneantur jurare in manibus dictorum dominorum, vel aliorum pro ipsis deputatorum, quod sua officia bene et fideliter exercebunt et bonam rationem reddent, et emolumenta equaliter et fideliter restituant. Preconisationes eciam ex parte dictorum dominorum communiter fiant.

[10] Item, quod prime appellationes devolventur ad unum judicem qui per dictos dominos propter hoc instituetur. Si vero a dicto judice appellationum appellari contingat, prefati domini unum vel duos dabunt comissarios qui de predictis appellationibus cognoscent; a quibus comissariis vel comissario appellare non licebit.

[11] Item quod per dictos dominos servabuntur privilegia et libertates civium Vienne, de quibus liquebit rationabilia et prout ipsi cives debite usi sunt.

[12] Item, quod predicta tractentur et proloquantur meliori modo et forma quibus poterit, et per summum pontificem confirmabuntur, quam confirmationem procurabunt

partes suis expensis ; archiepiscopus autem hec requiret ac suum prebebit assensum.

Quam transactionem, compositionem et accordum dicte partes et earum quelibet prout earum quamlibet tangit promiserunt pro se et suis successoribus et ab eis causam habituris imperpetuum observare, tenere et inviolabiliter adimplere, sub obligatione et ypotheca dicti Dalphinatus et temporalitatis dicti archiepiscopatus, renunciantes omni exceptioni doli, fraudi etc... ac omnibus allegationibus quas contra premissa opponere possent in futurum, non obstantibus quibuscumque privilegiis, libertatibus, usibus, consuetudinibus, possessionibus et saisinis dictarum partium vel alterius earumdem ; quibus omnibus dicte partes in quantum tangit presentem transactionem et compositionem renunciaverunt atque renunciant per presentes.

Collatio presentis transactionis, composicionis et accordi facta fuit per nos duos notarios regis dalphini ibi subscriptos cum duobus aliis consimilibus accordis, composicionibus et transactionibus, die XVII^a aprilis, anno Domini millesimo CCC° octuagesimo quinto post pasca.

J. MAULOUE. P. GUMGANT.

Le texte des Archives de l'Isère, après l'article 12, se continue ainsi :

Sequntur motiva per que fuit visum procedere ad tractatum.

Primo, propter debilem et dubium titulum ecclesie, quia non habet nisi titulum comende seu custodie, et licet videatur esse commenda seu custodia perpetua, tamen dicunt dalphinales quod non potest esse[1] perpetua, cum

[1] Le texte porte *ecce*, abréviation de *ecclesie ;* ce qui n'a pas de sens.

sit revocabilis, quia esset contra naturam custodire que obtinentur in precario ; de longa possessione, respondent quod non patitur prescriptionem.

Item, propter potenciam partis, videlicet regis, de quo hodie non potest obtineri justicia, nisi ab ipsomet, et hodie principis (*sic*) et eorum consiliarii cum modica occasione sunt proni nedum ad retinendum, ymo eciam ad occupandum.

Item, quia ab antiquo dalphinus habet certam juridicionem in civitate racione sui comitatus Vienne et semper fuit debatum de juridicionibus, ex quo totum pacificaretur.

Item, quia nunquam archiepiscopus quantumcunque potens potuit bene dominari in dicta civitate, vel propter dalphinum, vel alios nobiles, vicinos, vel cives, vel capitulum, ymo continue in lite vel guerra.

Item, quod nunquam de dicta juridicione potuit habere nisi modicum et quandocunque nullum emolumentum, quin major pars vel omnia vel quandoque consumerentur in litibus, guerris vel stipendiis ; ita quod nunc plus valeat quam prius totum.

Item, quia si dimictatur in isto statu dubitatur quod imposterum totum perdatur, sicut recte fuit de villa Sancte Columbe ante Viennam quam etiam occupavit rex Philippus; et tandem fuit tractatum pariagium cum domino Bertrando archiepiscopo, et capitulum impedivit confirmacionem et ita totum remansit regi usque ad hec tempora.

V

[S. d.]

Droits des comtes de Vienne.

Original, Arch. de l'Isère, B. 3251, f°s 247-253. (En marge du titre, on lit cette mention : *Isti sunt proprii originales.*)
Copie, *Ibid.*, B. 3253, f°s 11-18.

Inferius subsequntur jura articulatim et particulariter declarata, que habent comites Viennenses, videlicet domini archiepiscopus et dalphinus Viennenses, in civitate Viennensi et in aliquibus aliis locis circumvicinis, ob causam dicti comitatus Viennensis.

I. — De comitibus.

Et primo, quod dicti domini archiepiscopus et dalphinus sunt, esse dicuntur et dicti fuerunt comites Viennenses, pro indiviso, comuniter et totis temporibus preteritis.

II. — De palacio archiepiscopali.

Item, quod ad causam dicti comitatus, dictus dominus archiepiscopus habet in dicta civitate unum palacium, pluribus confrontacionibus confrontatum, vulguariter appellatum palacium domini archiepiscopi comitis.

III. — De palacio dalphinali.

Item, quod dictus dominus dalphinus, eadem causa habet in dicta civitate quoddam aliud palacium, vulguariter appellatum palacium domini dalphini comitis.

F° 247 v°. IIII. — De potestate comitum.

Item, quod ad dictos dominos comites pro indiviso spectat, racione dicti comitatus, omnimoda juridicio in subditos dicti comitatus, et merum et mixtum imperium in ipsos, infra villam et civitatem Vianne, prout in XXV articulo inferius declaratur.

V. — De creacione judicis.

Item, quod dicti domini comites comuniter et pro indiviso habent creare unum judicem ordinarium, qui vocatur judex comunis curie comitum civitatis Viennensis.

VI. — De procuratore.

Item, quod in dicta curia debet esse unus procurator fiscalis, per dictos dominos comites comuniter electus ; et casu quo esset discordia inter dominos comites de electione dicti procuratoris, eligetur alternis vicibus procurator per dominos antedictos.

VII. — De notariis.

Item, quod quilibet dictorum dominorum comitum eligit et eliget unum notarium in dicta curia comitum, qui ambo officium notariatus dicte curie excercebunt, et emolumenta dicti officii habebunt comuniter et adinvicem recipient.

VIII. — De garderio.

Item. et pro parte dalphinali est et debet esse unus garderius, qui suum locumtenentem constituere potest; conrearium autem instituere non potest.

F° 248. IX. — De conreario.

Item, et pro parte archiepiscopali unus conrearius, qui suum locumtenentem facere potest simili modo.

X. — De servientibus.

Item, pro parte cuiuslibet dictorum dominorum comitum ponentur in equali numero servientes ad dictam curiam necessarii, videlicet duo pro qualibet parte.

XI. — De juramentis officiariorum.

Item, quod judex comitum, antequam excerceat dictum officium, jurabit in manibus dictorum dominorum comitum, seu deputandorum ab eisdem, per modum fieri solitum, et specialiter quod observabit contenta in libro presenti quatinus eos consernit; ceteri vero officiarii dicte curie inferiores in manibus dicti comunis judicis solitum prestabunt juramentum.

XII. — De loco curie judicis.

Item, quod curia dicti judicis comunis est et esse consuevit, tenetur et teneri debet in dicto palacio domini dalphini comitis, exceptis aliquibus certis diebus anni, de quibus inferius specialiter dicetur.

XIII. — De carceribus.

Item, et carceres dictorum dominorum comitum in dicto palacio domini dalphini comitis tenentur et consueverunt teneri duntaxat, pro dictis dominis comitibus; exceptis aliquibus certis diebus || f° 248 v° in feriis comitum, in quibus diebus tenetur curia dominorum comitum in palacio domini archiepiscopi comitis, in quibus possunt dicti subditi detineri et incarcerari in dicto palacio archiepiscopali et comitali, ut inferius lacius declaratur.

XIIII. — In quibus locis judex comitum habet juridictionem.

Item, quod dominus judex curie comitum habet omnimodam juridictionem, merum et mixtum imperium, prout in xxv articulo inferius declaratur, in omnes suos subdictos, videlicet inhabitantes et commorantes in domibus et habitacionibus, que ab antiquo moventur de directo dominio dominorum comitum, nobilium, burgensium, et aliorum quorumcumque laycorum habitantium prout supra, et in domibus franchis, que sunt de allodio, seu que a nullo tenentur, et in carreriis orbis; et dicuntur carrerie orbe, que habent ingressum et nullum habent exitum publicum, nisi per ipsum ingressum.

XV. — De exequcione in rebus ecclesiasticis.

Item, quod curia temporalis habet omnimodam juridictionem, merum et mixtum imperium in quibuscumque domibus et habitacionibus moventibus de directo dominio ecclesiarum et personarum ecclesiasticarum ab antiquo, et ad causam dictarum ecclesiarum.

XVI. — Iddem.

Item, est verum quod si aliqua domus, que teneatur de feudo ecclesiastico, ut dictum est, immediate, sit in aliqua carreria orba, judex comitalis non habet in ipsa nec in habitantibus in ea juridictionem.

F° 249.

XVII. — De domibus franchis.

Item, est verum quod si in futurum alique domus franche, que sunt de juridictione comitali, ut dictum est, venderentur alicui ecclesie vel ecclesiastice persone, aut alias jure legati, vel alio titulo, in ipsis transferrentur, vel si super ipsis apponeretur census, vel servitus in ecclesiam vel personam ecclesiasticam, tales tamen domus et in ipsis habitantes remanent de juridictione dicti judicis comitalis ; et e contra, de domibus que ad juridictionem temporalem pertinent, si ad alios de juridictione comitali existentes imposterum transferrentur, sint et esse debeant et remaneant de juridictione temporali prout antea erant.

XVIII. — De juridictione in macello et aliis locis.

Item, quod dictus judex comitalis toto tempore anni, eciam tempore feriarum, de quibus dicetur infra, habet cognicionem et punicionem omnium laicorum morantium et delinquencium, et quorumcumque delictorum perpetratorum a quibuscumque personis infra macellum Viennensem, et in mercato bouum et in mercato porcorum, et in escoriatorio bouum et in lapide petasonis, juxta morem acthenus usitatum, et in domibus habentibus introitum infra macellum predictum, et in habitantibus in ipsis, ubicumque contrahant vel delinquant in dicta civitate.

Excepto quod si jacerent in nocte precedenti dictum delictum in aliqua domo de juridictione temporali, quod delinquens talis esset de juridictione temporali ; quadam domo in dicto macello existente, que moveretur de feudo ecclesie sancti Severii, excepta, que domus confrontatur juxta carreriam || f° 249 v° publicam per quam itur versus pellipariam Vienne et juxta domum torcularis Catherine, relicte Guillelmi Albi, et juxta domum Francisci Ysymbardi et juxta viam de dicta carreria ad domum dicte Catherine.

XIX. — Iddem in ala fori.

Item, et consimiliter per totum annum, eciam tempore feriarum, omnimoda cognicio et correctio quorumcumque delictorum perpetratorum in ala fori Vienne, tantum quantum portat tectum dicte ale. et in delinquentes in mensuris et ulnis in dicta civitate, ubicumque delinquatur, juridictio spectat ad judicem temporalem et archiepiscopalem, et non ad dictum judicem comitalem.

XX. — De feriis comitum.

Item, quod quolibet anno sunt ferie in dicta civitate que appellantur ferie comitum, que durant per XV dies, et incipiunt in die festi Beati Martini hyemalis in vesperis. Tuncque officiarii curie comitum in domo archiepiscopali claves dicte civitatis recipiunt ab ipso domino archiepiscopo vel ab eo deputando, et in fine ipsarum feriarum, videlicet in crastinum Beate Catherine in vesperis. ipsas claves dicti officiarii reddere debent et consueverunt in manibus eiusdem domini archiepiscopi vel ab eo deputandi, simili hora qua recepte fuerunt, et in eadem domo archiepiscopali. Item, quod dictis XV diebus feriarum predictarum durantibus, domini comites habent soli et in solidum, custodiam, regimen et administracionem dicte civitatis, murorum et portarum eiusdem. Item habent excercicium juridictionis, meri et || f° 250 r° mixti imperii, soli et in solidum, ut in articulo XXV infra declaratur, in quibuscumque criminibus, delictis et contractibus, eciam ante tempus dictarum feriarum perpetratis vel inhitis, et non preventis per curiam temporalem ante tempus dictarum feriarum, in quibus preventis per citaciones vel aliter juridice cognicio pertinet curie temporali. Item, et in delictis perpetratis dicto tempore in ala fori, in qua dicti domini comites nullam habent juridictionem, nec in delinquentes in mensuris et ulnis, dicta curia temporalis habet cognicionem et punicionem. Item de quibuscumque processibus criminalibus vel civilibus aprehensis et inceptis in curia comitum per citacionem vel alias, durantibus dictis feriis, et antea non preventis per dictam curiam temporalem, dictus judex comitum habet cognicionem et determinacionem, eciam ultra tempus feriarum predictarum.

XXI. — De feriis curie temporalis.

Item, et dictus archiepiscopus Viennensis, per alios XV dies excercicium juridictionis omnimode habet in dicta civitate, qui incipiunt in die festi Corporis Xpisti in mane, et durant per XV dies, videlicet usque ad diem veneris in mane, XV diebus computatis post festum Corporis Xpisti. Quo tempore, eius judex temporalis habet dictam suam juridictionem, merum et mixtum imperium in tota civitate, exceptis in macello, domibus habentibus ingressum in ipso, in escoriatorio boum, et in mercato boum et porcorum, et in lapide petasonis, et in carreriis orbis, in quibus locis et comorantibus ac delinquentibus in ipsis, dummodo non preventis per curiam comitum, quia sunt per totum annum de juridictione comitali, || f° 250 v° ut supra continetur, et potest continuare et terminare dictus judex temporalis processus per eum inceptos tempore feriarum suarum, ut dictum est supra inmediate de judice comitali.

XXII. — Ubi puniuntur officiarii si delinquant et delinquentes in ipsos.

Item, officiarii dicte curie comitalis, si delinquant in dicta civitate ubicumque et contra quoscumque et quocumque tempore, puniri debe[n]t per judicem dicte curie comitalis, et si judex delinquat puniatur per comissarium seu comissarios per ipsos dominos comites deputandum vel deputandos. Et si aliquis offendat dictos officiarios, seu in eorum personam delinquat, si ipsum delictum fiat in personam dicti officiarii suum officium excercendo, per quamcumque personam, eciam suppositam curie temporali, cognicio et punicio spectat ad dictum judicem comitum. Si vero offensa fiat in civitate non excercendo suum officium per personam extraneam, que non moretur in dicta civitate, cognicio et punicio spectat ad dictum judicem comitum ; et si per aliquem de civitate, punicio fiet per judicem in cuius juridictione jacuerit delinquens nocte precedenti dictum delictum. Item officiarii curie temporalis, si delinquant in dicta civitate, ubicumque et contra quemcumque et quocumque tempore, puniri debent per judicem dicte curie temporalis ; et si aliquis offendat in dictos officiarios, seu in eorum personam delinquat, si ipsum delictum fiat in personam dicti officiarii suum officium excercendo, per quamcumque personam eciam suppositam curie comitali, cognicio et punicio spectet ad dictum judicem curie temporalis. Si vero offensa fiat per aliquem de civitate, punitio fiat per judicem in cuius juridictione jacuerit delinquens nocte precedenti dictum delictum.

XXIII. — De preconizacionibus.

F° 251. — Item, quod si sit fienda preconizatio in dicta civitate, que simpliciter respiciat jura comitalia, judex comitum potest precipere fieri talem preconizationem, eciam non requisito judice temporali, et sit talis preconizatio ex parte dominorum comitum tantum. Et parimodo judex temporalis in hiis que simpliciter respiciunt jura curie temporalis, potest precipere fieri talem preconizationem eciam non requisito judice comitum, et fiat talis preconizatio ex parte judicis temporalis tantum. Si vero factum consernat universitatem dicte civitatis Vienne, vel ipsam civitatem in comuni, tales preconizationes fieri debent de precepto et consensu amborum judicum predictorum.

XXIV. — De capcione delinquencium in fragranti crimine.

Item, si contingat officiarios curie comitalis reperire aliquem delinquentem subdictorum curie temporalis vel extraneum in actu criminis, vel fugiendo inmediate post crimen, vel aliter in dubio fugiendi pro evitando punitionem, dicti officiarii possunt talem delinquentem capere et ad carceres suos ducere, et ipsum remitere debent curie temporali, ad requisicionem officiariorum eiusdem. Et consimiliter dicendum est de officiariis curie temporalis super aprehencione delinquencium quorum punicio pertinet ad dictos comites.

XXV. — Determinacio excercicii meri imperii.

Item, quod si continguat in futurum aliquem defferri in curia comuni predicta de crimine pro quo pena capitalis, aut membri mutilacio, vel aliter sanguinis effusio de jure || f° 251 v° veniret infligenda, quod eo casu judex dicte curie talem delatum condempnare debeat ad penam carceris perpetuam vel temporalem duntaxat, prout exhigencia suorum demeritorum exposset [*sic*] et judici videbitur faciendum. Si vero judex vellet aliquem infra dictum palacium scalare vel fustigare, ut est fieri solitum, quod hoc facere possit, non obstantibus supradictis.

XXVI. — De dacione tutelarum.

Item, ad judicem dictorum comitum spectat dacio tutelarum subditorum dicte curie laycorum.

XXVII. — De creatione consulum.

Item, quod cives dicte civitatis consueverunt eligere consules in dicta civitate, secundum libertates ipsius civitatis; si tamen fiat preconizatio pro convocacione dictorum civium ad creacionem consulum, debet fieri ex parte curiarum temporalis et comitum predictarum. Et debent consules noviter creati jurare in manibus domini archiepiscopi, seu deputandi ab eo, et ex post in manibus judicis dominorum comitum, de bene et legaliter administrando, secundum usum antiquum et observatum. Et debent reddere consules unius anni racionem sue administracionis novis consulibus alterius anni, vocatis aliis secundum suas libertates. Si tamen contingat quod, ad postulacionem civium dicte civitatis aut alias, necessarium esset reddicionem dictorum computorum fieri auctoritate judiciaria eiusdem civitatis, quod hoc sit in presencia duorum comissariorum comunium, deputandorum per dictos dominos dalphinum et archiepiscopum comites antedictos.

XXVIII. — De leyda.

F° 252 r°. — Item, quod super leyda omnium rerum que venduntur ad minutum in dicta civitate acthenus fuit observatum et debet observari quod, dividendo utilitatem dicte leyde in sex partes, sexta pars precipua pertinet ad dominum archiepiscopum, et alie quinque partes per medium dividantur inter dominos comites equaliter; et in feriis dictorum comitum duplicatur ipsa leyda et utilitas sic duplicata spectat ad dictos comites, absque eo quod in dicta duplicacione dictus archiepiscopus percipiat dictam sextam partem; et in tempore feriarum curie temporalis, duplicatur eciam dicta leyda, que ipsa duplicacio totaliter spectat ad dictam curiam temporalem. Excepto tamen quod leyda omnium que venduntur quocumque tempore anni in macello et in mercato boum pertinet ad dictos comites, in solidum et pro toto.

XXIX. — De linguis boum.

Item, quod medietas linguarum boum, que venduntur in macello, est comunis inter dictum dominum archiepiscopum et comites, et alia medietas est heredum Joserandi Laurencii et tenetur de feudo comitum; et pedagium dicte civitatis est de capitulo ecclesie Vienne.

XXX. — De ponderibus, ulnis et mensuris.

Item, tradicio omnium ponderum dicte civitatis, tam ad grossum quam ad minutum, et punicio falcificacionis et fraudacionis ipsorum spectat ad curiam comitum per totum annum; et tradicio ulnarum et mensurarum, et eciam punicio falcitatis et fraudis earum ad curiam temporalem; verumptamen signari debent dicta pondera et ulne et mensure signo archiepiscopali.

XXXI. — De signacione auri et argenti confecti.

F° 252 v°. — Item, quod tradicio signi ad signandum aurum et argentum fabricatum et confectum spectat ad curiam dictorum comitum et eciam punicio falsitatis.

XXXII. — De appellacionibus.

Item, quod appellaciones que emituntur a dicto judice comitum devolvuntur ad officialem domini archiepiscopi, et a dicto officiali ad papam.

XXXIII. — De designacione feudorum comitalium.

Item, quia ex premissis et ex difficultate noticie que sunt domus moventes de feudo dictorum comitum et nobilium et aliorum, viris ecclesiasticis exceptis, que sunt domus franche et que sunt proprie carrerie orbe, et domus habentes ingressum in macello, deputabuntur duo comissarii pro parte dictarum curiarum, unus pro qualibet, ad recipiendum recogniciones domorum comitalium, et de designacionibus feudorum non ecclesiasticorum in dicta civitate et eciam francharum possessionum, et de designacione lapidis petasonis, et aliorum jurium et reddituum comitalium, ut inde quantum fieri poterit rote (*sic ; lire* rixe) et discordie evittentur.

XXXIV. — De revocacione gravaminum.

Item, quia acthenus tradita fuerunt plura gravamina pro parte cuiuslibet dictarum curiarum, que inferius particulariter declarantur, apunctuatur quod omnia gravamina facta hincinde in quantum preiudicare possent vicissim cuilibet dictarum curiarum nullius sint efficacie vel momenti nec trahi possent ad consequenciam aliqualem nec preiudicium generare in proprietate vel possessione, sed pro non factis totaliter habeantur.

F° 253. XXXV. — De tribus casibus in quibus una curia habet juridictionem in subdictos alterius.

Item, una dictarum curiarum nullam habet juridictionem in subiectis alterius nisi in tribus casibus, videlicet si subiectus unius curie se per obliguacionem submitat alteri, vel in casu ferendi testimonium sine fraude et dolo, vel si subiectus unius curie offendat vel delinquat in curia alterius. Et in casibus predictis una dictarum curiarum potest excercere suam juridictionem sine requisicione alterius, salvis semper in omnibus contentis in articulis supra et infrascriptis.

XXXVI. — De complemento processuum cuiuslibet curiarum.

Item, in omnibus casibus in quibus juridictio spectat ad quemlibet dictorum judicum, sive civilibus, sive criminalibus, quilibet ipsorum judicum potest suum processum facere et complere in curia sua et ad exequcionem ducere in territorio alterius, sine requisicione quacumque, salva modificacione in mero imperio, ut supra in articulo XXV declaratur.

XXXVII. — De remissione criminosorum vel banitorum capiendorum per judicem curie comitum.

Item, si reperiatur aliquis criminosus in Dalphinatu vel a Dalphinatu banitus in dicta civitate, in locis in quibus curia comitum habet juridictionem, et per officiarios dalphinales requirantur officiarii curie comitum de capiendo et remitendo talem criminosum vel banitum, dicti officiarii comitales ipsum capere et ad carceres comitales ducere possint, et ipsum remittere officiariis dalphinalibus sic requirentibus, infra dictum palacium ; qui tamen requirentes remissionem, ad judicem temporalem pro ipso transducendo requirere tenebuntur, antequam talem delinquentem vel banitum remissum extrahant a dicto palacio comitali.

XXXVIII. — De auxilio curiarum prestando.

Item, officiarii unius dictarum curiarum officiarios alterius fortes facere debent in capiendo suos subdictos criminosos, et in aliis casibus contingentibus et necessariis tangentibus, si per indigentes auxilio requirantur.

Le registre des Archives de l'Isère coté B. 3252 (*Quartus liber documentorum Vienne*) contient, aux folios 21-25, des remarques sur l'acte précédent : *Advisamentum ultimate factum*, et des additions intéressantes.

F° 26 r°. ADDENDA.

Primo addendus est juxta articulum linguarum boum unus articulus de certis territoriis comitalibus extra civitatem, in quibus domini comites percipiunt medietatem reddituum et laudimium, et heredes Jocerandi Laurencii aliam medietatem ; et eciam percipiunt comites in eisdem quedam alia jura, ut in XIII articulo procuratoris fiscalis, et XIV procuratoris domini archiepiscopi, et in concordanciarum articulo XI.

Item, ad idem sunt quedam alia territoria ad dominos comites pertinencia, que protenduntur a porta Arpodi, qua disceditur de civitate Vienne eundo Lugdunum, et a porta Serpeysie, qua itur apud Yllinum, tam a destris quam a sinistris, usque ad territorium seu mandamentum Saxeoli ex una parte, et territorium Montis Salomonis ex alia, et mandamenta Sarpesie et de Froumont ex reliqua, cum suis aliis confrontacionibus, si que sint.

Item, a porta Fuyssini, qua itur apud Avinionem, recte tendendo per magnum iter, est quoddam aliud territorium comitale, quod protenditur a parte destra dicti magni itineris et comprehendit territorium de Acu et Vie Medie, seu de Vi meyne, et generaliter quodcumque est inter dictum magnum iter et flumen Rodani, usque ad territorium decanatus Vienne, vocatum la doyena, et inter cetera jura domini comites in dictis territoriis percipiunt corbeilliatas racemorum et armarinas (*sic pour* amarinas), de quibus in XXII° articulo concordanciarum.

VI

[1406.]

Droits du Dauphin à Vienne.

Original. Archives de l'Isère, B. 3151, rouleau parchemin, scellé du contre-sceau royal en cire rouge.
Copies. *Ibid.*, B. 2662, fol. 504-507.
Ibid., B. 3016, fol. 22 v°-26.
Ibid., B. 3153, fol. 22 v°-26.
Ibid., B. 3250, fol. 299-305.

Ce sont les droiz qui sont trouvez appartenir d'ancienneté à monseigneur le dalphin a cause de sa conté de Vienne et qu'il a en la ville et cité de Vienne, selon le contenu de l'enqueste qui faite a esté par maistre Eustace de Laitre et Jehan Andry, conseillers du Roy, commissaires en ceste partie, pour le debat et procès d'entre ledit monseigneur le dalphin et l'arcevesque dudit lieu de Vienne.

[1] Premierement, a cause de ce qu'il est conte avecques l'arcevesque de Vienne, il a en la ville et cité de Vienne toute juridicion et justice, haulte, moyenne et basse, commune pour indivis avecques ledit arcevesque, et instituent ledit monseigneur le daulphin et ledit arcevesque juge commun pour l'excercice de ladicte juridicion, laquele juridicion se tient ou palais dalphinal, excepté que a certains jours elle se tient ou palais dudit arcevesque ; et aussi instituent ledit monseigneur le dalphin et ledit arcevesque procureur commun pour garder les droiz de ladicte juridicion commune.

[2] Item, a ledit monseigneur le dalphin a cause de ladicte conté en ladicte ville de Vienne un gardier seul et

pour le tout, lequel est institué par le gouverneur du Dalphiné et non pas pour [*sic, corr.* par] ledit juge commun ; lequel gardier recept les prouffiz de ceulx qui sont en la sauvegarde dudit monseigneur le dalphin, et en rent compte en la Chambre des Comptes a Grenoble, et aussi de touz autres prouffiz et emolumens appartenans audit monseigneur le dalphin.

[3] Item, a ledit monseigneur le daulphin en ladicte ville de Vienne courrier, qui lieve pour lui les prouffiz de ladicte juridicion commune et fait arretz, emprisonnemens pour les debtes dudit seigneur ; et declaire ledit juge commun les peines et amendes a la requeste dudit courrier, pareillement qu'il fait a la requeste du courrier dudit arcevesque.

[4] Item, il se treuve par l'enqueste que faicte a esté entre ledit monseigneur le daulphin et ledit arcevesque, que ledit gardier dudit monseigneur le daulphin a acoustumé de instituer un courrier en ladicte court, qui a pareille puissance que a le courrier dudit arcevesque ; ausquelz courriers le juge de ladicte juridicion commune a acoustumé adrecier ses mandemens pour mettre a excecucion ses sentences, et n'a l'en point acoustumé de les faire excecuter pour le celerier dudit arcevesque.

[5] Item, ledit monseigneur le dalphin et ledit arcevesque ont juridicion et congnoissance sur tous les habitans et demourans en ladicte ville de Vienne, a cause de ladicte juridicion commune ; excepté de iceulx qui delinquent en la hale, et aussi excepté sur les demourans d'ancienneté es maisons de l'eglise, lesquels en tel cas sont puniz par la juridicion temporele dudit arcevesque ; et se ainsi n'estoit qu'ils delinquissent hors de ladicte ville, dedens les mettes de ladicte juridicion commune, et aussi s'ils delinquent dedens icelle ville en la boucherie et escorcherie, et es rues orbes, et en la place de la Pierre Bacon, esquelz cas lesdiz manans et demourans es hostelz de l'eglise ne seroient pas renduz a la juridicion temporelle dudit arcevesque, mais seroient puniz par ledit juge de

ladicte juridicion commune ; et n'a que veoir, ne que congnoistre le juge de ladicte juridicion commune sur les habitans et subgiez de la juridicion temporele, ou cas que lesdiz manans et habitans de ladicte juridicion temporele ne coucheroient ou habiteroient es autres maisons, qui ne sont de la directe seigneurie de l'eglise d'antiquité, la nuit par devant qu'ilz feissent aucunz deliz, la congnoissance et punicion en appartient a ladicte court commune, car le giste en emporte la juridicion.

[6] Item, d'ancienneté les cris et proclamacions en ladicte ville et cité de Vienne ont esté faiz de par ledit monseigneur le daulphin et par ledit arcevesque ensemble, du consentement et voulenté des deus juridicions conte et temporele, et du consentement desdiz officiers de l'une court et de l'autre, ou cas que lesdiz criz seroient ou prejudice desdictes deux courts, ou de l'une, ou de l'autre.

[7] Item, aussi s'ils treuvent que quant les consulz sont de nouvel créêz et substituéz en ladicte ville et cité de Vienne, ils ont acoustumé de faire le serement par devant le juge de la juridicion commune des contes, et aussi par devant le juge de ladicte court temporelle.

[8] Item, se treuvent dans ladicte enqueste que lesdiz consulz doivent faire banerez du consentement d'aucuns des habitans de ladicte ville, lesquelz banerez font les pennoniers en icelle, ausquelz ilz ordonnent de faire faire le guet et de faire garder les portes et les murs de ladicte ville, a la utilité des seigneurs et des deux juridicions et a l'utilité de ladicte ville.

[9] Item, se treuvent en ladicte enqueste que lesdiz consulz, banerez et pennoniers font les portiers pour garder les portes de ladicte ville, au prouffit et a la utilité des seigneurs et desdictes deux juridicions de la cour commune des comptes (*sic*) et de la court temporelle, et aussi au prouffit et utilité de ladicte ville, et ont lesdiz portiers chacun an pension sur aucuns de ladicte ville pour garder lesdictes portes.

[10] Item, a ledit juge de ladicte juridicion commune durant les foires, qui se commencent depuis la Saint Martin d'iver jusques au lendemain de la feste Sainte Katherine, toute juridicion et congnoissance en ladicte ville, excepté aux officiers dudit arcevesque delinquans, et aussi ont la congnoissance des faulses mesures, excepté que se les officiers de la court temporele delinquent ou font aucun contract ou exploit de justice en la boucherie et escorcherie, ou au marchié des beufx, ou en la place appellée la pierre du Bacon, ou es rues orbes, la congnoissance en appartient toute l'année a ladicte cour commune des comptes (*sic*).

[11] Item, durant les foires qui commencent depuis la Feste-Dieu jusques a XV jours ensuivant, ledit arcevesque a cause de sadicte juridicion temporele a toute juridicion de touz cas, excepté sur les delinquans en la boucherie et escorcherie, ou marchié des beufx et en la place appellée la pierre du bacon, et es rues orbes qui n'ont point de bout, et sur les officiers de ladicte cour commune, esquelz cas la congnoissance en appartient audit juge de ladicte juridicion commune.

[12] Item, il semble que la garde des portes de ladicte ville de Vienne appartient audit monseigneur le daulphin et audit arcevesque, pour ce qu'il se treuve en ladicte enqueste que feu messire Bertran, arcevesque de Vienne, et messire Ymbert, pour lors conte de Vienne, alèrent l'an III[c] XXXVII, le XXVme jour de juillet, par ladicte ville de Vienne et firent esrachier les ferreures et fermetures que avoit fait mettre le mistral de l'eglise de Vienne, et par icellui temps tenoit ladicte juridicion temporele et y firent mettre d'autres fermetures, en continuant leur possession d'ancienneté et la garde de ladicte ville et baillèrent en garde de par eulx lesdictes portes.

[13] Item, il se treuve que les sergents desdictes cours temporeles et des contes pevent prendre indifferemment de jour et de nuit touz delinquans les uns en la juridicion de l'autre en cas de présent meffait, excepté es lieux cy-

dessus declairez des orbes rues, en la boucherie et escorcherie, et marchié des beufx, et en la place appellée la pierre du bacon ; mais les officiers desdictes juridicions sont tenuz de rendre les subgiez de l'une juridicion à l'autre en ce point, se ilz en sont requis.

[14] Item, l'official de l'arcevesque de ladicte ville n'a aucune juridicion temporele en icelle.

[15] Item, se treuve en ladicte enqueste que on a veu en ladicte court commune avoir deux sergens, et en ladicte court temporele trois ou quatre. Maiz les tesmoins examinez en ladicte enqueste ne scevent point s'il y en doit avoir ou plus ou moins en l'une court, ne en l'autre.

[16] Item, treuve on en ladicte enqueste que ladicte court des contes a toute juridicion et punicion, bannir, mettre en l'eschiele et questionner et batre les delinquans en ladicte ville et conté.

[17] Item, se treuve en ladicte enqueste que touz les habitans et aussi couchans par toute l'année et mesmement au temps que ladicte court temporele a ses foires qui durent XV jours, que touz ceulx qui auroient couchié es maisons de ladicte boucherie, lesqueles maisons auroient entre par dedens icelle boucherie et y fissent aucun delit, en quelque part que ce feust dedens ladicte ville, la correction et punicion en appartient a ladicte court des contes.

[18] Item, se treuve par ladicte enqueste que l'une desdictes cours temporeles n'ont nulle juridicion sur les subgiez de l'autre, si ce n'est en trois cas. C'est assavoir par submission, si les subgiez de l'autre court se sont submis, ou s'ilz sont adjournez pour porter tesmoingnage ou se aucuns des subgiez fait aucune offence en la court de l'autre, et en ces cas pevent excercer juridicion l'une court sur les subgiez de l'autre, pose qu'ilz ne soient point leurs subgiez ; mais par vertu des choses dessus dictes, l'une court et l'autre a autant de puissance sur les dessus diz, comme s'ilz fussent leurs propres subgiez, et pevent faire l'une

court et l'autre excercite de toute juridicion, ou cas dessus nommez, sanz requerir l'une court l'autre.

[19] Item, il semble par ladicte enqueste que on ne peut appeller du juge commun des contes par devant l'official ne autre part ; et, si aucunes appellacions avoient esté faites, il appert par ladicte enqueste que, non obstant l'appel, les sentences dudit juge commun ont esté mises a execucion.

[20] Item. se treuve en ladicte enqueste que si un forestier vient en ladicte ville et il delinque es territoires de l'une des deux juridicions, la congnoissance en appartient a la juridicion soubz qui il aura fait le delit.

[21] Item, se treuve en ladicte enqueste que qui feroit offense aux officiers de ladicte court des contes, en faisant et excercant leur office. en quelque manière que ce soit, pose soit que lesdicts offensans ne soient point subgiez de ladicte court des contes, toutesvoies la punicion et correction en appartient a ladicte court commune des contes.

[22] Item, se treuve en ladicte enqueste, que se les officiers de ladicte court temporele offensent es territoires de dehors la ville appartenans a messires les contes, la correction et punicion en appartient a ladicte juridicion des contes.

[23] Item, se treuve en ladicte enqueste que monseigneur le daulphin, a cause de sa dicte conté, a plusieurs territoires hors de ladicte ville appartenans a lui seul et pour le tout, ou il a toute juridicion haulte basse et moienne, et les prouffiz et emolumens, condempnacions et autres choses qui y seurviennent esdiz territoires sont audit monseigneur le daulphin, comme dessus dit est, et en rent compte ou fait rendre son gardier de Vienne, en la Chambre des Comptes a Grenoble, touz les ans.

VII

1416, 20 avril. — Beauvais.

Lettre de l'empereur Sigismond à Amédée, duc de Savoie, lui mandant de maintenir les libertés et privilèges de Vienne, et de faire comparaître l'archevêque Jean de Nant, qui s'y opposait, devant la cour impériale, à Constance.

Archives communales de Vienne, AA. 1, 5; original parchemin, scellé sur double queue; le sceau manque.

Sigismundus, Dei gracia Romanorum rex semper augustus ac Hungarie, Dalmacie, Croacie etc. Rex, illustri Amedeo, duci Sabaudie, principi et consanguineo nostro carissimo, graciam regiam et omne bonum. Illustris princeps, consanguinee carissime, inscrutabilis divinitatis ordo ad hoc romani imperii per universum brachia dilatavit, ut de justicie neglecta religione Cesaris tribunal nequaquam coram eterno Judice incusari videatur. Plurimorum itaque sciencias, consanguinee carissime, latitare minime existimamus, qualiter alias universaliter civibus et toti communitati civitatis et camere nostre Vienensis, nostris et Imperii sacri fidelibus dilectis, quasdam ipsorum et ejusdem civitatis libertates, ex certa sciencia confirmavimus et de novo concessimus graciose, prout hec et alia in nostris litteris regalibus desuper confectis continentur, et debite execucioni demandata extitisse videntur. Detulit itaque ad nostre serenitatis audienciam turbida fama, qualiter nonnulli, tam ecclesiastici quam seculares, in nostrarum litterarum parvipendum, prefatos cives et communitatem, in hujusmodi libertatibus et denovoconcessionibus, impedire et inquietare presumant, quominus eorumdem et aliis ipsorum privilegiis, usibus et consuetudinibus gaudere, uti, frui valeant, et potiri, rursum penas in eisdem nostris litteris adjectas, et aliam in nostram celsitudinem offensam penitus, ut asseritur, ludibriose reputantes, que, utique quantum temerarios quosvis animare possent in futurum, remediis prevenire volumus studiosis. Quapropter, ne justicia nostris temporibus corrupcionem pati videatur, tue dilectioni, de qua summe fiducie spem gerimus indubiam, presentibus committimus et mandamus, quatenus supradictos cives et communitatem Vienenses in pretactis ipsorum libertatibus, privilegiis, usibus, consuetudinibus et confirmacionibus, ac nostris denovoconcessionibus, nostra auctoritate regali, appellacione postposita, et etiam tamdiu quousque aliud a nobis habueris in mandatis, manuteneas, protegas fideliter et defendas ; proque eorumdem celeriori et feliciori manutencione, unum vel duos de tuis ydoneos ad dictam civitatem Vienensem, auctoritate nostra predicta. destinando inlatos, quoscumque, cujuscumque gradus vel condicionis existerent, eciam si archiepiscopali vel episcopali prefulgerent dignitate, prefatis libertatibus, privilegiis, usibus, consuetudinibus et confirmacionibus ac nostris denovoconcessionibus contradicentes, audituros causamque seu causas circa premissa emergentes repartituros, et quicquam pro premissorum execucione finali expedierit acturos et facturos, penasque in prefatis nostris litteris, secundum juris et earumdem nostrarum litterarum formam et tenorem, exacturos, justicia mediante. Sic tamen quod hujusmodi negocii finalis decisio, cum cause seu causarum earumdem plenaria instruccione, ad nostre celsitudinis audienciam protinus devolvi debeat ruminanda, alioquin ne ecclesiastice libertatis plenitudo in aliquo diminui, sive surripi, ymo continuo per nos, nostrorum predecessorum vestigia imitando, adaugeri videatur. Sic tamen quod sacri imperii celsitudini, unde fere cunctarum ecclesiasticarum libertatum exempcio formam in terris sibi censetur obtinuisse, nec dorogari [*sic*] videatur. Volumus, et hoc regio statuimus edicto per presentes, ut signanter reverendus Johanes, archiepiscopus Vienensis, qui prefatis privilegiis ac nostris confirmacionibus et denovoconcessionibus se dicitur opposuisse, in certo termino, sibi per te vel prefatos unum vel duos, ad hoc per te, ut prefertur, Viennam destinandos, prefixo, coram nobis et in nostre majestatis presencia, Constancie vel alibi, ubi tunc fortassis cum curia nostra residenciam fecerimus, comparere debeat, de talibus suis privilegiis et libertatibus pro ipso et ecclesia sua ac contra prefatam nostram confirmacionem et denovoconcessionem facientibus, raciones efficaces redditurus. Si autem mihi comparere neglexerit, in ejus contumaciam pro jurium imperialium manutencione, sine tamen sue ecclesie lesione reali, in premissis et aliis procedetur etiam justicia mediante. Enimvero volumus et hoc regio statuimus edicto, quod, in quibuscumque causis, prefatorum privilegiorum et confirmacionis ac nostrarum denovoconcessionum occasione, emergentibus et proventuris, prefati cives et communitas ad te, tanquam nostrum in hac parte commissarium, appellare valeant et provocare. Sic tamen quod, hujusmodi cause seu causarum meritis, per te vel tuos ad hoc deputatos, mature auditis et recensitis, cum earumdem cause seu causarum instruccione clariori, ante conclusionem sive decisionem quascumque, ut prefertur, nostre celsitudinis audienciam remittas studiose, partibus tamen ipsis coram nobis, cum earum juribus peremptorie, comparendi et in premissis justiciam consequendi, quociens oportunum fuerit, litteris tuis mediantibus, terminum assignando competentem, presencium sub nostri regalis sigilli appensione testimonio litterarum. Datum Belvaci, anno Domini millesimo quadringentesimo sextodecimo, vigesima die Aprilis, regnorum nostrorum anno Hungarie, etc... tricesimo, Romanorum vero sexto.

(Sur le repli). Ad mandatum d. Regis.
Johannes Gersse.

VIII

1448, 31 octobre. — Chabeuil.

Hommage et serment de fidélité prêtés au dauphin Louis par François de L'Église et Claude Archimbaud, consuls de Vienne, au nom des habitants de cette ville.

Archives communales de Vienne, AA.1, 11 (case 1, n° 44, fol. 11). — Original parchemin, 63 lignes, 510 millimètres de hauteur sur 615 de largeur. — Au dos : *Littera originalis exempcionis talliarum.*

In nomine Domini. Amen. Noverint universi presentes pariter et futuri quod, cum dudum certi cives et habitantes civitatis Vienne, in quodam instrumento, super hoc confecto, nominati, nominibus suis, et in quantum eos tangare (*sic*) potuit, eciam vice, nomine omnium aliorum burgensium et civium dicte civitatis, homagium et fidelitatis sacramentum fecerunt et prestiterunt bone memorie domino Humberto pro tunc dalphino Viennensi, comiti et tanquam comiti civitatis Vienne jamdicte, ipsumque constituerunt gardiatorem civitatis et se posuerunt in eius garda et protectione, promiseruntque quod in alterius garda se non ponerent, nec aliquem alium dominum custodem vel presidentem in dicta civitate reciperent, nec alicui alteri obedirent vel parerent, exceptis imperatore et ecclesia Vienne, et alia dicti cives facerent, que lacius continentur in dicto instrumento, recepto per Guigonem Frumenti et Humbertum Pilati, notarios, sub anno Domini millesimo tercentesimo trigesimo octavo, et die vicesima secunda mensis augusti ; propterea illustrissimus princeps dominus Ludovicus, primogenitus domini nostri regis

Francorum, Dalphinus Viennesii modernus et comes Vienne, per suos officiarios et commissarios requiri fecerit sindicos, cives et habitatores modernos dicte civitatis, ut dictum homagium et fidelitatis sacramentum, et omnia alia per dictos cives suos predecessores dicto domino Humberto, tunc dalphino, facta et prestita, juxta tenorem dicti instrumenti, sibi facerent et prestarent, tanquam comiti Vienne, et sub pena et alias prout in dictis requisicionibus lacius continetur, presertim actento quod ipse est comes Vienne et sibi competunt omnia jura que competebant ipsi domino Humberto suo predecessori, cuius est heres et successor in hac parte ; dictis sindicis et habitatoribus dicte civitatis modernis in contrarium dicentibus et allegantibus se ad premissa nullo modo teneri, maxime actento et considerato quod per eius predecessores dictum homagium, in forma contenta in dicto instrumento, nunquam fuerat proprius nec eciam ex post fuit prestitum, et ob id ad illam talem prestacionem, saltim obstante prescripcione nullomodo tenentur, nec potuit ille unicus actus prestacionis, tanquam temere, nulliter et indebite tunc factus, dictis civibus presertim modernis preiudicare, maxime quia, voce et fama publice referentibus, ipsum homagium, post eius predictam prestacionem, per dominum nostrum tunc sanctissimum pontificem, seu ab eo deputatum, cassatum et revocatum extitit, ipsisque tunc civibus per eundem dominum Humbertum tunc dalphinum remissum fuit et quictatum, in signum et probacionem cuius nunquam a post prestitum extitit vel petitum, ipsique cives, qui tunc dictum homagium prestitisse dicuntur, nullam potestatem sufficientem habuerunt dictum homagium dicto domino Humberto tunc dalphino faciendi nec prestandi, saltim taliter quod universitas ipsius civitatis obligari potuerit, cum nunquam fuerint per modum universi in unum congregati tempore prestacionis dicti homagii, sed particulariter et disiunctim, discurrendo per carrerias et vicos, per turmas, ut constat dicto instrumento, qui modus non est solitus, nec de jure ordinatus, ut ex hoc aliqua civitas vel communitas possit obligari, dictaque homagii prestacio fuit et erat et in futurum esset in tales enervaciones libertatum et jurium dicte civitatis, bonorum usuum bonarumque consuetudinum in ipsa civitate a fundacione eiusdem servari con[sue]tarum et per serenissimos principes dominos Francorum reges, dalphinos Viennenses, qui pro tempore fuerunt, predecessores dicti domini nostri dalphini et comitis Vienne confirmatarum, quibus dicti cives nullo modo dorogare potuerunt, actento quod pactis talium privatorum juri publico dicte civitatis derogari non potuit, et ita dicti cives non potuerunt successores in dicta civitate futuros cives obligare, quia ad hoc potestatem non habuerunt nec habebant, dictaque civitas, que semper cum habitantibus in eadem, tam secundum disposiciones juris scripti, quam eciam ex observacione, usu et consuetudine, inviolabiliter a fundacione eiusdem tentis et observatis, fuit et est francha et libera ab omni tallia, calvagata et alia specie servitutis, per dictam prestacionem homagii efficeretur non solum talliabilis ad voluntatem, quinymo tributaria, et sub maiori servitute quam alia quecunque civitas, villa, castrum aut opidum, eciam in solidum spectantes et pertinentes in pleno dominio dicto domino nostro dalphino, dictique cives cogerentur ad contribuendum in subsidiis dalphinalibus, et mandari ad congregaciones trium statuum, licet nunquam mandari consueverint, nec in dictis subsidiis quovismodo contribuere, propter quod ad prestacionem ipsius sacramenti seu homagii petiti minime se teneri asserebant, et si quod sacramentum inde prestiterint, hoc fuit et est solum quoddam simplex sacramentum fidelitatis et subiectionis, judici communi dominorum comitum civitatis Vienne prestari solitum ; dicto domino nostro dalphino, seu eius officiariis et commissariis, incontrarium dicentibus, videlicet quod dicti cives et habitatores, qui dictum homagium fecerunt, habebant potestatem illud faciendi, et ad illud fuerunt specialiter congregati, ipseque dominus noster dalphinus per premissa non intendit nova tributa ipsi civitati et civibus eiusdem quovismodo imponere, sed eis conservare libertates suas, immunitates et franchisias et omnia previlegia sua, per omnia sua puncta et capitula, — hinc propterea fuit et est quod, anno Domini millesimo quatercentesimo quadragesimo octavo, indictione undecima cum eodem anno sumpta. die vero jovis ultima mensis octobris, personaliter constituti et propterea que sequuntur, viri honorabiles Franciscus de Ecclesia et Glaudius Archinbaudi, sindici, consules et cives dicte civitatis, quiquidem sindici de voluntate, assensu et consensu honoratorum virorum Bartholomei de Nyevro, legum doctoris, Guigonis Costagni, Johannis Combe junioris et magistri Guilliermi Drot, notarii civium dicte civitatis, ad hoc, ut dicebant, per alios sindicos et cives Vienne mandatorum, ibidem presencium et consenciencium, scientes, prudentes et spontanei, ad hoc nullo errore inducti, sed ex eorum mera et libera voluntate moti, nominibus suis et omnium civium et habitancium dicte civitatis, dicunt, confitentur et recognoscunt se teneri prestare sacramentum fidelitatis prefato domino nostro dalphino, tanquam comiti Vienne, prout acthenus facere consueverunt ; quodquidem sacramentum prefati sindici, consules et cives, nominibus quibus supra, prefato domino nostro dalphino, tanquam comiti Vienne, faciunt et prestant per presentes, promictentes ad sancta Dei evangelia, manibus suis corporaliter tacta, nominibus suis et dicte civitatis, michi notario publico, more persone publice, presenti et stipulanti, nomine dicti domini nostri dalphini, comitis Vienne. et omnium quorum poterit interesse in futurum, quod ipsi sunt et erunt ut supra boni et fideles prefato domino nostro dalphino, tanquam comiti Vienne, et suis in dicto comitatu successoribus, eiusque et suorum dominorum successorum commodum et honorem procurare totis viribus, eiusque domini et suorum eciam successorum incommodum, dampnum et inutile evictare, et, quam primum ad eorum noticiam pervenerint aliqua inutilia et sinistra, sibi domino et suis officiariis nuntiare et revelare, ut inde providere, eis obviare et succurrere possint, prout et quemadmodum boni et fideles subdicti debent esse et facere eorum domino, ut comiti Vienne, sub et cum pactis, declaracionibus, concessionibus et reservacionibus inferius mencionatis, et per eundem dominum nostrum dalphinum concessis ; et quia dicti sindici et cives dicunt se habere certa jura et revocacionem predicti alterius homagii, prestiti per dictos quondam cives Vienne prefato domino Humberto quondam dalphino, occasione quorum dicunt se non teneri prestare dictum homagium dicto domino nostro moderno dalphino, comiti Vienne, ipsi tenebuntur, hinc ad festum Pasche proxime venturum, informare dictum dominum nostrum dalphinum de dictis juribus seu revocacione per eos allegatis, alioquin in casu contrario quo infra dictum terminum ipsi non monstraverint seu docuerint de premissis juribus seu revocacione dicti homagii, lapso dicto termino, ipsi sindici et cives tenebuntur pro se et suis facere et prestare dicto domino nostro dalphino, ut comiti moderno, dictum homagium et fidelitatis juramentum, modo et forma in dicto instrumento supra designato contentis et descriptis. Ita tamen quod per premissas homagii seu fidelitatis prestaciones quascunque prestitas vel in futurum prestandas, prefati sindici et cives et eorum successores habitatores in dicta civitate nullomodo tenebuntur nec poterunt, per ipsum dominum nostrum dalphinum comitem, vel suos officiarios, compelli ad solvendum aliquas tallias, cotas, colletas. tributa, nec quecunque alia subsidia, indi[c]tas vel indicendas, pro qualicunque causa, nec poterit prefatus dominus noster dalphinus, pro se vel suos, ad causam dicti homagii seu fidelitatis juramenti, aliquod placitum, auxilium vel juvamen, nec aliquam calvagatam de guerra, nisi infra dictam civitatem et territorium eiusdem, pro deffensione ipsius civitatis et habitancium eiusdem habere, petere, requirere et imponere aut exhigere. Item quod prefatus dominus noster dalphinus, vel sui officiarii predicti, et eius successores, non poterunt nec debebunt mandare seu vocare predictos scindicos, cives et habitantes dicte civitatis in congregacionibus et vocacionibus trium statuum, nec poterunt compelli ad contribuendum in donis, tributis et subsidiis, que imposterum concedentur per gentes dictorum trium statuum, nec per alios quoscunque a dicto domino nostro dalphino deputatos vel deputandos, ymo ab ipsis remanebunt immunes et liberi ac in eorum libertatibus, franchesiis, usibus et consuetudinibus, modo et forma quibus a tempore preterito usque nunc semper usi fuerunt et ad presens utuntur, tam in generali quam in particulari, sine et absque eo quod eis aliquod imponatur impedimentum seu distorbium, racione vel ad causam dictorum sacramentorum factorum vel fiendorum, aut alias, pro quocunque jure eidem domino nostro dalphino, in dicta civitate nunc et de presenti competente. Item quod prefati Franciscus et Glaudius sindici totis viribus et cum effectu procurabunt et facient quod ceteri cives et incole civitatis jamdicte consimile juramentum fidelitatis, quod presencialiter ipsi sindici eidem domino nostro fecerunt et prestiterunt, facient et prestabunt commissariis deputandis et demitendis per eundem dominum apud dictam civitatem Vienne, sub consimilibus condicionibus et reservacionibus superius specifficatis et declaratis. Ibidem autem prelibati dominus Bartholomeus de Nyevro, Guigo Costagni, Johannes Combe et Guilliermus Drot, cives, consimile fidelitatis juramentum singulariter singuli eidem domino, in manibus egregii viri domini Yvonis de Ceppeaux, cancellarii et consiliarii prefati domini nostri, fecerunt et prestiterunt, premissa facientes et prestantes prefati sindici et cives citra tamen preiudicium domini Vienne archiepiscopi, qui nunc est et qui pro tempore fuerit, et sue Viennensis ecclesie predicte. Quiquidem sindici et cives, pro hac vice, dabunt prefato domino nostro dalphino, comiti Vienne, summam mille scutorum auri ; quibus mediantibus, ipse dominus noster dalphinus dictos scindicos et cives et eorum successores, ab omni vi, violencia, per quoscunque eisdem inferenda, conservabit et preservabit, ipsosque favore benivole prosequetur et tractabit, consideratis sincera affectione quam habent erga ipsum et aliis obsequiis sibi prestitis. Quiquidem dominus noster dalphinus et comes Vienne dictis scindicis et civibus promisit et convenit, in verbo et fide principis, premissa omnia et singula rata et grata habere, prout supra dicta sunt, scripta et narrata, et nullo tempore, per se vel per alium, contra venire ireque, vel venire volenti nullomodo consentire. De quibus omnibus prelibatus serenissimus princeps dominus dalphinus et comes Vienne voluit, precepit et fieri concessit, per me subscriptum notarium, ad opus tam sui quam supranominatorum scindicorum nomine quo supra postulancium, ipsique scindici eciam fieri voluerunt et concesserunt ad opus eiusdem domini nostri, duo aut plura publica instrumenta earundum substancie et tenoris, dictanda, corrigenda, et, si foret opus, denuo refficienda ad dictamen et consilium unius aut plurium jurisconsultorum, facti tamen substencia in aliquo non mutata, sub sigillo eciam eiusdem domini nostri, si foret opus, ad maiorem rei geste firmitatem. — Acta fuerunt hec apud Cabeolum, Valentinensis diocesis, in domo discreti viri Jacobi de Platea notarii. Testibus presentibus magnifficis et potentibus viris, nobilibusque et honoratis dominis Yvone de Ceppeaux, cancellario, Ludovico de Valle, domino Castillionis, gubernatore Dalphinatus, Almerico, domino d'Estissat, Gabriello de Berneysio, domino de Targe, magistro hospicii, Rynerio de Boleny, Johanne de Dallion, domino de Fontaines, domicello, Johanne de Uzernio, legum doctore, consiliariis eiusdem domini nostri, eidem assistentibus et pluribus aliis ad hec vocatis.

Et me Symondo Galberti dicto Bargene, de Sancto Marcellino, Viennensis dyocesis clerico, auctoritatibus imperiali et delphinali notario publico, secretario dalphinali, curieque maioris Viennesii et Valentinensis jurato, qui premissis sacramenti fidelitatis prestacioni, promissionibus, reservacionibus et aliis omnibus, ut supra referatur, tam per prefatum serenissimum principem dominum nostrum dalphinum et comitem, quam conscindicos et concives Viennenses, actis et gestis, presens personaliter interfui, de ipsisque notam recepi, a qua hoc presens instrumentum sumpsi, quod per meum fidelem substitutum grossari et in hanc publicam formam redigi feci, deinde ipsum mea propria manu subscripsi, signoque meo tabellionali usitato signavi..... que dictis conscindicis Vienne tradidi ad maiorem rei geste firmitatem.

IX

1450, 21 septembre. — Moras.

Traité conclu entre les commissaires du dauphin Louis, d'une part, Charles de Poitiers, seigneur de Saint-Vallier, et Guillaume, bâtard de Poitiers, seigneur de Barry, procureurs de Jean de Poitiers, archevêque de Vienne, d'autre part, par lequel l'archevêque de Vienne reconnait le dauphin pour son suzerain.

Archives de l'Isère, Original. B. 3152.
Copies. B 2966, fol. 690-698 ; B. 3002, fol. 559-565.
Série G. Titres de l'archevêché de Vienne, vidimus de 1541.
Analyse : Pilot de Thorey. *Catalogue des actes du dauphin Louis II...*, n° 786.

In nomine Domini, amen. Noverint universi presentes et futuri quod, cum reverendissimus in Xpisto pater et dominus, dominus Johannes de Pictavia, miseratione divina archiepiscopus et comes Viennensis, teneat et possideat, suique predecessores tenuerunt et possederunt, in parte sibi contingente, civitatem Vienne unacum mistralia eiusdem, et pareriam quam habet et habere visus est, in comitatu Vienne, necnon castra, villas et oppida Sancti Theuderii, Seysseoli, Mantalie, medietatem Reventini, pareriam de Romanis, et certas alias terras, juridiciones, mandamenta, census, redditus, seignorias, homines, homagia, possessiones et alia bona temporalia inclavatas, situatas et existentes citra flumen Rodani et intra ditionem, fines et districtus patrie Dalphinatus, illustrissimo principi et domino nostro domino Ludovico, Francorum regis primogenito, dalphino Viennensi, comitique Vienne ac Valentinensi et Dyensi, totaliter pertinentis, et sub cuius domini nostri presidio et manu forti dictus dominus archiepiscopus et alii ecclesiastici dicte patrie, ac subdicti sui et ecclesie locorum predictorum vivunt et vivere consueverunt pacifici, et ab omni aliorum potentium incursu, molestia aut violencia quieti, ita quod in mercatores et alios subdictos ecclesie et locorum jamdictorum, huc et illuc in diversis juridicionibus et dominiis frequentantes et versantes, multa inconveniencia sepisper emergunt et emergere possunt, multeque molestie et violencie inferuntur, quibus ipse dominus archiepiscopus aut alii viri ecclesiastici occurrere providereque non potuerunt, valent nec valerent, nisi eis per roborem auctoritatis dicti domini nostri jugiter consuleretur et succurreretur ; cum itaque, temporibus retroactis, inter inclitarum recordacionum dominos dalphinos et archiepiscopos Viennenses, ac suos utrinque officiarios et subditos, ad causam superioritatis, que parti dalphinali asserebatur spectare, ac juridicionis temporalis dicte mistralie ac comitatus Vienne, quam plurima debata nonnulleque questiones, lites et differencie suborte et mote extiterunt, adhuc inter prefatos dominos nostrum dalphinum et archiepiscopum modernos vigentes et indecise remanentes, quas ipse dominus archiepiscopus, sibi ac suis ecclesie ac subditis dampnosissimas prospiciens, illas cedari, paciffieari et fine terminari dicto domino nostro dalphino, pluribus proloqucionibus et tractatibus super hoc habitis, requisierit et supplicaverit, in quorum tractatuum contextu super concordia et paciffleacione jamdicta certi fuerunt facti et passati articuli, quibus dictus dominus noster, ritum suorum progenitorum, ecclesiarum fundatorum et jurium ecclesiasticorum largitorum et protectorum, insequens, et pacem cum eisdem habere desiderans, condescenderit et liberaliter annuerit in modum inferius annotatum. Hinc est quod, anno Domini millesimo quatercentesimo quinquagesimo, et die vicesima prima mensis septembris, in nostrum notariorum publicorum testiumque inferius nominatorum presencia, personaliter constituti spectabiles nobilesque, magnifici et potentes viri domini Yvo de Scepellis, dominus de Laudeny, cancellarius dicti domini nostri dalphini, Ludovicus de Laval, dominus Castillionis, gubernator Dalphinatus, Almaricus dominus d'Estissac, primus cambellanus, Johannes bastardus Armaigniaci, senescallus Valentinensis et Dyensis, Anthonius Bolomerii, generalis omnium financiarum, Johannes de Villaines, baillivus Montium Dalphinatus, Aymarus de Puysieu, dictus Cadorat, magister hospicii, magistri Guillermus Becey, consiliarii et Johannes Bochetel, contrarotulator financiarum dicti domini nostri dalphini, pro et nomine ipsius domini nostri dalphini, ex una parte, et dominus Karolus de Pictavia, miles, dominus Sancti Valerii, ac Guillermus bastardus de Pictavia, dominus de Barrio, pro et nomine dicti domini archiepiscopi Viennensis, pro quo se fortem fecerunt et faciunt, et per ipsum dominum archiepiscopum pro posse ratifficari facere promiserunt, et super sancta Dei evangelia promictunt, ex parte altera, ipse siquidem partes, nominibus quibus supra et de expresso consensu, voluntate et consciencia, ut asserunt, dictorum dominorum nostri dalphini et archiepiscopi Viennensis, scienter, consulte et eorum spontaneis voluntatibus, de et super premissis questionibus et debatis transigerunt, composuerunt, pepigerunt et concordaverunt, pro bono et utilitate dictarum parcium, et quam maxime dicti domini archiepiscopi et suorum ecclesie et subdictorum predictorum, in modum qui sequitur. Et primo quod dictus dominus archiepiscopus modernus et sui successores perpetuo recognoscent et recognoscere tenebuntur et debebunt dictum dominum nostrum dalphinum eorum superiorem, ad causam dicte sue partis civitatis Vienne ac castrorum, villarum et opidorum Sancti Theuderii, Seysseoli, Mantalie, parerie de Romanis et Reventini, et aliarum terrarum, juridicionum, censuum, reddituum, seignoriarum, hominum, homagiorum, possessionum predictarum ac aliorum bonorum quorumcumque temporalium, que ipse dominus archiepiscopus et ecclesia Viennensis habent et sui successores habituri sunt, infra totum ambitum Dalphinatus et citra flumen Rodani, ubicumque sint et in quacumque rerum specie consistant ; et de premissis castris, villis, parte civitatis, mandamentis, (h)opidis, homagiis et aliis bonis temporalibus dicti domini archiepiscopi et ecclesie sue Viennensis, cum pertinenciis et appendenciis quibuscumque eorumdem, ipse dominus archiepiscopus et sui successores facient et facere tenebuntur dicto domino nostro dalphino et suis successoribus dalphinis feudum nobile, homagium ligium et fidelitatis juramentum ; confitendo et recognoscendo ea tenere, et tenere velle, ac tenere debere a dicto domino nostro dalphino et suis successoribus, et de eius superioritate et ressorto, et alia promictent et facient que in constitucionibus veteris et nove fidelitatis forme lacius continentur, cum certis promissionibus et clausulis opportunis et in talibus homagiis et recognicionibus apponi consuetis. Et quas recognicionem, homagium et fidelitatis juramentum dicti domini Sancti Valerii et de Barrio, nomine quo supra, fecerunt et impenderunt, ut constat quodam alio instrumento, per nos dictos notarios die presenti sumpto et recepto. — Item, quod deinceps in antea perpetuo omnimoda juridicio ac merum et mixtum imperium dicte civitatis Vienne, tam racione comitatus, qui erat comunis inter dictos dominos dalphinum et archiepiscopum, quam racione mistralie seu juridicionis temporalis dicte civitatis Vienne, que insolidum ad dictum dominum archiepiscopum pertinere dicebatur, erit et permanebit comunis inter dictos dominos dalphinum et archiepiscopum, ac per judicem, procuratorem, conrearium, servientes et alios officiarios, per partem dalphinalem et archiepiscopalem alternatim, anno quolibet, eligendos et deputandos, comuniter et indifferenter excercebitur, et emolumenta ipsius juridicionis eisdem dominis dalphino et archiepiscopo mediatim pertinebunt sine difficultate et controversia, omnibus aliis curiis et juridicionibus temporalibus dicte civitatis Vienne semotis ac cassis, nullis et irritis remanentibus. Et ita dictus dominus archiepiscopus prefatum dominum nostrum dalphinum, quatinus opus est, in juridicione ac mero et mixto imperio juridicionis temporalis mistralie Vienne predicte perpetuo appariat, associat et comunicat, appariatumque associatum et comunicatum esse vult per presentes, censibus tamen et redditibus ac dominiis directis cuiuslibet dictorum dominorum, prout ab antiquo deberi et solvi consueverunt cuilibet eorumdem, salvis remanentibus. —

Item, quod superioritas et ressortum dicte juridicionis comunis Vienne castrorumque, villarum opidorum, hominum, vassallorum et subdictorum predictorum dicti domini archiepiscopi et ecclesie Vienne, unacum omnibus appellacionibus que a judicibus et curiis eorumdem emictentur, insolidum pertinebunt et salve remanebunt dicto domino nostro dalphino et suis successoribus perpetuo, subdictique dictorum civitatis et aliorum locorum tocius temporalitatis dicte ecclesie Vienne, in quibuscumque casibus, racione ipsius superioritatis et ressorti,ad dictum dominum nostrum dalphinum et suos officiarios, et non alibi, recursum habebunt, respondebunt, obedient et parebunt ; ipsisque superioritate et ressorto ipse dominus noster dalphinus et sui successores,tam per se quam eius officiarios et commissos,utentur et gaudebunt cum prerogativis, preeminenciis et sequelis ac percepcione omnium emolumentorum proveniencium ex eisdem, absque eo quod abinde dictus dominus archiepiscopus, eiusve homines, vassalli, subdicti, habitantes et habitaturi dictorum civitatis et locorum aut successores eorumdem possint aut debeant alibi appellare, aut in casu superioritatis et ressorti recursum habere, sub pena indignacionis dicti domini nostri et omni alia pena juris (emictentur)[1]. — Item, pro omni interesse quod dictus dominus archiepiscopus habet et habere potest racione pariagii et associacionis dicte mistralie, prefatus dominus noster dalphinus recompensabit dictum dominum archiepiscopum et ecclesiam Vienne, in et de bonis redditibus suis propinquioribus civitati predicte Vienne, ad extimam duorum aut plurium proborum virorum, per ipsos dominos dalphinum et archiepiscopum comuniter eligendorum. — Item, quod omnes homines, vassalli et subdicti dicti domini archiepiscopi Viennensis et eciam habitantes, incole et commorantes nunc et in futurum in dicta civitate Vienne ac aliis castris, villis, mandamentis et opidis dicto domino archiepiscopo pertinentibus, pro se et eorum liberis et succes-

[1] Ce mot n'existe ni dans B. 2966, fol. 694 v°, ni dans B. 3002, fol. 562 r°.

soribus et aliis tempore profuturo habitaturis et commoraturis in ipsis locis, tam in generali quam in particulari, promictent et jurabunt in manibus dicti domini nostri dalphini, seu commissorum aut commictendorum ab eodem, videlicet nobiles particulariter et in eorum proprias personas, et universitates dictorum locorum per eorum sindicos et procuratores, quod ipsi perpetuo erunt legales et fideles dicto domino nostro dalphino et suis successoribus, racione dicte superioritatis, ipsumque de cetero habebunt, reputabunt et tenebunt pro eorum et dicti domini archiepiscopi domino superiori, et tanquam tali eidem obedient et parebunt, nec quicquam facient, attemptabunt aut quomodolibet procurabunt, quod premissis aut infrascriptis, seu ex eisdem alicui, preiudicare valeat aut eciam derogare in preiudicium dicti domini nostri dalphini vel superioritatis et ressorti predictorum, et sub pena juris et indignacionis domini nostri dalphini predicti. Item dictus dominus archiepiscopus et sui successores recognicionem similem, feudum, homagium et fidelitatis juramentum jamdicta facient, prestabunt et impendent dicto domino nostro dalphino et suis successoribus aut gubernatori Dalphinatus seu eius locumtenenti, qui pro tempore fuerit, in mutacione cuiuslibet domini dalphini et archiepiscopi Viennensis. Item, premissis mediantibus, dictus dominus noster dalphinus et sui successores prefatum dominum archiepiscopum et successores eiusdem ac dictam civitatem Vienne castraque, villas, fortalicia et opida, et alia bona temporalitatis jamdicte servabunt, manutenebunt et preservabunt, subdictosque locorum ipsorum fovebunt ac benigniter[1] tractabunt, ut et tanquam subdictos suos proprios, ac quemadmodum quilibet dominus superior suis subdictis facere debet et tenetur, eritque finis litibus, debatis et questionibus jamdictis et inter dictas partes et officiarios suos predictos amor, concordia et transquillitas. — Que quidem omnia et singula suprascripta et in presenti instrumento contenta et descripta, promictunt dicte partes bona fide, videlicet dicti domini cancellarius, gubernator et

[1] B. 2966, fol. 695 v° : benigne.

alii de magno consilio domini nostri dalphini, superius nominati, nomine dicti domini nostri, et dicti domini Sancti Vallerii et de Barrio, nomine dicti domini archiepiscopi Viennensis, et sub obligacione omnium bonorum dictorum dominorum quorumcumque, mutuis et solempnibus stipulacionibus intervenientibus, nobisque dictis notariis publicis stipulantibus et recipientibus nomine, vice et ad opus cuiuslibet parcium jamdictarum, ac omnium aliorum quorum interest, intererit aut interesse poterit in futurum, rata, grata, valida atque firma habere perpetuo et tenere, et quod dicti domini dalphinus et archiepiscopus ea omnia et singula, videlicet dictus dominus noster dalphinus per suas patentes literas, et dictus dominus archiepiscopus per instrumentum publicum, ratifficabunt, laudabunt, emologabunt, approbabunt et confirmabunt, nec unquam contrafacient, dicent vel venient, per se vel per alium, directe vel indirecte, juris vel facti aliqua racione sive causa, cum omni juris et facti renunciacione ad hec neccessaria pariter et cauthela. De quibus premissis dicte partes et earum quelibet, nominibus quibus supra, pecierunt, concesserunt et fieri voluerunt per nos dictos notarios unum vel plura seu tot quot fuerunt neccessaria publica instrumenta, dictanda et corrigenda consilio peritorum. facti tamen substancia in aliquo non mutata. — Acta fuerunt hec apud Morasium, in domo nobilis viri Francisci de Bellacomba, domini Murinaysii ; presentibus honorabilibus et providis viris magistris Johanne Jaupitre, Johanne Bourre et Johanne Chanterelli, secretariis dicti domini nostri dalphini, astantibus et vocatis ad premissa.

Et me Reymundo de Sala, clerico et cive de Valencia, notario auctoritatibus apostolica, regia et dalphinali publico, que premissis omnibus et singulis, dum sic ut premictitur agerentur et fierent, unacum prenominatis testibus presens fui, de ipsisque unacum discreto viro magistro Johanne Botuti, secretario dalphinali, meo in hac parte collega, notam sumpsi, ex quaquidem nota hoc presens publicum instrumentum per aliam manum, aliis occupatus negociis, extrahi, scribi et grossari feci, et hic mea manu propria me subscripsi et signo meo solito signavi, ad opus prefati domini nostri dalphini requisitus, in testimonium premissorum.

Ego vero Johannes Botuti, clericus de Lugduno, secretarius dicti domini nostri dalphini, auctoritatibusque regia Francorum et dalphinali notarius publicus, premissis omnibus et singulis unacum dicto Raymundo de Sala ac testibus memoratis personaliter presens fui eaque in notam recepi. Ex qua presens publicum instrumentum ad opus dicti domini nostri extraxi grossarique et in hanc publicam formam redigi feci, hicque manu propria me subscripsi et signum meum tabellionale apposui consuetum in testimonium rei geste.

Postque [1], anno quo supra, et die vicesima secunda predicti mensis septembris, coram me supradicto Raymundo de Sala, notario publico et testibus infrascriptis, personaliter constitutus supradictus reverendissimus in Xpisto pater dominus Johannes de Pictavia, miseracione divina archiepiscopus Viennensis, non errans in aliquo, nec deceptus, ymo scienter et provide, pro se et suis successoribus in dicto archiepiscopatu quibuscumque, certifficatus et ad plenum informatus de predictis transhactione, composicione et concordia ac aliis suprascriptis et in precedenti instrumento contentis, relacione eidem facta per supradictos dominos Sancti Valerii et de Barrio ibidem presentes, quapropter ipsas transactionem, composicionem et concordiam ac omnia et singula in dicto precedenti instrumento contenta, et per dictos dominos Sancti Valerii et de Barrio, pro et nomine dicti domini archiepiscopi, modo supra declarato, facta, gesta, promissa et jurata ratifficavit, laudavit et approbavit rataque et grata habuit, et ulterius promisit bona fide sua, loco juramenti manum dextram ponendo ad pectus, more prelatorum, et sub expressa obligacione et ypotheca speciali omnium et singulorum bonorum suorum mobilium et immobilium, presencium et futurorum quorum-

[1] B. 2966, fol. 697 r° ; le texte est précédé de ce titre : Ratifficacio dicti domini archiepiscopi de gestis per eius procuratores.

cumque, michi jamdicto notario publico subscripto, ut persone publice, presenti, stipulanti solempniter et recipienti nomine, vice, et ad opus prefati domini nostri dalphini Viennensis, et suorum in dicto Dalphinatu successorum quorumcumque ac omnium aliorum quorum interest et interesse poterit quomodolibet in futurum, predicta omnia in predicto instrumento et presenti ratifficacione contenta tenere, actendere, complere et perpetuo inviolabiliter observare, et nunquam contra predicta seu eorum aliqua facere, dicere vel venire per se vel per alium seu alios in judicio sive extra, nec alicui persone contrafacere, dicere vel venire volenti, modo aliquo consentire, nec prebere auxilium, consilium, juvamen vel favorem ; et hoc cum et sub omni juris et facti renunciacione debita ad hec neccessaria, utili, pariter et cauthela. De quibus omnibus et singulis prefatus dominus archiepiscopus ratifficans peciit et fieri voluit et concessit,ad opus dicti domini nostri dalphini et omnium aliorum habere volencium, unum, duo et plura, tot quot habere voluerint, publica instrumenta per me jamdictum notarium publicum infrascriptum. Acta fuerunt hec in domo episcopali Valencie, videlicet in camera ipsius domini ratifficantis. Testibus presentibus nobilibus et potente viris Johanne de Pictavia, domino de Chabreriis, Petro Silmonis, domicello, magistro hospicii ipsius domini ratifficantis, Johanne de Pererio, barberio ipsius et magistro Johanne Chevioti, eius secretario, ad premissa vocatis et rogatis.

Et me supranominato Reymundo de Sala, clerico et cive de Valencia,notario auctoritatibus apostolica,regia et dalphinali publico, qui de predictis notam recepi, ex quaquidem nota hoc presens publicum instrumentum,per aliam manum, aliis negociis occupatus extrahi, scribi et grossari feci, et hic mea manu propria me subscripsi et signo meo solito signavi in testimonium premissorum.

X

1450, 31 octobre. — Vienne.

Règlement sur la souveraineté et la juridiction temporelle de la ville de Vienne et de son territoire, rédigé par les commissaires du dauphin Louis et les délégués de l'archevêque de Vienne.

Copies. Archives de l'Isère, B. 2966, fol. 750-765 v°[1]. Bibl. de Grenoble, Ms. 1436 (R. 80, t. XVIII), fol. 106-117.
Analyse. Pilot de Thorey, *Catalogue des actes du dauphin Louis II...*, n° 809 *bis*.

Sequitur forma regiminis tocius dominii et juridicionis temporalis civitatis Vienne et territorii eiusdem, facta per nobilem et egregium viros (*sic*) Aymarum de Posiaco dit Cadorat, consiliarium et magistrum hospicii illustrissimi principis domini Ludovici, regis Francorum primogeniti, dalphini Viennensis, et magistrum Matheum Thomassini, licenciatum in legibus, consiliarium dicti domini nostri in suo suppremo consistorio Gronopoli residente, virtute et auctoritate litterarum commissionalium per dictum dominum nostrum eisdem ad hoc specialiter directarum, vocatis et auditis ac consencientibus reverendo in Xpisto patre domino Francisco Martelli, abbate Sancti Andree Vienne, dominis Bertrando Merleti, officiali Vienne, Bartholomeo de Nyevro, legum doctore, nobili Petro Silve, magistro hospicii dicti domini archiepiscopi, et magistro Petro Besse, in utroque jure bacalario, procuratore ipsius domini archi-

[1] Super parcagio civitatis Vienne, statuta super regimine juridicionis dicte civitatis : titre mis par une main postérieure.

episcopi, ad hoc potestatem et mandatum speciale habentibus a reverendissimo in Xpisto patre domino Johanne || fol. 750 v° de Pictavia, archiepiscopo et comite Viennensi, quequidem juridictio et dominium ab inde inantea erunt communes inter dictos dominum nostrum dalphinum et dominum archiepiscopum, cum eorum proventibus et emolumentis quibuscumque, per modum qui sequitur. Et quarumquidem commissionum et potestatum tenor inferius, post articulos sequentes, est insertus[1].

DE GENERALIBUS SPECTANTIBUS AD CONDOMINOS RACIONE UNIVERSALIS DOMINII.

I. — In primis quod totum et universale dominium et seignoria dicte civitatis et territorii eiusdem spectant et pertineant (*sic*) communiter et pro indiviso ad dictos dominos dalphinum et archiepiscopum et eorum successores in perpetuo, excepta superioritate et resorto || fol. 751 r° de quibus infra dicetur. Et deinceps vocabuntur comites et condomini dicte civitatis et eius territorii pro indiviso.

II. — Item, porte et claves portarum ac custodia earumdem et menia dicte civitatis sint et pertineant dictis condominis.

III. — Item, omnes cives et incole predicte civitatis et territorii eiusdem, indistincte et sine excepcione aliqua, ab inde inantea erunt homines, fideles, subdicti et juridicabiles dictorum condominorum, et eisdem tenebuntur ad omnem subiectionem et obedienciam, nulla differencia habita.

IV. — Item, dicti cives et incole non poterunt libertates aliquas aut privilegia de || fol. 751 v° novo impetrare, aut aliquas confirmare, nisi a dictis condominis; nec eciam rescripta, litteras querele aut alias provisiones quascunque, pro rebus aut factis concernentibus et spectantibus ad juridicionem communem, de qua infra fiet mencio.

V. — Item, a modo inantea, quando consules de novo creabuntur in dicta civitate, ipsi prestabunt juramentum

[1] Ces commissions sont aux feuillets 765 v°-768 v°. Celle du dauphin (Morestel, 8 octobre 1450) est analysée par Pilot de Thorey, *Catalogue des actes du dauphin Louis II...*, n° 796.

solitum in manibus dicti judicis communis aut eius locumtenentis.

VI. — Item, bannereti, pennonerii et porterii dicte civitatis, quando creabuntur, jurabunt in manibus dicti judicis aut eius locumtenentis, quod bene et fideliter facient fieri gayetum et eschargaytum, et custodiri facient muros et portas eiusdem civitatis ad utilitatem dictorum condominorum et ville predicte || fol. 752 r° tempore neccessario. Et quolibet anno, videlicet in festo Sancti Martini hyemalis, dicti consules, bannereti, pennonerii et porterii apportabunt claves dicte civitatis, illasque tradent et reddent dicto judici communi, qui illas recipiet nomine dictorum condominorum, illasque postea restituet dictis porteriis. Et ab ipsis, in presencia quorum supra, recipiet juramenta. De quibus supra et de predictis sic gestis, dictus judex notario dicte sue curie precipiet quod faciat acta publica, salvis libertatibus civium.

VII. — Item, flumina, ripperie et portus dicte civitatis et eius territorii et regalia quecunque spectent et pertineant ad dictos condominos.

VIII. — Item, ad dictos condominos spectat et ||fol. 752 v° pertinet omnimoda disposicio omnium quorumcunque concernencium bonum, utilitatem, policiam et regimen universale predicte civitatis.

IX. — Item, tradendi in dicta civitate quelibet pondera grossa et minuta, quascumque mansuras (*sic*) ac eciam ulnas ad mensurandum pannos et telas et cetera que venduntur et emuntur ad pondera, mensuras et ulnas, ac eciam eisdem condominis spectat tradicio signi ad signandum aurum, argentum et cetera quecunque metalla fabricata et non fabricata.

X. — Item, quod ulne, pondera, mensure quecunque, signacio auri et argenti et aliorum quorumcunque metallorum, vexilla et alia quecunque spectancia ad dictum universale dominium, et ad dictam juridicionem || fol. 753 r° comunem, signabuntur armis seu signo communi dictorum condominorum, ad hoc per ipsos ordinando.

XI. — Item, ad dictos condominos spectat jus concedendi licenciam bancas de novo construendi, in carreriis publicis dicte civitatis, pro mercimoniis vendendis, ac faciendi et levandi peylos seu protectus super carreriis publicis, et quod predicta fieri non possint sine eorum licencia.

XII. — Item, judex curie communis commictet seu deputabit unum hominem expertum, ad visitandum per totum annum omnia animalia que occidentur in dicta civitate, videlicet in excoriatorio ab antiquo ad hoc consueto et ordinato ; in quoquidem excoriatorio dicta animalia occiduntur et non alibi, et antequam occidantur, quod primitus et ante omnia visitentur per dictum deputatum, || fol. 753 v° et contrarium faciens puniatur, arbitrio judicis communis ; quiquidem deputatus, pro laboribus suis, ut melius faciat officium suum ad utilitatem publice, accipiat emolumentum alias ordinatum, et sciatur quale est et ponatur hic ; et prestabit dictus deputatus in manibus dicti judicis juramentum ad hoc opportunum.

De juridicione comuni ordinaria.

XIII. — Item, ad dictos condominos spectat et pertinet pro indiviso merum et mixtum imperium et omnimoda et universalis juridicio ordinaria temporalis, tam civilis quam criminalis, alta, media et bassa, in omnibus, universis et singulis domibus seu habitacionibus, aut aliis locis quibuscunque predicte civitatis || fol. 754 r° Vienne et eius territorii, cum eorum deppendenciis et connexis, nullis exceptis, et in omnibus civibus, incolis et habitatoribus et aliis quibuscunque personis secularibus, cuiuscunque status aut condicionis existant, et etiam in extraneis, ubicunque et qualitercunque delinquant vel contrahant, seu quasi in tota dicta civitate et territorio eiusdem, sine differencia quacunque a modo in antea facienda de personis, locis, aut rebus, excepta superioritate de qua infra dicetur.

XIV. — Item, quod omne lucrum et emolumentum quocunque modo seu causa censeatur, jure vel concordia, transactione seu composicione proveniens ex predicto dominio universali et juridicione communi ordinaria, spectabit et pertinebit communiter et pro indiviso dictis || fol. 754 v° condominis, et equis percionibus (*sic*) inter ipsos seu eorum officiarios ad hoc deputatos dividetur, una cum aliis juribus et emolumentis, antiquitus dictis condominis spectantibus, racione et occasione suorum comitatuum Vienne.

De officiariis pro excercicio dicte juridicionis communis, et primo de judice.

XV. — Ab inde inantea, in dicta tota civitate et eius territorio, non erit nisi unus judex temporalis, qui vocabitur judex communis Vienne, ad cuius officium spectabit, nomine dictorum condominorum, omnimoda cognicio et decisio universalis et ordinaria omnium causarum civilium et prophanarum et querelarum quarumcunque, ac eciam || fol. 755 r° omnium contractuum vel quasi, necnon causarum criminalium et omnium delictorum seu quasi, perpetrandorum in tota et dicta civitate et territorio eiusdem, et generaliter omnium causarum, negociorum et rerum quarumcunque, ad officium judicis ordinarii spectancium, nullis personis secularibus, rebus aut locis quibuscunque exceptis.

XVI. — Item, dictus judex constituetur singulis annis per alterum ex dictis condominis seu ab eisdem deputandum vel deputandos. Et primo constituet illum dominus noster dalphinus, cuius officium durabit anno integro, et incipiet eius officium excercere, nomine dictorum condominorum et ad eorum utilitatem communem, in festo omnium Sanctorum proxime venturo. Anno vero revoluto, in simili festo, constituetur judex prefatus per dictum dominum archiepiscopum, cuius officium etiam durabit uno alio anno integro. Et || fol. 755 v° similiter excercebit illud dictus judex ad communem utilitatem dictorum condominorum sub potestate supradicta, ad vadia et stipendia ordinaria per dictos condominos, seu depputatos ab eisdem, statuenda et communiter solvenda; aut alias constituetur dictus judex prout placuerit dictis condominis et super hoc stetur eorum disposicioni et communicacioni per eos facte.

De correario.

XVII. — Item, similiter abinde in antea perpetuo, singulis annis, constituetur per alterum ex dictis condominis, seu ab eisdem deputandum, unus correarius. Et tempore quo dictus dominus dalphinus constituet judicem, quod eciam constituat correarium, cuius ‖ fol. 766 r° officium durabit dicto anno integro, et incipiet eius officium excercere, nomine dictorum condominorum et ad eorum utilitatem communem, in dicto festo omnium Sanctorum proxime venturo. Anno vero revoluto, in simili festo omnium Sanctorum, constituetur correarius prefatus, tempore quo dominus archiepiscopus ut supra constituet judicem, per eumdem dominum archiepiscopum, seu ab eo deputandum ; cuius officium durabit uno alio anno integro. Et similiter excercebit ipse correarius ad communem utilitatem dictorum condominorum sub potestate infra dicenda, ad vadia et stipendia ordinaria per dictos condominos, seu ab eisdem deputandos, statuenda, ordinanda et communiter solvenda. Et sic abinde inantea, perpetuis temporibus, sub modo et forma supradictis, constituentur per alterum ex dictis condominis predicti judex et correarius, de anno in annum, annis revolutis ; aut alias constituetur dictus correarius prout placuerit dictis condominis, et prout supra de judice dictum est.

‖ fol. 756 v°. XVIII. — Predicti vero judex et correarius jurabunt in manibus condomini ipsius constituentis aut deputandi ab ipso condomino, quod bene et fideliter eorum officium excercebunt, nomine dictorum condominorum, sine personarum accepcione et munerum prohibitorum recepcione, honoremque commodum, utilitatem et jura ipsorum observabunt sine lesione subdictorum, bonum et utilitatem rei publice dicte civitatis et ornatum eiusdem totis viribus procurabunt, insequendo ordinaciones alias super hoc factas aut fiendas, si sit opus.

XIX. — Ad cuius correarii officium, inter cetera, spectabit exequi sentencias, ordinaciones et alia mandata quecunque dicti judicis, inquirereque per dictam totam civitatem et eius territorium malefactores quoscunque, tam de die quam de nocte, et inventos capere. Et quia ‖ fol. 757 r° qui male agunt odiunt lucem et pocius de nocte quam de die perambulant, ad officium dicti correarii spectabit qualibet nocte suum gaytum facere cum clientibus dicte curie et aliis personis, per eum vocandis, cum neccessitas occurrerit. Et quascunque personas, cuiuscunque status aut condicionis existant, sine lumine, post pulsum campane Caritatis de nocte per dictam civitatem perambulantes, et eciam cum lumine, dum tamen sint persone suspecte et in habitu suspecto, aut alias sine causa racionabili euntes, capere et ad dictos carceres ducere, pro debita justicia de subdictis secularibus dicte judicature communis facienda et alios causa ipsos remictendi suo judici competenti. Caveat dictus correarius, sub omni indignacione quam incurrere posset erga dictos condominos, et omni alia pena arbitrio dicti judicis infligenda, ne aliquos capiat et incarcerari faciat sine causa racionabili. Et quod aliquid non accipiat ||fol. 757 v° ab incarcerandis ne ab ipso capientur (*sic*). Et quod bona aliqua captorum non accipiat causa sibi appropriandi, sed de bonis, que dicti incarcerandi secum deportabunt, inventarium seu designacionem debitam faciat, quam incontinenti exhibere teneatur dicto judici aut eius locumtenenti.

De sigillo.

XX.— Item, fiet unum sigillum, per dictum judicem custodiendum, in quo poneretur a parte notabiliori unus dalphinus, et ab alia parte una crossia, et circumcirca scribetur : sigillum curie communis Viennensis ; quoquidem sigillo sigillabuntur citaciones, decreta, ordinaciones, sentencie et omnia alia acta dicte curie.

|| fol. 758 r°

De loco curie tenende et carceribus.

XXI. — Item, tempore quo dominus noster dalphinus eliget judicem et correarium, illo tempore teneantur curia et carceres in palacio dalphinali, ubi curia communis comitum teneri consuevit. Et econtra quando dominus archiepiscopus eliget judicem et correarium, quod teneantur curia et carceres in domo archiepiscopali, ubi teneri solebatur curia temporalis, donec et quousque dicti condomini aliter providerunt.

De procuratore fiscali dicte judicature.

XXII. — Dicti condomini constituent unum procuratorem || fol. 758 v° fiscalem, probum, diligentem et ydoneum, pro inquirandis et conservandis juribus dictorum condominorum, ac pro prosequendis et solicitandis processibus inquisicionalibus et criminalibus, qui in dicta judicatura movebuntur. Quiquidem procurator prestabit juramentum talibus solitum in manibus dicti judicis ipsius, recipientis nomine dictorum condominorum, ad vadia ordinaria per dictos condominos statuenda.

De notariis dicte curie.

XXIII. — Parimodo quilibet condominus constituet et ordinabit unum notarium bonum, probum, ad hoc sufficientem et ydoneum, quiquidem notarii processus tam civiles quam criminales, motos et movendos, et omnia alia acta que fient in dicta || fol. 759 r° curia fideliter scribent et eorum propria manu, sub suo signo consueto, signabunt, et prestabunt juramentum consuetum in manibus dicti judicis communis.

De servientibus.

XXIV. — Correarius nomine condominorum constituet servientes, videlicet usque ad numerum sex vel octo, vel plus vel minus, prout placuerit condominis, pro citacionibus et aliis exequcionibus fiendis in dicta civitate, pro rebus et causis spectantibus ad dictam curiam communem, inter quos comprehendentur commentarienses condominorum, qui prestabunt juramentum ad hoc neccessarium in manibus dicti judicis, et inter alia quod veridicas relaciones facient de eorum exequcionibus, et portabunt eorum intersignia ad arma supradeclarata in sigillo dicto curie.

|| Fol. 759 v°.

De precone.

XXV. — Constituetur etiam preco per dictum judicem, ad cuius officium spectabit alta et intelligibili voce nunciare publice, per dictam civitatem et in locis ad hoc ordinatis et consuetis, res mobiles et immobiles, que venales ponentur ad inquantum publicum, et etiam ordinaciones rem publicam concernentes, et alia quecunque per dictum judicem ordinanda et voce publica nuncianda; prestabitque juramentum ut supra fuit dictum de servientibus. Et cridas quas dictus preco faciet per civitatem dictam, illas faciet et nunciabit ex parte dictorum condominorum, potissime illas que concernent negocia ad dictam curiam communem spectancia, alias vero cridas, que solum et dumtaxat dictum dominum nostrum dalphinum concernent, tam racione dicte sue superioritatis et sue curie appellacionum, de qua infra dicetur, quam alias, illas faciet et annunciabit ex parte dicti domini nostri dalphini solum et dumtaxat; || fol. 760 r° et parimodo fiat quo ad dominum archiepiscopum, quo ad illa que concernent in solidum sua jura.

De tortore seu lanista.

XXVI. — Item, dictus correarius providebit de tortore seu exequutore alte justicie, ad cuius officium spectabit exequciones criminales facere, juxta et secundum ordinaciones et sentencias dicti judicis, secundum diversitatem criminum et delictorum, videlicet baniendo, troctando vel verberando per dictam civitatem et loca ad hoc ordinata, pillorizando, mutillando seu truncando auriculas, pedes, pugna aut alia membra, submergendo, comburando, capita amputando aut suspendendo. Et prestabit juramentum in manibus dicti judicis de bene et legaliter faciendo et excercendo dictum suum officium, secundum quod dictus judex ordinabit et iniunget, nichil addendo aut diminuendo, prece, || fol. 760 v° precio, favore et odio quibuscunque postpositis. Et licet eius officium sit neccessarium pro bono justicie et utilitate reipublice, ut eius exequciones exemplum et metus sint malefacere volentibus, et erga Deum dictum officium sit meritorium, ac tamen eius persona est humane nature abhominabilis secum bibendo et comedendo, ideo dictus tortor portare tenebitur intersignum, videlicet unius scale aut alterius rei, ad finem quod inter alios distingatur et cognoscatur, ad vadia super expleta dicte curie percipienda, videlicet octo florenos anno quolibet et ultra, et accipiet pro fustigando, VI grossos; pro mutillacione auricule, pedis aut manus, unum florenum; pro suspendendo, duos florenos; pro amputando capud, demembrando personam et pro submergendo aut comburendo, III florenos. Et etiam ultra habeat quedam alia jura per dictum judicem ordinanda, videlicet pro porcis non nutriendis in dicta civitate aut pro aliis rebus ornatum et utilitatem dicte civitatis concernentibus.

|| Fol. 761 r°. De pillorito.

XXVII. — Pilloritus remanebit ubi nunc est aut ponetur alibi juxta plateam fori, ubi melius videbitur expediendum, quia dicta ala est in loco magis publico tocius civitatis, maxime dierum fori et mercatorium, in quibus fieri consueverunt tales exequciones.

XXVIII. — Quo vero ad furchas, etiam remanebunt ubi sunt, quia in loco publico sunt et bene evidenti.

XXIX. — De stipendiis, salariis et emolumentis recipiendis per dictos officiarios, qui non habent a condominis vadia ordinaria, et etiam de emolumentis predicti sigilli, et quantum pro singula || fol. 761 v° littera sigillanda solvi debeat, et quantum notarii (*sic*) pro suis scripturis, ut cives, incole et alii subdicti predicte civitatis ab exactionibus illicitis et indebitis preserventur, judex pro emolumento dicti sigilli, predictus notarius pro suis processibus et aliis scripturis, commentarienses, servientes et preco, pro suis stipendiis et laboribus, non recipiant aliquid ultra contenta in ordinacionibus et statutis dalphinalibus, que hic quo ad hoc inserantur, et illis contentari debeant, sub pena per dictum judicem arbitranda; vel si videatur utilius et conveniencius quod alie ordinaciones fiant, per judicem, in nomine domini, fiant et hic inserantur.

De superioritate et appellacionibus.

XXX. — Quia dictus dominus archiepiscopus recognovit tenere a dicto domino dalphino totam temporalitatem sue ecclesie Viennensis || fol. 762 r° et eidem domino nostro racione dicte temporalitatis fecit homagium et prestitit fidelitatis sacramentum, et ideo quando continget appellari ab ordinacionibus et sentenciis ferendis per dictum judicem communem, appellabitur ad baillivum Viennesii et Terre Turris, vel eius locumtenentem, constituendum in dicta civitate Vienne, ubi, amodo in antea, dicta curia dictorum recursus, superioritatis et appellacionum tenebitur.

XXXI. — Quiquidem baillivus, seu dictus eius locumtenens, de dictis appellacionibus cognoscet, illasque tractabit et sine debito (*sic*) terminabit, secundum formam statutorum dalphinalium, et ultra hoc habebit cognicionem quorumcunque recursuum et ressorti, racione predicte superioritatis, deffectu dicte juridicionis curie communis. Et in casu indebiti recursus, fiat remissio judici predicto communi || fol. 762 v° cum expensarum condempnacione, ac etiam habebit cognicionem submissionum ad dictam curiam superioritatis factarum et fiendarum, necnon aliarum commissionum et mandamentorum, que commictentur et dirigentur, ex parte dicti domini nostri dalphini, predicto baillivo seu dicto eius locumtenenti, non concernencium dictam juridicionem communem et cives dicte civitatis; et dicta curia tenebitur, ut supra fuit dictum, in dicto palacio dalphinali, et tenebitur post prandium, ne alia curia communis ordinaria impediatur.

XXXII.— Et pro excercicio et exequucionibus expletorum proveniencium ex dicta curia superioritatis et appellacionum, constituetur clavarius seu receptor, pro recepcione clamorum, multarum, emandarum et aliorum jurium proveniencium ex dicta curia, circa hoc utilius videretur, cum correctione pro utilitate domini || fol. 763 r° nostri dalphini et subdictorum ; quia multiplicacio officiariorum est pocius dampnosa quam commodosa, quod garderius, qui est solus officiarius dalphinalis, habeat dictum onus, actento etiam quod habet onus recepte omnium aliorum jurium dalphinalium, que dominus noster dalphinus insolidum percipit in dicta civitate et territorio eiusdem, ac etiam in certis aliis territoriis extra dictam civitatem, ac tamen, ut sciatur quantum emolumenta dicte curie superioritatis et appellacionum ascendere poterunt, bonum erit quod dictus garderius de dictis emolumentis faciat recepta ad partem et de illis racionem et reliqua reddat in camera computorum Dalphinali, prout de recepta aliorum jurium dalphinalium facere consuevit.

XXXIII. — Item, et constituentur procurator fiscalis, notarius, subvigerius et servientes, usque ad certum numerum, inter quos computabitur commentariensis dalphinalis; omnes officiarii supradicti erunt insolidum dicto domino nostro || fol. 763 v° et eidem insolidum vel deputando ab eodem prestabunt juramentum solitum.

XXXIV. — Portabuntque dicti servientes eorum intersignia solis armis dalphinalibus depicta seu figurata.

XXXV. — Et facient dicti baillivus aut eius locumtenens et alii officiarii dicte curie superioritatis et appellacionum, super totam dictam civitatem et territorium eiusdem, exequciones sentenciarum et ordinacionum dicte curie et omnia alia expleta ad dictam curiam pertinencia, absque eo quod officiarii dicte curie communis ad hoc se intromictere habeant aliquomodo, nisi in formam juris communis. Et parimodo officialis Viennensis tenebit suam curiam spiritualem ubi tenere consuevit, et excercebit suam juridicionem spiritualem in clericos et alios, racione eorum que concernent spiritualitatem, et pro excercicio dicte || fol. 764 r° sue juridicionis, habebit ministros ad faciendum ea sine quibus, prout de jure permissum est, absque requisicione officiariorum curie temporalis.

XXXVI. — Item, quod dictus baillivus et eius locumtenens et alii officiarii supradicti poterunt quoscunque subdictos locorum extra dictam civitatem existencium, pertinencium ad dictum dominum archiepiscopum et ecclesiam Vienne, in quibusquidem locis dictus dominus noster dalphinus habet superioritatem, ex recognicione sibi facta per dictum dominum archiepiscopum, capitulum Vienne et alios viros ecclesiasticos dicte civitatis, in eadem civitate citare, arrestare, incarcerare, inquirere, condempnare et alios actus juridicos facere, qui spectant ad dictam curiam superioritatis et appellacionum.

De secundis appellacionibus.

XXXVII. — Etsi contingat appellari vel recurri || fol. 764 v° a senteneiis et ordinacionibus, aut aliis actibus fiendis et ferendis per dictum baillivum, aut eius locumtenentem, appellabitur et recurretur ad supremum Consistorium dalphinale Gronopoli residens.

De rebus propriis et specialiter spectantibus ad dictos condominos.

XXXVIII. — Palacia, castra, per quemlibet condominorum teneri et possideri consueta, domus, vinee, prata, decime, banna vini, corvate, leyde, stangna (*sic*) et alia jura in ala fori per dictum dominum archiepiscopum recipi consueta, pensiones, census, redditus, laudes et vende, que proprie et specialiter spectant ad quemlibet dictorum condominorum, in dicta civitate et territorio eiusdem aut extra, que non concernunt predictum dominium universale ac juridicionem communem, et que non videntur comprehensa esse in dicta communicacione, ad ipsorum || fol. 765 r° quemlibet condominorum insolidum spectabunt et pertinebunt, cum omnibus et singulis eorum obvencionibus, proventibus et emolumentis quibuscunque ac eorum deppendenciis et connexis, non obstantibus comunicacione et pariagio predictis ; et, pro recepcione seu recuperacione predictorum jurium specialium et particularium, quilibet dictorum condominorum, per se et in solidum, deputabit unum receptorem, qui eidem speciale juramentum prestabit et sibi de dictis juribus respondebit, vel quod predicta recuperare faciet quilibet dictorum condominorum, ad evitandum maiores expensas, per illos qui recipient alias obvenciones communes, de quibus supra facta fuit mencio, aut alias disponent, prout cuilibet ipsorum placuerit faciendum, unacum aliis juribus et emolumentis antiquitus dictis condominis spectantibus et pertinentibus communiter, racione et occasione suorum comitatuum Viennensium, que non videntur fuisse communicata.

XXXIX. — Et predicta intelliguntur esse dicta || fol. 765 v° facta et scripta juxta et secundum mentem et tenorem tractatus dicte communicacionis et pariagii, et citra preiudicium aut innovacionem aliqualem ipsius communicacionis, et reservato in omnibus beneplacito dictorum condominorum.

|| Fol. 768 v° Anno Domini millesimo CCCC^mo quinquagesimo et die ultima mensis octobris, ita fuit advisatum et concordatum super modo regiminis tocius dominii et juridicionis || fol. 769 r° temporalis civitatis Vienne et territorii eiusdem, per dictos dominos commissarios, per illustrissimum principem dominum Ludovicum, regis Francorum primogenitum, dalphinum Viennensem, deputatos, in preambulo prescripto et commissione dalphinali preinserta nominatos, vocatis et auditis ac consencientibus dominis commissis et deputatis per reverendissimum in Xpisto patrem, dominum Johannem de Pictavia, archiepiscopum et comitem Vienne, in dicto preambulo et litteris sue commissionis preinsertis etiam nominatis, sic et prout superius seriatim continetur et describitur, apud Viennam, in domo hostellarie Cupe, coram nobis Johanne Meyssonerii, procuratore generali dalphinali curie superioritatis civitatis Vienne et ressorti eiusdem, et Anthonio Vitalis, procuratore fiscali generali curie communis dicte civitatis, ac Henrico de Vitello, conscriba dicte curie communis, notariis publicis subsignatis, presentibus nobilibus viris Guigone Costagny, garderio dalphinali, Petro Chivalleti, vicecorreario Vienne, Glaudio Archumbaudi, Jacobo de Moneta, cellarerio archiepiscopali Vienne et Stephano Pistoris, civibus || fol. 769 v° Vienne, testibus ad premissa astantibus.

TABLE DES MATIÈRES

SOURCES ET BIBLIOGRAPHIE

INTRODUCTION HISTORIQUE ET GÉOGRAPHIQUE

PREMIÈRE PARTIE

LE GOUVERNEMENT DE VIENNE

CHAPITRE PREMIER

L'archevêque de Vienne.

CHAPITRE II

Le chapitre de l'église Saint-Maurice de Vienne.

CHAPITRE III

Les comtes de Vienne.

CHAPITRE IV

Administration municipale de Vienne.

DEUXIÈME PARTIE

LA CONQUÊTE DE VIENNE PAR LES ROIS DE FRANCE

CHAPITRE PREMIER

Bertrand de La Chapelle (1327-1352).

CHAPITRE II

De la mort de Bertrand de La Chapelle à l'élection d'Humbert de Montchal (1352-1377).

CHAPITRE III

Le vicariat impérial à Vienne.

CHAPITRE IV

Thibaud de Rougemont.
De l'avènement à la restitution du temporel (1395-1401).

CHAPITRE V

Thibaud de Rougemont.
Après la restitution du temporel (1401-1405).

CHAPITRE VI

Jean de Nant (1405-1423).

CHAPITRE VII

Jean de Norry et Geoffroy Vassal (1423-1446).

CHAPITRE VIII

Le dauphin Louis et Vienne (1447-1454).

PIÈCES JUSTIFICATIVES

Grenoble, imp. ALLIER FRÈRES, cours de Saint-André, 26.

www.ingramcontent.com/pod-product-compliance
Ingram Content Group UK Ltd.
Pitfield, Milton Keynes, MK11 3LW, UK
UKHW021102220726
13924UKWH00005B/2197

9 782019 923129